全国監獄実態

四訂版

監獄法改悪とたたかう獄中者の会・編著

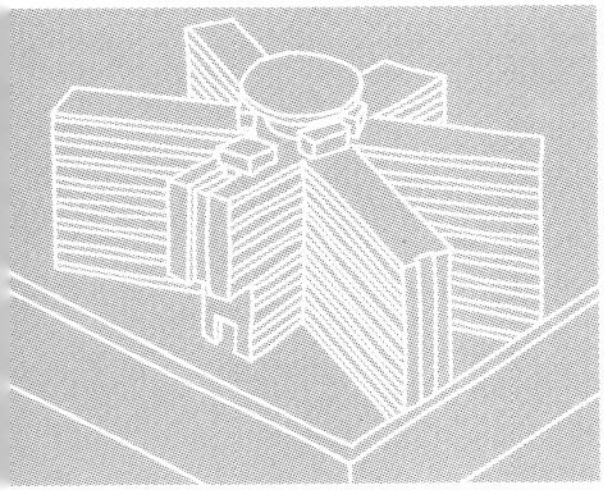

緑風出版

＊監獄法改悪反対に関する申立書に添付された全国獄中実態調査資料（本書の原稿）は、下の写真の通り、監獄法改悪とたたかう獄中者の会が日弁連等の４弁護士会人権擁護委員会宛に送付する段階で、東京拘置所当局の検閲によりヌリツブシをされた。

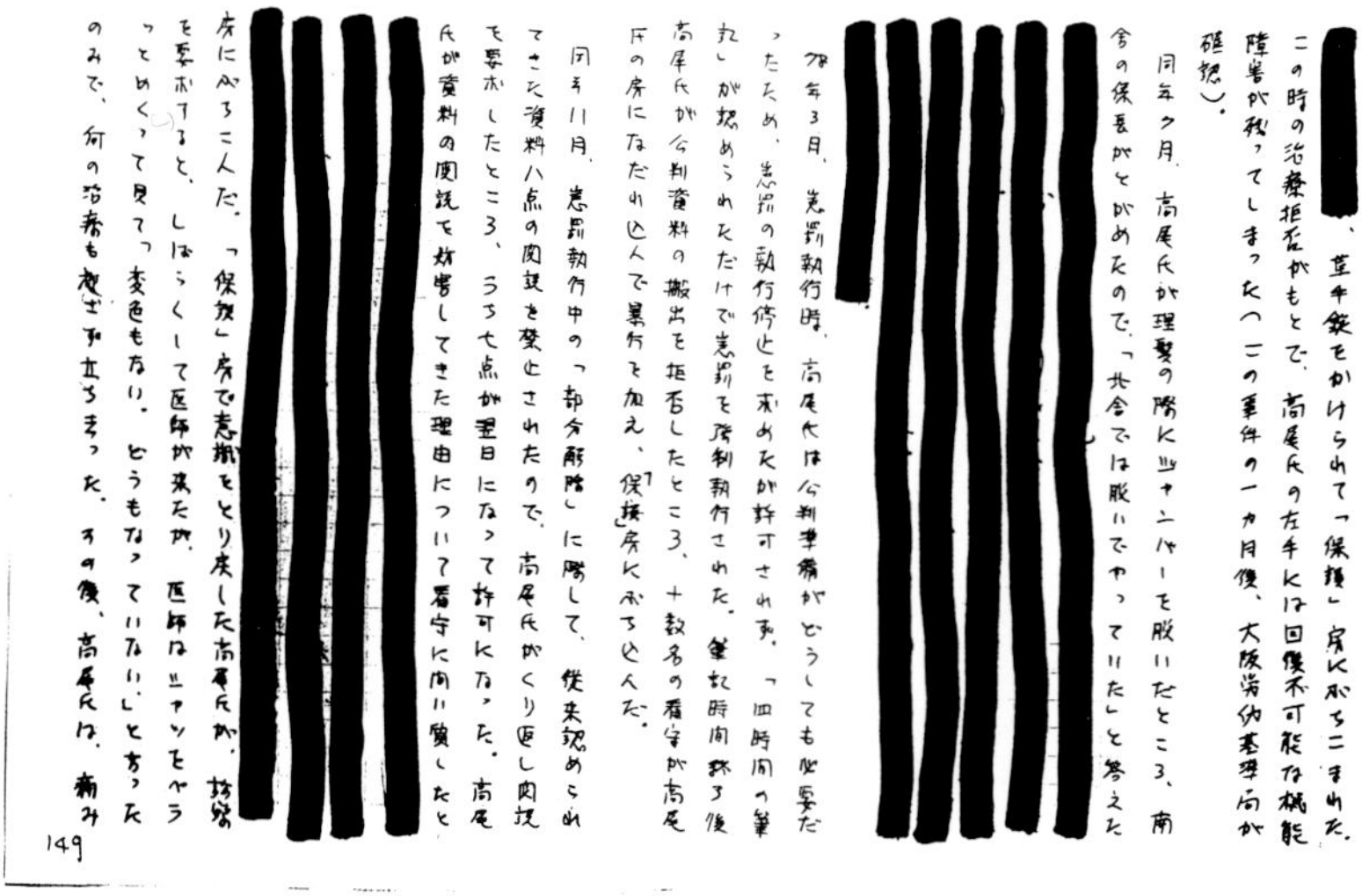
[redacted]、革手錠をかけられて「保護」房にぶちこまれた。この時の治療拒否がもとで、高尾氏の左手には回復不可能な機能障害が残ってしまった（この事件の一カ月後、大阪労働基準局が確認）。
同年７月、高尾氏が理髪の際にジャンパーを脱いだところ、南舎の係長がとがめたので、「北舎では脱いでやっていた」と答えた
[redacted]
'78年３月、懲罰執行時、高尾氏は公判準備がどうしても必要だったため、懲罰の執行停止を求めたが許可されず、「四時間の筆記」が認められただけで懲罰を強制執行された。筆記時間終了後高尾氏が公判資料の搬出を拒否したところ、十数名の看守が高尾氏の房になだれ込んで暴行を加え、「保護」房にぶち込んだ。
同年11月、懲罰執行中の「部分解除」に際して、従来認められてきた資料八点の閲読を禁止されたので、高尾氏がくり返し閲読を要求したところ、うち七点が翌日になって許可になった。高尾氏が資料の閲読を妨害してきた理由について看守に問い質したと
[redacted]
房にぶちこんだ。「保護」房で意識をとり戻した高尾氏が、診察を要求すると、しばらくして医師が来たが、医師はシャツをペラっとめくって見て「変色もない。どうもなっていない」と言ったのみで、何の治療も施さず立ち去った。その後、高尾氏は、痛み
149

＊下の写真は、獄中実態調査アンケート集計表の抜萃。同アンケートは、獄内のアンケート回答者が集計者に回答を送付する時点で、各刑務所・拘置所当局の検閲によってヌリツブシをされた。監獄内の被収容者に対する非人間的処遇の実態は、本書の内容以上に凄まじいものがある。なお、「革手錠」の項の「１．仙台刑」「２．府中拘」乃び「実力強制」の項の「１．府中拘」の氏名は、本人の希望で編集部が消した。その他は原表のままである。

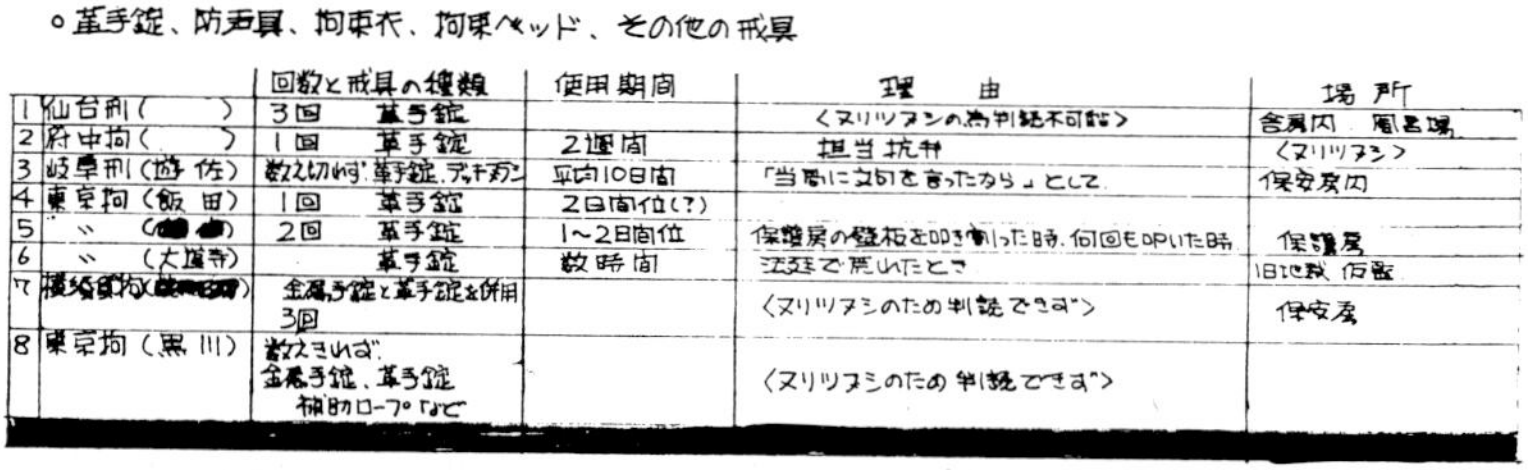
○革手錠、防声具、拘束衣、拘束ベッド、その他の戒具

	回数と戒具の種類	使用期間	理由	場所
1 仙台刑（　　）	3回 革手錠		〈ヌリツブシの為判読不可能〉	舎房内 風呂場
2 府中拘（　　）	1回 革手錠	2週間	担当抗弁	〈ヌリツブシ〉
3 岐阜刑（遊佐）	数え切れず 革手錠、[illegible]	平均10日間	「当局に文句を言ったから」として	保安房内
4 東京拘（飯田）	1回 革手錠	2日間位（?）		
5 〃（[redacted]）	2回 革手錠	1〜2日間位	保護房の壁板を叩き割った時、何回も叩いた時	保護房
6 〃（大道寺）	革手錠	数時間	法廷で荒れたとき	旧地裁 仮監
7 横浜拘（[redacted]）	金属手錠と革手錠を併用 3回		〈ヌリツブシのため判読できず〉	保安房
8 東京拘（黒川）	数えきれず 金属手錠、革手錠 補助ロープなど		〈ヌリツブシのため判読できず〉	

[redacted]

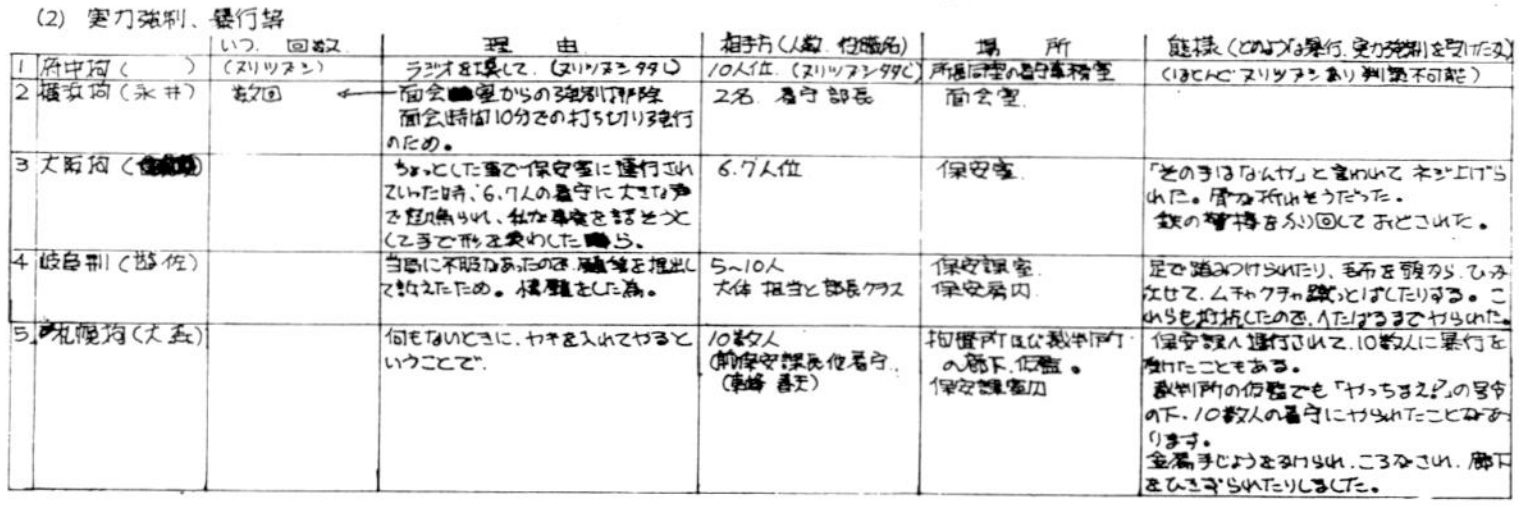
(2) 実力強制、暴行等

	いつ、回数	理由	相手方（人数、役職名）	場所	態様（どのような暴行、実力強制を受けたか）
1 府中拘（　　）	（ヌリツブシ）	ラジオを壊して（ヌリツブシ多し）	10人位（ヌリツブシ多し）	所属[illegible]の看守部長室	（ほとんどヌリツブシあり判読不可能）
2 横浜拘（永井）	数回 ←	面会[redacted]室からの強制排除 面会時間10分での打ち切り強行のため。	2名、看守部長	面会室	
3 大阪拘（[redacted]）		ちょっとした事で保安室に連行されていった時、6、7人の看守に大きな声で怒鳴られ、私が事実を話そうとして手で形を表わした[redacted]ら。	6、7人位	保安室	「そのまねはなんだ」と言われてネジ上げられた。骨が折れそうだった。鉄の警棒を振り回しておどされた。
4 岐阜刑（遊佐）		当局に不服があったので願箋を提出して訴えたため。横着をした為。	5〜10人 大体担当と部長クラス	保安課室、保安房内	足で踏みつけられたり、毛布を頭からひっかぶせて、ムチャクチャ蹴っとばしたりする。これらも抗議したので、へたばるまでやられた。
5 札幌拘（大森）		何もないときに、ヤキを入れてやるということで。	10数人 前保安課長他看守（東峰 善夫）	拘置所並び裁判所の廊下、仮監。保安課室内	保安課へ連行されて、10数人に暴行を受けたこともある。裁判所の仮監でも「やっちまえ!」の号令の下、10数人の看守にやられたことがあります。金属手じょうをかけられ、ころがされ、廊下をひきずられたりしました。

全国監獄実態【増補普及版】・目次

I
全国監獄実態

監獄法改悪反対に関する申立

申　立　書

申立人　監獄法改悪とたたかう獄中者の会

日本弁護士連合会
東　京　弁　護　士　会
第一東京弁護士会
第二東京弁護士会
人権擁護委員会　御中

一九八四年一〇月九日

申立の趣旨

全国の獄中実態調査の資料（注　本書のこと）を添付し、監獄法改悪の狙いを明らかにすると共に、刑事施設法案・留置施設法案の制定に反対されるよう申立します。

まえがき

刑事施設法・留置施設法案（監獄法改悪案）は、獄中獄外の強い反対の声を押し切って一九八二年四月国会に上程され、一度廃案になったものの、一九八四年一二月から開始された第一〇二国会には再上程されようとしています。

私たち「監獄法改悪とたたかう獄中者の会」（獄中者の会）は、監獄法改悪に反対してたたかう獄中者有志の集まりです。集まりと言っても、私たちは未決獄中者（刑事被告人）であり、全員が厚い壁と鉄格子のオリの中に囚われているのですから、一同に会して話しあったりできるわけではありません。お互いに顔を見たことさえない者同士が、手紙を通して監獄法改悪を阻止していくにはどうしたらいいか等について意見を交換しあい、団結して共にたたかっているという「集まり」です。

獄外には「監獄法改悪を許さない全国連絡会議」（全国連）という組織があり、これまではこの全国連が主に監獄法改悪阻止のための諸活動を中心になって担ってきました。そして獄中者自身は、全国連の呼びかけに応えてアピールを送ったり、抗議ハガキを出したり、ハンストを行なったりする形でたたかいに参加してきたのですが、どうしても受け身的にしか取り組むことができませんでした。獄中者は監獄当局の全面的支配下にあるため、個々バラバラに分断されており、当局の検閲によって当局に都合の悪いものは閲読不許可や一部抹消・削除されたりするので、的確な情報を把握することも互いの意思疎通をはかることも極めて困難なうえに、一人一人が裁判などの大変な課題をかかえていて自分自身のことだけで精一杯であることから、たたかいを主導し、組織していくにはとても不利で困難な状況に置かれています。それが、これまでどうしても受け身的にしか関われなかった主な理由です。

しかし、監獄法が改悪されれば、最も手痛い打撃を受けるのは私たち獄中者であり、私たちはいつまでも獄外の人びとに頼り切ってばかりいるわけにはいきません。どんなに困難であろうとも、獄中者自身が自ら率先して団結してたたかわなければ監獄法改悪を阻止することはできないでしょう。そこで私たちは、一九八二年春、東京拘置所に囚われていた未決獄中者六名が「集まって」、「監獄法改悪阻止獄中共闘会議」を結成しました。その後、メンバーの刑が確定してあちこちの刑務所に移監されたり、無事釈放されたりしたために、何人かの新しいメンバーが出たり入ったりし、名前も「監獄法改悪とたたかう獄中者の会」と改称して現在にいたっています。

これまで私たちは、ニュースを発行して、全国の獄中者に法務省や日本弁護士連合会(日弁連)への改悪反対のハガキの発信、マスコミや各政党への働きかけ、国会議員への請願や陳情を呼びかけてきました。その中で私たちがもっとも力を入れたのは、獄中の実態を広く獄外の人びとに知らせていくということです。なぜなら、監獄法改悪は法案が成立する以前に、獄中ではすでに先取的に実施されており、その獄中の実態を明らかにすることで、監獄法改悪の抽象的な条文が具体的にはどのような意味を持つのかを、多くの人びとに訴えていくことができると思うからです。

留置施設法案については、野党も日弁連もでっちあげ弾圧の温床として強く反対しており、比較的反対の声も強いのですが、刑事施設法案については、現在の監獄法が天皇主権の明治時代にできた古色蒼然たるもので、獄中者の人権の保障がないものであることから、獄中者の人権擁護のためにという善意の人びとの間でも、「改正しなければならない」との声があがっています。そして、そのような人びとの中には、政府とマスコミによる「受刑者の人権を保障した明るい刑務所」「タバコも吸えて外泊も可能」という宣伝文句に乗せられて、現在の監獄法改悪の動きに賛成している人も少なくないようです。しかし、この政府・マスコミの宣伝が全くのペテンでしかないことを一番よく知っているのは獄中者なのです。

私たちはタバコが吸いたい、外泊がしたいなどと言う前に、私たち獄中者もあたり前の人間であり、人間として尊重されねばならないことを認めてもらいたいのです。獄中者を人間として尊重することなしに、タバコだ外泊だとアメをちらつかせることは、「タバコが吸いたかったら、外泊がしたかったら、もっともっと働け！　もっともっと卑屈になれ！」と、獄中者をさらなる奴隷化競争にかりたてることをしか意味しないのです。

そこで私たちは、拘置所や刑務所の実態、とくに、これまで厳しい外部との交通遮断によってほとんど知られることのなかった刑務所の実態を明らかにすることが必要と考え、一九八三年一二月、全国の獄中者、出獄者を対象として獄中実態のアンケート調査を行ないました。ちょうどその直前に全国連が未決獄中者を対象として医療や懲罰に関するアンケート調査を行なったばかりだったこと、アンケートの量が獄中生活全体を網羅する膨大なもの（四五項目、B４判で一三ページ）だったこと、不慣れなためにアンケートの作り方が下手だったこと等から、アンケートに直接回答を下さった方は二三名にすぎませんでしたが、それに、私たちが以前呼びかけて書いてもらった「陳情書」、これまで『救援』（救援連絡センター発行）その他のパンフ、機関紙誌に掲載された獄中実態の報告、獄中民事行政訴訟の訴訟書類、私信による報告等を総合すると、断片的な情報を含めて延べ九七名、三八施設の獄中者・出獄者から獄中実態の報告を得ることができました。その中から、とくに問題があると思われるものを中心にしてまとめたのが本書です。

これまでも監獄の実態を報告した本は何点かありました。私たちがそうした本を見ると、獄中者だった者の体験報告記は別として、監獄の真の姿を全く伝えていないと思わざるをえないものが多いのです。獄中の実態は獄中者自身がもっともよく知っています。外部から獄中体験の全くない文筆業者が入りこんで、当局の許可された範囲に限って取材した場合は、著者がどんなに良心的で善意の人であろうとも、監獄の真実の姿に近づくことはできません。一部の特権的な獄中者の姿と、実態とはかけ離れた当局の美辞麗句の建前のみをあたかも全獄中者の姿であり、監獄の真実の姿であるかのように伝えることは、監獄の本質をおおい隠し、誤解を助長することにしかつながらないと思います。アメとムチの分断支配のあるところ、支配者たちの本当の姿はアメの部分にではなくムチの部分にこそ鮮明に現われます。

監獄の真の姿を知ろうとするのであれば、管理支配者側からの報告、あるいは管理支配者によって公認された報告ではなく、獄中者自身の生の声にこそ耳を傾けていただきたいのです。

本書が、少しでも監獄の真の姿を獄外の人びとのもとへ届け、獄中者の置かれている状況についての関心を呼びおこし、私たち獄中者と共に、監獄の問題を自らの問題としてとらえていただく一助になれば幸いです。

1　居住環境

一　房の種類、構造

アンケートでは、独居房は三畳間位、雑居房は八〜一〇畳程度の広さの房で七〜一〇名位が入れられている。房の床の材質は函館少年刑務所（一九七八年現在）で板目にござ敷というのがあったほかは、全て畳である。刑務所・拘置所は従来、板目にござ敷だったが、現在はほぼ畳になったようである。

独居房は一般独居房と自殺防止房（自殺防止のために特別に造られた房であるが、拘禁性が強く、自殺を促進する房であるとして、獄中者の間では「自殺房」と呼ばれている。公的呼称は「第二種独居房」）とに分けられる。一般独居房は、房内に服やタオルをかけるひもや突起物があり、窓も自由に開閉できるが、自殺房は首吊りを防止するためと称して房内から一切の突起物をなくし、水道も押しボタン式・ビニールホースの蛇口で、窓の外の鉄格子にさわれないように窓の片側に穴あき鉄板が固定され、反対側の窓も動かないよう固定されているために、窓を自由に開いて首や手を出すことができなくされている。また、一般房よりも視察孔が一つ多く、看守の巡視回数も多いが、その上にテレビカメラが付いている房もあり、二四時間一挙手一投足を監視され、完全にプライバシーを剝奪されている。

自殺房に収容されている人は、自殺を図ったことがあるとか、自殺したがっている人とは限らず、死刑、無期懲役等の重刑攻撃を受けている人または受けることが予想される人が多い。また、当局の不当待遇に抗議する等して闘う獄中者は「精神状態不安定」との口実で自殺房に入れられることがあり、一般房の獄中者も懲罰執行時は自殺房に入れられる等、自殺房の居住環境の劣悪さが獄中者に対する差別分断支配、服従強要のために使われているのが現実である。このような自殺房は撤廃されねばならない。

比較的新しい施設では、各居房内に小机が配備されているが、東京拘置所の旧舎や府中刑務所等の古い建物の場合、水洗トイレのフタが椅子代わり、流しに木のフタをつけてそれを机代わりにしている。そのため、食事、読書、筆記等を全てトイレに座って流し台の上でしなければならず、不潔であるうえに冬の寒さは耐え難い。

府中刑務所の自殺房に収容されている桜庭章司氏の場合は「『机』はB４判の約二倍のコンクリートの出張りであり、脚も前に出ない。タオル等を掛ける木クギ一つなく、ぬれタオルはたたんで『机』の上だ」という状況である。

一級者房（一三五頁参照）には食堂、図書室、応接セットのある集会室など特別待遇の空間があり、見学者にはまっ先に見せられるところである。

大半の獄中者が収容されている雑居房は、だいたいがやくざに支配されている。房内生活上のつきあい、それにラジオやテレビ（懲役受刑者の場合）があることから、今までの自分、これからの生き方などについてじっくりと考えることはむずかしい。購入されている本はマンガなど娯楽雑誌が多い。じっくりと読書や学習をすることもできない。長期受刑者が将来のために学習しようと思い立ち、夜間独居への転房を申し出ても、「房の数が少ない。集団生活ができない特別な事情がある者だけ」と認められることはない。

ほかに高齢者、心身障害者などを収容し、居房内で仕事をやらせる養護房もある。

二　日照・換気

房の方角についてはアンケート回答者延べ三三名中南向き一四名（四二%）、北向き七名（二一%）、東向き七名（二一%）、西向き五名（一五%）で、半数以上の者が全く陽が当たらないか、あたってもほんのわずかしか当たらない房に収容されている。陽あたりがよいかどうかとの質問に対しては、良いと答えたものは全体の二四%にすぎない。これは、南向きでも窓の外に目隠しフェンスがあるため、房内に日照が入らない房があるためである。

目隠しフェンスのある施設は、東京拘置所（旧舎）、浦和拘置支所、松戸拘置支所、名古屋拘置所、府中刑務所、甲府刑務所等である。松戸拘置支所（八〇年建築）、名古屋拘置所（八二年建築）、甲府刑務所（八〇年建築）等、新しい施設に目隠しフェンスが多く、松戸拘置支所の場合は、旧舎房には目隠しはなかったのに新舎房になってから新しく目隠しがとりつけられている。目隠しフェンスは日照ばかりでなく風もさえぎるので、その房は冬は冷蔵庫、夏は蒸し風呂で、真昼でも螢光灯をつけていなければならないほど暗い。

換気については半数以上の者が悪いと答えており、その大部分は目隠しフェンスのある房か自殺房に収容されている者である。長野刑務所の場合は、フェンスのない一般房であっても建物が古く、風の通りが悪いために、いつもジメジメしていて壁に水滴がたまるという状況である。これらの房は湿気が多く、ゴキブリやナメクジが出たり、自殺房の場合は夏期、畳にカビが生えるほどである。

また、夏、蚊の襲来で眠ることができない問題、南京虫発生時にＤＤＴを多量に使う薬害問題なども ある。大阪刑務所では、たまにノミが出ることがあり、便器にフタがないので臭気がただよっている。

三　暖房・防寒

暖房設備のある施設は、旭川刑務所、札幌拘置支所、函館少年刑務所等の「北海道」の施設および甲府刑務所である。旭川刑務所、函館少年刑務所は房外の廊下にのみスチームが通っており、札幌拘置支所、甲府刑務所の場合は房内にあるが、甲府刑務所は設備があるだけで、異例の寒さといわれた八三〜八四年の冬期にも一度も使われていない。金沢、富山等の雪国や、冬はマイナス一〇度以下になる長野刑務所などの寒冷地であっても暖房の設備はない。

刑務所の場合、工場にストーブが設置されている所があるが、これも「寒いとタイプの写りが悪くなるので他工場より一足早くストーブが入る」（長野刑務所・太田敏之氏）というように、どちらかというと獄中者のためというより、作業上の必要性にのみ重点がおかれているきらいがある。また、「以前は各工場にストーブが数個設置され、一二〜三月まで点火されていたが、八三年から禁止され、休憩時間に食堂内で一個点火する（一、二月）のみとなった」（府中刑務所・藤沢徹氏）というように、最近むしろ待遇が悪化している。

スチームのある施設でも、旭川刑務所の場合を例にとると、毎年一〇月下旬から一一月上旬にかけて雪が降り出し、雪が解けるのは四月下旬というのに、スチームの入るのは一二月上旬から三月いっぱい（マイナス一〇〜二〇度になる）のみであり、スチームが入る前後でも東京地方の真冬以上に寒い。

しかも、このスチームも終日入っているわけではなく、朝三〇分、昼一時間というように日中に一時的にスチームが入るにすぎないので、スチームがあるにもかかわらず「外気温摂氏マイナス一五度以下になると、頭にジーンと来て、手先もひざかけ毛布から出せず、思考力もにぶくなり、読書も書きものもする気力がそがれ、早く布団にもぐりこんでしまう。さらに外気温が低くなれば、就寝時も単シャツ、ももひき、靴下を着用して寝なければならない」（旭川刑務所・磯江洋一氏）という状況であり、一般社会のようにスチーム付き＝寒さ知らずというわけにはいかない。

未決獄中者（刑事被告人）に対しては冬の間有料の湯タンポ（一回三〇円）が貸出されるところがあるが、この湯タンポ代すら支払うことのできない獄中者が少なくない。

冬期はどこの施設でもたいてい毛布一枚をひざにかけることが許可になるが、期間や使用方法に厳しい制限（四つ折り厳守で腰に巻かないこと等）があり、もっとも冷える足先や腰部を毛布でおおうことができず、せっかく毛布の使用が認められても効果的な使い方は許されない。また、懲罰になると、どんなに寒くてもこの毛布のひざかけは許されず、暖房もなく、日光も入らない冷たいコンクリートの中で、薄っぺらな囚人服ひとつでじっと一日中座っていなければならない。これは寒さという肉体的苦痛を与えてこらしめる体罰そのものである。東京拘置所では、一九八二年冬から毛布のひざかけに際して二つ折り使用が認められるようになったが、一九八四年冬から逆に、これまで許可されていた懲罰中の毛布のひざかけが禁止されるようになった。

以上のような状況にあるため、冬期は大部分の獄中者がひどいしもやけに苦しめられており、中にはしもやけで一〇日間入院したという人もいる(横浜刑務所・前田道彦氏)。「一二月早々からまず右手の指がピンク色に変色し痒くなる。一月半ばには右指全体が凍傷になる。ひどい箇所は紫色になり皮がむけ水が出てくる。今年八四年の冬は両手足耳に凍傷ができた。ある仲間は指の形がくずれるほどの凍傷にかかった」(府中刑務所・斎藤彰氏)。

四　その他

「八二年四〜五月、庭木が伐採され、池の金魚が引き上げられ、工場周辺が殺風景になる」(府中刑務所・藤沢氏)、「八二年八〜九月、階段と居房の全ての窓に目隠しフェンスがはられ、窓の外は何も見ることができなくなった」(府中刑務所・斎藤氏)というように、環境は悪くなる一方で、東京拘置所でも八一年頃に渡り廊下や通路、運動場のそばなど、獄中者の通る場所にはことごとく目隠しフェンスがはられ、視界が狭く拘禁性が強化され、これまで目を楽しませてくれた桜、梅等の花木や草花などが見えなくされた。

2 糧食

一 官食

官食の主食は米対麦が六五対三五の割合の麦飯であり、獄中労働の強度に応じて一等食（二五〇〇カロリー）から五等食（一七〇〇カロリー）までである。副食は、朝はみそ汁に漬物やふりかけ、昼と夕は焼魚、フライ、コロッケ、肉じゃがなどの主菜一品に、野菜スープ、サラダ、漬物などが二品、計三品がつく。

官食の栄養基準は、副食のカロリーが八〇〇カロリーで、主食と合わせて最低二五〇〇カロリー、たんぱく質四五グラム（動物性たんぱく質二五グラム）、脂質三〇グラム、カルシウム五五〇ミリグラム、ビタミンA二五〇〇IU、ビタミンB_2〇・四ミリグラム、ビタミンC一二〇ミリグラムとなっている（一九八一年度）。実際の官食の栄養量について、一九八二年一〇月、東京拘置所の荒井まり子さんが調べたところ、カロリーは二四八〇カロリー、たんぱく質八二・二グラム、脂質四四グラム、カルシウ

獄中食のメニューの例　東京拘置所（1982年度）

	10/1	10/2	10/3	10/4	10/5	10/6	10/7	10/8
朝	みそ汁 きゅうり漬 焼のり	みそ汁 こうなご佃煮 ふりかけ	みそ汁 山菜漬 焼のり	みそ汁 こんぶ佃煮 かす漬	みそ汁 なめたけ 焼のり	みそ汁 魚缶詰 大根漬	みそ汁 山菜漬 焼のり	みそ汁 のり佃煮 うぐいす豆
昼	ちくわの天ぷら、大根おろし、野菜スープ、うぐいす豆少々	うずら煮豆、野菜スープ、マーガリン、ジャム（パン食）	豚もつのみそ煮、春雨サラダ、ぶどう豆少々	魚フライ、千切キャベツ、切干大根の煮付、わかめのすまし汁	ハンバーグ、千切キャベツ 中華風卵スープ、漬物（大根、きゅうり）	くじらから揚げ、桜エビのすまし汁、なます（大根、人参）	油あげとしな竹の煮物、いわしの丸焼、大根おろし、すまし汁	みそラーメン、ひじきの煮物、しその実漬
夕	カレーマカロニ、糸こんぶと油あげの煮物、福神漬	煮込そば、きんぴらごぼう 野沢菜の塩漬	筑前煮（ちくわ、じゃがいも、人参）、かきたま汁、なすの塩漬	生あげとたこの煮物、野菜スープ、納豆（四〇グラム位）	いか・豚肉・野菜炒め、ベーコンスープ、紅生姜	煮込みうどん、じゃがいもサラダ、福神漬	肉じゃが煮付、納豆汁、野沢菜の塩漬	とんかつ、千切キャベツ、けんちん汁

官食の基準 (cal)

主食	一　等　食（非常に重い労作）	2,500cal
	二　等　食（重い労作）	2,300cal
	三　等　食（やや重い労作）	2,100cal
	四　等　食（中・軽労作）	1,800cal
	五　等　食（不 就 業）	1,700cal
	副　　食	800cal

官食の栄養基準（右欄は実際の東拘食）

全たんぱく質	45g	(82.2g)
（うち動物たんぱく質	25g）	——
脂　　質	30g	(44.0g)
カルシウム	550mg	(596mg)
ビタミンA	2,500IU	(813IU)
ビタミンB_1	——	(1.14mg)
ビタミンB_2	0.4mg	(0.72mg)
ビタミンC	120mg	(62mg)

ム五九六ミリグラム、ビタミンA八一三IU、ビタミンB_1一・一四ミリグラム、ビタミンB_2〇・七二ミリグラム、ビタミンC六二ミリグラムとなっており、法務省の栄養基準とは若干のズレがある。とくにビタミンAとビタミンCが不足しているのが目立ち、緑黄色野菜や新鮮な野菜・果物の増えることが望ましい。前頁のデータを見ても実感としても、官食を全部食べることができれば、ふつうの状態では極端な栄養不足に陥ることはないと言える。

官食の問題はむしろ調理の仕方や配食、食事時間等にある。とくに、塩分や油分が多すぎ、何でもかんでもグチャグチャに煮こんであり、せっかくの材料のもち味が生かされていなかったり、たとえ調理がうまくできていても、配食されるまでの間にすっかり冷めてしまっていることが多い。

とくに病人食（粥食）の場合は、ただでさえ食欲が落ちているのに、冷たく糊状に固まったものを支給されたのでは食べられたものではない。

東京拘置所のT・H氏の場合は、「お前は以前配食のことで保健所の方へいろいろと文句を言ったから他の舎房並みに（病人食を優先的に温かいうちに支給すること）はやらん。温かいカユが食べたかったらシャバに出て食え」などと言われ、わざと冷たい病人食を支給されている。このように獄中者の待遇改善闘争に対する報復として配食についてのイヤガラセが行なわれることもある。T・H氏は、このために冷たく固まったカユ食を食べることができず残飯として出したところ、「拒食」として懲罰にかけられるということまでやられており、獄中者は食べる自由だけでなく、食べない自由さえ奪われている。東京拘置所では従来、ハンストは懲罰の対象とされていなかったのであるが、監獄法改悪案が国会に上程された八二年四月以降、四日以上のハンストは懲罰の対象とされるようになった。他の施設では、

一食であろうともハンストは即懲罰の対象とされるところが多い●

配食についての最大の問題点は食事時間が短いことである。

「動作時限表では、朝食時間は午前七時一〇分から七時三五分までとなっているが、これは点検が終ってから出役（各居房から、刑務所内の労働現場にでること）するまでの時間であり（したがって、ここには配食、喫食、残飯処理、食器洗い、食器回収、用便、出役用意の安座待機等の動作が含まれる）、実際の食事時間はせいぜい五分位（昼、夜も大体同じ）しかない。このような短時間に飯を流しこむので、多くの獄中者が胃腸を痛めて薬を飲んでおり、また時間内に食べ終えることができない」（府中刑務所・藤沢氏）という現状である。(注1)

作業を強制されていない刑事被告人で自分専用の食器が備えつけになっている場合は、残飯集めが終ってもゆっくり食べることが可能なのであまり問題はないが、受刑者や未決でも食器を外に出さなければならないことになっている施設（千葉刑務所）では、府中刑務所と似たような状態のところが多い。

食器を自分で洗えない所や洗うことができても、それが自分専用の食器として使えない場合、洗い方がずさんで食器に残飯がこびりついていることがある（名古屋刑務所、千葉刑務所）。食器の問題としては、粗悪な合成樹脂製品のため発ガン性物質溶出の問題もある。配食に際しても、食器口が床とすれすれの位置にあり、食事を床のコンクリートの上にじかに置いたり（東京拘置所旧舎）、パンを食器口（食器口といっても食事から便所のタワシにいたるまであらゆる物の出し入れをする唯一の窓口である）の上に直に置いたり（浦和拘置支所）、おかずをこぼして配食したり、食事の中に混入している虫、ネズミの糞、じゃがいもの皮や芽、腐った野菜、石ころ、わらくずなどとあいまって、およそ人間の食事としての配慮に欠けるところもある。

また、配食は雑役夫（受刑者）と看守によって行なわれているが、雑役夫（婦）は配食時に白衣、マスク、三角布（女性のみ）などを着用するのに、看守はこれらのものを一切着用せず、時には汚ない軍手をしたまま、おしゃべりをしながら配食をしており、衛生上問題である。

横浜拘置所では、八三年九月に官食で集団下痢が発生した事例もある。

二　自弁食糧

刑事被告人には食糧の差入・自弁が刑事訴訟法と監獄法によって保障されているが、指定差入業者のものに限られており、手作りの料理や果物、菓子などを外から持って行って差入することはできない。千葉刑務所拘置区（刑務所によっては拘置区があり、未決囚が収容されている。以下単に施設名のみを記す）など収容人員の少ない施設では、差入業者を通しての食糧差入すら認められておらず、自弁食は全て獄中者が所内で購入しなければならない。

所内で購入できる食糧は、昼と夕の弁当（一食五〇〇円位）の他、缶詰類と菓子類（せんべい、ビスケット、アメ、キャラメル、チョコレート、ガム、羊かん、大福、ピーナツ、パン等）が主なもので、施設によっては果物（みかん、りんご、バナナ等）、牛乳やアイスクリーム、惣菜（天プラ、カツ、コロッケ、漬物、卵等）、茶、インスタントコーヒー等が買えるところや、うどん、そば類を注文することのできるところもあるが、内容はバラつきが多い。食糧とは言えないが、所内は禁煙なのでたいていの施設で仁丹が購入できる。

受刑者は原則として食糧の自弁は許されていない。ただし、累進処遇（一三五頁参照）の一級者は一カ月に二回、二級者は一カ月に一回、三級者は二カ月に一回ずつ二〇〇円程度の菓子が買える（四級者はなし）。しかしこの場合も集会の時、看守の「喫食はじめ！　やめ！」の号令下で食べなければならないし、その菓子も自分で種類を選べるわけではない。

三　飲料水

飲料水は房内にある水道から適宜飲めるほか居房内にやかんが配備されていて、一日三回番茶（監獄特有のもので香りも味もなく茶色い色がついているだけのもの）が支給される（東京拘置所）。これは柳葉茶《りゅうようちゃ》といい柳の葉から作る。被収容者の間ではもっぱら「このお茶を飲むとインポになる」と言われているが、明らかに性欲抑制を目的としている。水道水ぐらいは獄中も獄外も同じと思うだろうがそうではなく、東京拘置所旧舎の場合は、水道管がサビついていて水道水が茶褐色または白色に濁り、鉄サビがジャリジャリと混入していたりするうえに、一旦、屋上の貯水タンクにためた水を水道水として流しているので厳冬期はザクザクと赤茶けた氷のカケラが混った水、真夏には熱いお湯が出るといった状態である。この件に関しては、七九年、日弁連人権擁護委員会より是正勧告が出されたにもかかわらず、現在（八四年）にいたるも何らの是正措置はとられていない。

八四年九月一一日付『読売新聞』によると、府中刑務所においては受刑者の飲み水を含む生活用水はほとんど井戸水に頼っているが（同じ敷地内にある職員住宅の生活用水は一〇〇％上水道の水が配水されている）、八二年、都環境保全局の調べで、府中刑務所の三本の井戸水から、基準値の三〇ｐｐｂを大きく上まわる発ガン物質トリクロロエチレンが検出された（「一号井」から四〇ｐｐｂ、「二号井」から九六〇ｐｐｂ、「三号井」からは三五ｐｐｂ）。ところが、府中刑務所当局は、数値の高かった二つの井戸からの取り水は同年中に中止したが、「三号井」の水は汚染が判明してから二年もたっているのに八四年九月現在もなお使用しており、また追跡調査も行なわれず、トリクロロエチレンの除去装置の設置すら検討していないという。獄中者は、安全な水さえ飲むことができなくされているのである。

府中刑務所では、水質の安全に問題があるのみならず、工場作業中の飲水を禁止して、その水さえ自由に飲むことができない。

3 衣類、寝具

一 衣類

刑事被告人の場合は、衣類、寝具ともに自弁（差入）が可能であるが、種類、房内所持点数には制限がある。ベルト、ひも、マフラー、帽子などはどこの施設でも禁止されており、中には手袋さえ不許可の施設もあり、暖房のない獄中では厳しい。

東京拘置所では八一年夏、衣類の房内所持についての制限が一挙的に強化され、これまで許可になっていたタイツ、ハイソックスが禁止され、パンツ、ソックス、ワイシャツ・ブラウス類の房内所持数がそれぞれ五点から三点へと減らされた（パンツ類については、獄中者からの強い抗議で、その後五点まで持てるようになる）。このため夏に汗をかいた時や病気の時など洗たくが間にあわず、冬期はいくら寒くても沢山の衣類を着こんだりソックスを重ねてはくこともできないなど、自分の衣類すら自由に使うことができない。そのうえ、八四年より、戸外運動時の服装についての規制が強化され、丸首シャツ、ランニングシャツ、ステテコ、半ズボン、スポーツウェア風パジャマ（女子はパジャマは禁止）の着用は八月一四日から九月二二日までと制限され、それ以外の期間はどんなに暑くても右の服装が禁止されることとなった。

刑事被告人でも自分の衣類が十分にない人は、官衣を借りることができる。刑事被告人に貸出す衣類は、本来「無罪推定を受ける権利」を有するという法的地位に照らして、できる限りふつうの市民生活に近いものとすべきであるが、実際は、受刑者と全く同じ囚人服であり、しかも当局は、自弁すべきであるにもかかわらず当人が自弁しないのだからとみなして、受刑者に貸出す衣類よりもさらに質も量も劣るものしか貸与しない。

刑事被告人であっても、規律に反したとみなされれば、自弁衣着用禁止の懲罰を受けることがあり、刑事被告人の自弁衣着用の権利はふみにじられている。

受刑者は原則として官衣（囚人服）の着用を強制され、自弁衣の着用を禁止されている。官衣は一、二級者には比較的新しいものが貸与され、昼夜独居者（五五頁参照）は一番古いものになる。三、四級者には着古したものが多い。官衣は古くて穴があいていたり、シミがついていたり、ボロばかりなうえに体に合わないとの批判・不満が多い。また、冬も夏も上着やズボンは同じ材質（木綿）でできており、夏は暑苦しく冬の寒さは耐え難い。冬の寒さに耐えうるよう、防寒ジャンパー、セーター、厚手のソックス、手袋などを貸与してほしいとの声が多い。冬期は大部分の獄中者がしもやけに苦しめられており、高齢者や、神経痛・リューマチ・高血圧その他寒さに弱い持病を持っている者にとっては、冬の寒さはそれ自体が病気の悪化、健康破壊につながる「体罰」でさえある。

官衣であれば自由に着ることができるのかというとそうではない。「昨年（八二年）一〇月、衣替えで上着が配られた時、上着は必ず着用していなければいけないが、作業中長袖シャツ（下着）は脱いでもよいとされていたのに、独居固定（独房での房内作業者）は今春（八三年）になってからそれが禁止されてしまう。今年は五月上旬頃から七月並みといわれるほど暑い日が続いており、工場出役者等は長袖シャツを脱いでおり、外では既にTシャツ一枚で歩ける気候となり、六月一日には看守も夏服となったのに、独居固定のみ『お前たちはただ座っているだけの仕事だから』と、冬着の上着と長袖シャツを着せられて作業をやらされている。六月一日から長袖シャツと上着の第一ボタンをはずすことだけ許可となる。」「八四年七月四日、三五度のなかで冬服を着たままで作業、袖まくりすら許されなかった」（府中刑務所・斉藤彰氏）という状態で、獄中者は季節・気温にあわせて衣類を着る自由も着ない自由も奪われているのが現状である。

最近は、受刑者でも下着（シャツ、メリヤス、ももひき、パンツ等）とソックス、運動靴は私物使用が認められるようになったところが多い。だが他方、官衣と私物では質的に大きな差があり、受刑者に優越感と劣等感をもたらす要因となる。

二　寝　具

刑事被告人は寝具も私物を使うことができる。しかし、寝具は差入に手間ひまや金がかかることが多いため、大部分の者は官から貸与された寝具を使っている。差入できる寝具の数は、東京拘置所の場合を例にとると、敷布団一（女子は二）、掛布団一、毛布（またはタオルケット）三、敷布一、枕一、座布団一であり、官から貸与されるものも種類、点数は同じである。長野刑務所では掛布団が二枚、金沢拘置所では毛布が四枚など寒冷地では多少の増貸があるが、官物はいずれも古くて薄ぺらのものばかりなので、それでも夜は寒くて眠れないことがある。

その他、高齢者、病弱者にはどこの施設でも毛布の増貸があるが、毛布一枚を増貸してもらっている府中刑務所の桜庭章司氏の場合、「毛布四枚のうち最上のものが八年前と二五年前のもので、あとの二枚はあまり古くて年代等表示のマークはない。薄く布状である。分厚いジャンパーを着て眠らなければならない」という状況である。

刑事被告人の場合は、このように、寝具の不十分さを私物の衣類を着こんだり、衣類を布団の上にかける等して何とか寒さをしのぐすべもあるが、受刑者の場合は私物の使用が許されていないので、夜は寒くて眠れないという声が少なくない。

三　洗たく・寝具乾燥

私物の衣類を着用している刑事被告人の場合、自分で洗たくのできる施設と、自分では洗たくのできない施設とに大きく分けられる。自分で洗たくできる施設の場合、房内の水道で自由に洗えるところ（東京、横浜、浦和、大阪、京都、金沢等の各拘置所・区）と、風呂場や運動場の水道で日時を決めて洗たくをさせるところとがある。岡山刑務所の場合、戸外運動場に備えつけの水道で洗たくをすることになっているが、運動時間中に洗たくをしなければならないので、洗たくをするとその分は運動時間が短縮させられてしまい、大いに問題である。自分で洗たくすることを禁じられている名古屋拘置所や函館新川拘置支所では、下着類は無料で、それ以外の大きなものは有料で当局が洗たくをしてくれる。

房内で自分で洗たくすることを禁じられている府中刑務所拘置区の場合、「週二回、洗たく日があり、下着、くつ下、ハンカチのみは洗たく機で洗たくしてくれるが、それ以外は洗たくをしてくれず、自分で洗たくすることも許されていないので八三年八月初めから一二月初めまで約三カ月間もの間、全く洗たくができず、不衛生で困った」（大久保正昭氏）という報告もある。舎房の担当によっては「恩恵」として、下着類以外のものを洗たくしてくれる場合もあるが（大久保氏は四舎から二舎に転房になった際にワイシャツ等の洗たくをしてもらっている）、「恩恵」にすぎない場合は、担当看守の恣意にまかされるので、獄中者が清潔な衣類を着用できるよう、洗たくも権利として保障されねばならないだろう。

房内の水道で自分で洗たくのできる場合でも、原則として下着類、くつ下、ハンカチなどのこまものみが許可されており、それ以上大きなものは獄外の人に宅下して洗たくをしてもらうことになっている所が多い。実際は、水洗いのきくものであれば上着やズボン等の房内洗たくも認めているところが多いが、これもあくまで「恩恵」的に黙認されているにすぎない。また、水洗いできない半てん、オーバー、ジャンパー等は、宅下して獄外の人に洗ってもらう以外にないが、獄中者の中には洗たくを頼める家族友人等のいない人も多く、クリーニングができるようにしてほしいとの声がある。

官衣の場合は、未決・既決の区別なく下着は週二回位、作業着、ズボン等は月三回位、定期的に一斉に官で洗たくをする。官物のシーツ、枕カバー等も月一回位、定期的に洗たくすることになっている。

ふつうはこれで困ることはあまりないが、寝たきりの病人の場合も同様なので、病人などは不潔になりやすい。

寝具の乾燥は、月一回位の割で行なわれているところが多いが、施設によるバラつきが大きく、大阪拘置所の場合は年にたった一～二回しか行なわれていない。金沢刑務所では、雪の多い季節は機械による乾燥が定期的に実施されている。寝具乾燥は、最低月二回位は行なわれるのが望ましい。

寝具の取扱いで一番大きな問題は、病気の獄中者の場合である。「病人は臥具を一日中使用しているのに、シーツ類の洗たく日は健康な者と同じく二週間に一回のみ、布団乾燥は月一回のみである。しかも冬期、布団を乾燥に出している間、代わりの布団は入れてもらえないので、寒くて眠れず、実質的には乾燥できない」（名古屋刑務所・T・H氏）という状況にある。病気の獄中者に対しては、健康な獄中者以上に清潔な寝具が保障されなければならず、一般獄中者と同じ画一的取扱いは、それ自体が不当である。

4 入浴、身体清拭

一 入浴

入浴の回数や時間の制限については、未決と既決の区別はない。入浴の回数については週二回のところがもっとも多く一三施設、週三回というところが一施設（名古屋拘置所）、もっとも少ないところは五日に一回（東京拘置所、千葉刑務所）である（東京拘置所では一九八四年一一月から週二回となった）。入浴日にはどこの施設でも戸外運動は行なわれないので、入浴の回数が多ければ多いだけ、その分、戸外運動の回数が減らされるので、多いほどいいというわけにはいかない。

入浴時間は、一五分というところが最も多く、東京拘置所など一〇施設、他に一二分（府中刑務所、浦和拘置支所）、一〇分（横浜刑務所、金沢刑務所）、九分（千葉刑務所）など。これは脱衣着衣の時間を含むので、実際に入浴できる時間はさらに短くなる。

入浴の態様については、雑居房被収容者や工場出役者の場合は、たいてい共同入浴で、独居房被収容者は個人入浴（府中刑務所は二人一組）である。体を洗う時間が十分にないため、共同入浴の後半の方になると、浴室全体にくさい臭いがたちこめ、湯水はアカでいっぱいである（大阪刑務所・山田契二氏）。

浦和拘置支所の場合は、湯水の量を湯舟の上端から三〇センチまでのところにとどめなければならず、水道の蛇口が水を出している間中手を放すことのできない構造になっているため、湯水の量の調節に時間がとられ、それでなくても少ない入浴時間がますます短く感じられる。

府中刑務所の場合は、個人用風呂に二人一組で入るが、四分浴槽―四分洗身―四分浴槽と浴室内での行動までが細かく決められており、八三年四月より、使用する湯水の量についてまで、掛け湯二杯、洗髪四杯、洗身四杯、上がり湯二杯と細かく制限され、これ以上使用すると懲罰処分に付されるまでになった。このような厳しい監視下での入浴であるから、二人で入っていても私語は一切できないのは勿論、看守が監視台からメガホンをもって見張っており、入浴の間中ピリピリと神経をはりつめていなければならない。とてもゆっくり温まり、疲れをほぐすようなことはできない。

名古屋刑務所の場合は、浴室の窓を開放することを強制され、廊下側の扉も看守の立会いのために開けっ放したままの入浴なので、冬は寒くて風邪を引いてしまう者が多い。そうでなくても、冬は体が温まりきらないうちに出なければならないので、入浴後、風邪を引く者が少なくない状態である。風邪薬をもらった場合は入浴禁止となる。

甲府刑務所にはシャワーの設備があるが、これは飾り物で、知らずにシャワーを使った人は怒られたとのことである。

千葉刑務所の場合は、個人用浴槽が家庭用の小さいホウロウ製のもので、風呂桶の中に蒸気用パイプが通っているため、足を伸ばすこともできず、小さくなって入らなければならず、何とか改善してほしいとの声がある。

入浴については、少なくとも一回につき三〇分位の時間は必要であり、湯水の量や、入浴中の一挙手一投足にわたる監視は撤廃すべきだろう。

二　身体清拭

身体清拭とは、汗をかいた時などにタオルで体をふいたり、乾布摩擦、冷水摩擦をしたりすることであるが、こんなことでさえ獄中では自由にできない。

府中刑務所の場合は、「運動から帰ってきてもシャツやランニングを脱いで身体をふくことは許されず、着衣したまま、それも三分間と決められている。厳正独居の懲役者は『作業やめ』という号令がスピーカーを通じてかかり、そのあと『身体ふきはじめ』という号令がかかり、約三分間位して『身体ふき止め』という号令がかかる」（大久保氏）という状況であり、それ以外の時に身体をふけば懲罰に処される。桜庭氏は、脚がぬれたためにハンカチでちょっとふいただけで「不正身体清拭」なる〝罪名〟で懲罰にかけられている。

これほどでなくても、上半身裸体となって身体清拭ができるのは運動終了後に限られており、それ以外の時間にやれば「処分」されるところ（名古屋拘置所）や、夏季に限って汗をかいた時に自由に体をふくことが許されているところ（福岡拘置支所）など、許可条件を厳しく制限しているところが多い。比較的自由に身体清拭が認められている東京拘置所の場合でも、「みだりに裸体にならない」という所内規則をタテに、運動終了後以外の時間に身体清拭をしたりすると「注意」される。

房内の水道で頭を洗うことは、どこの施設でも禁止されており、それを無視して頭を洗うと懲罰に付されるところが多い。

受刑者の場合は「十数年前のことで作業によって異なるが、作業終了後たいてい水か湯で体がふけた。体の汚れる作業についている人は、入浴が許されていた」（名古屋拘置所・T・U氏）というが、府中刑務所の藤沢徹氏によると「以前は作業終了後、バケツに湯水をくんで体を洗うことができたが、八二年五月以降、それが禁止され、五分間ずつ、固くしぼったタオルで顔、手足等をふくだけに制限される。このため、汗をかく夏期は、ほとんどの者がいんきん・たむし・水虫・あせも等の皮膚病にかかり、冬期になっても治らない者が多い」という。

5 運動

一 戸外運動

常時、狭い房内に閉じこめられ、かつ房内でも自由に運動することができない獄中者にとって、戸外運動は唯一の日光にあたれるチャンスであり、体を動かせる時間なのであるから、健康保持のためには不可欠のものである。現行監獄法においては、雨天の日を除いて毎日三〇分以内（独居者には一時間以内）の戸外運動を義務づけている。しかし、これを守っている監獄は皆無である。

大部分の施設において、雨天の日のほか、入浴日、日祭日、年末年始の休庁期間（一二月二九日〜一月三日）は戸外運動が中止となり、そのほか、前日に雨が降ったりしてグラウンド・コンディションが悪いと天気がよくても運動が中止となるところ（千葉刑務所）、冬期は霜柱のためほとんど戸外運動がないところ（府中刑務所）、土曜日は戸外運動が実施されないところ（横浜刑務所）などがあり、様々な理由・口実で戸外運動が中止されている。

大阪拘置所の場合、「以前は日祭日も入浴させていたのに、現在は週二回の入浴日が祝日になると、それが前後の平日にずらされるようになり、その結果、その分だけ戸外運動が減らされるようになった。さらに少し雨が降っただけでも戸外運動が中止される。結局、一週間によくても三日位しか戸外運動ができず、これでは健康維持に必要な運動を保障していることにはならない。そのため、腰痛等に苦しむ獄中者が多い。そのうえ、最近、夏の陽よけが冬期にもはずされなくなったので、一一月から二月までの四カ月間はほとんど運動場でも日光浴ができなくなった」（大阪拘置所・竹内毅氏）という。

冬期はほとんど戸外運動が行なわれなくなるという府中刑務所の場合、例えば八四年一月一四日から四月二日までの八〇日間はまったくなかった。年平均にすると六〇回位しか戸外運動が実施されていない現状である。

一回の運動時間は三〇分というところが大部分であるが、これも運動場への往復時間を含んでいて、実質は二五分位であったり、看守によっては二〇分位で打ち切ったりするところもあり、横浜拘置支所では二三分、千葉刑務所では二〇分、函館少年刑務所ではたったの一〇分しか行なわれていない。また、横浜拘置支所や府中刑務所では、土曜日は平日の二分の一に運動時間が短縮されている。

府中刑務所の大久保氏の場合は、土曜日の運動時間の短縮について再三改善要求をしたところ「お前はうるさい」として、三日間運動に出してもらえなかったという。運動禁止は、懲罰処分として正式な手続きを踏んだ上で科されなければならず、その場合でも六日以上続けて運動を禁止してはならないことになっている（監獄法第六〇条）にもかかわらず、このように看守の恣意によって運動の権利が侵害されたり、年末年始やゴールデンウィーク、冬期など懲罰でもないのに六日以上実質的に運動が禁止されてしまうことも珍しくない。

運動場は雑居者の場合は一〇〜二〇人位が団体で比較的広いところで運動できるが、独居者の場合は通称トリ小屋と呼ばれている狭い檻の中での運動なので、思いきり走ったりとびまわったりすることはできない。また、独居用の運動場は狭いところをブロック塀でしきってあるため、塀の陰になって陽あたりが悪く、せっかく戸外に出ても日光浴ができないことも少なくない。設備上の問題としてはこのほかに戸外運動場が屋上にあるため、土とふれあう機会が全くない施設（浦和拘置支所、横浜拘置支所）もあり、長期獄中者の場合、精神衛生上好ましくないと思われる。

運動用具としては、縄とび用の縄のみを設備している施設がもっとも多く、東京拘置所、大阪刑務所など七ヵ所、ボールを設備している施設が大阪拘置所、京都拘置所など六ヵ所、何もないところが千葉刑務所、宮城刑務所など四ヵ所となっている。また、室内運動として卓球台を設備しているところもある（青森柳町拘置支所、旭川刑務所等）。

独居者の場合、運動時に声を出すこと、四人同士の会話はどこの施設でも固く禁止されており、東京拘置所、府中刑務所、金沢刑務所などでは、四人同士が顔を合わせることさえ禁止されている。その他に金網やコンクリート塀にさわらないこと、塀を叩いたり足蹴りしたりしないことなど細かい規制があり、狭い檻の中に白線がひいてあって、その白線より向こうで運動をするように言われたり（浦和拘置支所・村松誠一郎氏）、逆立ちや側転をしたら運動は禁止すると言われたり（東京拘置所・荒井まり子さん）、運動時間中ものびのびと自由に動きまわれるわけではない。

工場出役者の場合は、工場単位でバレーボール、ソフトボール、ドッジボール、鉄棒などができるようなグラウンドがある。府中刑務所や横浜刑務所では、運動時間に軍隊式行進やかけ足が強制されている。

厳正独居拘禁に付されている者が独居用運動場に数人で入れられることがある。これは、監獄当局にとっては短時間で多くの獄中者の運動を終らせてしまえるというメリットがあるため便宜的に行なわれているものであるが、独房に拘禁されている獄中者にとっては、仲間と会話を交せる唯一の機会であり、そのために一種の「恩恵＝アメ」として機能し、獄中者間の差別分断支配に利用されている。すなわち、従順な獄中者は複数で運動させるが、少しでも自己主張したり不服を言ったりする者、救援連絡センター等と連絡をとったりする者は、複数で運動させないというのである。「公安関係被告」と文通を開始したところ、即、複数運動が禁止され「今までどおり、みんなと一緒に運動したいのなら文通をやめろ」と言われたりした例は枚挙にいとまがない。

二　室内運動

獄中者は、居房内では指定された場所に指定された向きで一日中じっと座っていなければならず「みだりに立ったり、横になったり、寝具によりかかったりしないこと」(「所内生活の心得」・東京拘置所)とされている。したがって、房内で運動することは、たとえそれがヨガや腕立伏のような静かな運動であっても禁止されている。そのため、一定の時間を定めてラジオから音楽を流し、その時間だけ室内体操を認めているところが多い。

天候に関係なく毎日室内体操のあるところは七施設（東京拘置所、千葉刑務所等）、雨天時等で戸外運動が実施されない日にかぎり室内体操があるところは四施設（金沢刑務所、大阪刑務所、名古屋刑務所、旭川刑務所）であり、全く実施されていないところは一施設（横浜刑務所）であった。室内体操は、府中刑務所が一日一回一五分のほかは、たいていの施設で一日二回各々一五分間行なわれている。しかし、独房内で作業している厳正独居処遇の受刑者の場合、狭い房内に作業用品をいっぱい並べなければならないため、スペースがなく、室内体操をやりたくても実質的に不可能で、誰もやる人がおらず、形骸化しているという（旭川刑務所・磯江洋一氏）。

数は少ないが、雨天時、戸外運動に代わるものとして、棟と棟の間の渡り廊下で運動が実施されるところ（仙台拘置支所）や、室内で卓球ができるところ（青森柳町拘置支所）がある。工場出役者の場合は、長野刑務所、旭川刑務所など少数ながら講堂で室内運動ができる施設もある。冬期、戸外運動が中止になる府中刑務所の場合、従来、戸外運動が中止された日は工場内運動（ランニング、縄とび、卓球）が行なわれていたが、八二年夏以降、これが全面的に禁止されるようになった。冬期には、始業前に一〜二分間「天突き体操」と称して一種の屈伸運動をさせているが、これはあくまで生産効率を上げるためのものである。府中刑務所や名古屋刑務所の場合は、戸外運動中止の日は工場の食堂で三〇分間テレビを見るだけで、代わりの運動は全く実施されていない。

室内体操時間以外の房内での運動は、たとえ静かなものであっても懲罰の対象として禁じられている。とくにひどいのは府中刑務所で、桜庭氏は運動不足による便秘で苦しみ、両膝屈伸を五〜六回やったこと、凍傷悪化防止のためつま先足踏みをやろうとして両足を一回ずつ動かしたこと、さらに排尿困難対策として便器の前で激しく体を上下に揺さぶっていたこと等が、「不正運動」として懲罰の対象とされている。

房内での静かな運動は、獄中者の健康な生活を維持するための基本的権利として認められなければならない。

6　文書・図画の閲読

一　私本

未決、既決を問わず、房内で所持できる私本の数は、雑誌を含めて原則的に三冊までとなっており、他に学習用・訴訟用資料として認められたものに限り「冊数外特別許可」という形で七冊までの計一〇冊という施設が多い。横浜拘置支所のみ「冊数外」が一〇冊認められているとのことだが、京都拘置所、名古屋刑務所などでは「冊数外」も含めて計七冊までしか認められていない。

これ以上の本は、「領置」といって当局が保管し、獄中者は必要に応じて舎下《しやさげ》（または下付《かふ》という）を申し出て、制限冊数内でやりくりすることとなる。舎下は、未決の場合は一週間に二〜三回、一回につき三冊まで可能で、要求してから実際に手元に届くまで二〜三日から一週間位（府中刑務所は二週間から一カ月）であるが、既決の場合は、舎下も一カ月一回しかできないところが多く、要求してから手元に届くまでに一カ月もかかり、必要なときに必要な本が手に入らず、系統だった学習は極めて困難となっている。

一般書店に売られている書籍については、所内で購入することもできるが、直接出版社に注文して取り寄せてくれないので、欲しい本が手に入らないことが多い。購入できる私本の数は、未決囚の場合、一週間に一回三冊まで（東京拘置所）、受刑者の場合は一カ月に一回三冊まで（府中刑務所）のところが多い。

差入は一回につき三冊までとの制限がある以外はとくに制限はない。

東京拘置所の場合、私本の閲読期間は、辞書・六法等は「無期限または六カ月閲読許可」になるが、他は一カ月以内（週刊誌は七日〜一〇日）と決められており、引き続き閲読したいときは閲読期間更新手続きをとらなければならない。私本は、閲読後、領置するか宅下しなければならない。領置とは監獄当局にあずけること、宅下とは他の人に交付することである（六二頁）。領置も宅下もしない本は廃棄することもできる。獄中者が廃棄した本の一部は官本として他の獄中者の閲読に供することもある。

雑誌は読了後廃棄が原則となっているが、当局が学習用資料あるいは訴訟用資料として認めたもの（またはそのページだけ切り取ったもの）に限って、領置や宅下が認められる。しかし、獄中者にとっては大切な資料的価値のあるものでも、当局が「必要とは認めない」として廃棄を強制されることがあり、獄中者にとっては重大な私有財産権の侵害となっている。しかも、「八〇年四月より、雑誌・パンフ類の特別領置後の仮出し（舎下）が禁止されてしまったため、獄中での再読は不可能となった」（大阪拘置所・竹内毅氏）、「今までは雑誌については『勉学のため』などの理由で宅下できていたが、最近（八三年）になって、宅下を認めなくなってきた」（浦和拘置支所・村松誠一郎氏）等、最近、ますます規制が厳しくなってきている。

読了後の廃棄強制についても同様の取扱いになっているが、雑誌やパンフ類は、単行本以上に後日の入手が困難であり、文書の主観的価値はその文書の価格とは全く別のものであるのだから、獄中者が必要として要求したものについては、その私有財産権を最大限尊重して、領置・宅下等が認められるべきであろう。

甲府刑務所では、閲読期限のほかに最低所持期間なるものまでが決められている。一般本は最低所持期間が一五日、閲読期限は一カ月以内で期間更新がきかず、一カ月が過ぎたら読み終っていなくても一旦領置しなければならない。しかも領置した本の舎下は二回までしかできない。学習本は最低所持期間、閲読期限ともに三カ月で、期間更新は何回でもでき、舎下についても回数制限はない。しかし、この場合は、読み終っても最低三カ月は房内に置いておかなければならず、新しい本と交換することができなくて困ることになる。

一般本扱いとするか学習本扱いとするかは、監獄当局が勝手に判断するので、獄中者にとっては大切な学習本が一般本扱いされた場合は大変困ることとなる。成田三〇二一号氏の場合は、『自衛隊のクーデター戦略』(藤井治夫)、『寒村自伝』(荒畑寒村)、『軍事思想の研究』(小山弘健)が学習本としての扱いを不許可とされた。このようなナンセンス極まりない規則の存在は、当局が獄中者にはできるだけ学習をさせまいとして躍起になっていることを示している。

獄中者が自分の本を読むのに、監獄当局がいつからいつまでに読めなどと強制すること自体が不当であり、期間制限、最低所持期間、一般本・学習本の区別(差別)、舎下回数制限は撤廃されるべきであり、房内所持冊数制限についても大幅に（少なくとも数十冊位まで）緩和される必要がある。

二　パンフ・コピー・ビラ・機関紙等

書籍の形態をなしていないパンフ・コピー・ビラ・機関紙等の文書類は、一括してパンフ類として取扱われ、房内所持できるのは原則として一〇部以内となっている。ただし、たいていの施設でパンフの合冊が認められている。

東京拘置所では最近、合冊に関する制限が強化され、従来は合冊のとじひもは当局が負担していたのであるが、八四年五月より獄中者の自己負担とされるようになり、とじひもを買うお金のない獄中者は合冊もできなくされた。また、八四年八月より合冊したパンフのページ毎に赤い丸の済というゴム印が押されるようになった。パンフといえども獄中者の大切な私有財産であり、必要に応じて獄外の人とやりとりをしたり、出獄後も閲読したりするものであるから、このような回復不可能な汚損をすることは許されるべきではないだろう。

パンフ類の閲読期間は一週間（旭川刑務所）から一〇日間（東京拘置所）が原則だが、私本と同じく期間更新ができる。しかし、一〇日間までしか更新を認めない施設（浦和拘置支所）もあり、私本に比べると取扱いは厳しい。読了後のパンフ類は雑誌と同じく廃棄が原則であり、学習または訴訟用資料として特別認められたもの以外は、どんなに大切なパンフでも廃棄を強制されてしまう。府中刑務所では、八三年五月よりパンフ・雑誌類の特別領置は全面的に禁止されるようになった。

しかし、パンフの冊数や閲読期間に関する右のような制限は、学習や訴訟活動上あまりにも非現実的で遵守が困難なことから、東京拘置所、札幌拘置支所等一部の施設では、公判学習資料として申請したパンフについては事実上、閲読期間・冊数の制限は撤廃されている。しかし同じ施設でも権利を主張しない大部分の獄中者には原則どおりの制限が厳しく守らされている。

三　新聞（日刊商業紙）

刑事被告人の場合は、当局が許可した種類の日刊紙を一紙に限って自費購読することができる。購読以外の差入は原則として認めていないところが多く（スポーツ新聞のみは許可）、お金のない獄中者は新聞が読めない。ただし、浦和拘置支所は報知新聞の差入を許可しており、東京拘置所では下端の広告欄をわずかだけ切り取った日刊紙（種類は問わない）を「新聞切抜」としてパンフ扱いにして差入を認めている。(注2) 横浜拘置支所では郵送差入の日刊紙（沖縄タイムス）の閲読を認めている。

自費購読した新聞の閲読期間は一日で、未決、既決とも翌日には廃棄処分にしなければならない。ただし、東京拘置所、札幌拘置支所などでは、必要な記事の切抜き所持を認めている。

受刑者の場合は、官費による新聞の回覧がある。官費による新聞は、名古屋刑務所の中日新聞、旭川刑務所の北海道新聞を除いて、ほとんどがなぜか読売新聞である。閲読時間はもっとも長いところで三〇分位だが、これも「八二年五月より一五分タイマーで測って行なうとされた」（府中刑務所）、「八三年一一月より二〇分に短縮された」（旭川刑務所）というように、むしろ短縮される傾向にある。

以上の例は厳正独居拘禁者の場合だが、工場出役者の場合はもっとひどく、「昼休みの五〜一〇分間に五〇名以上の工場に一部ずつ回覧するだけである。八三年一二月にこの件につき不服申立をしてからは、午前中の五分間の休憩時間にも読ませるようになったが、圧倒的に時間が少ない」（府中刑務所・藤沢氏）という状況である。受刑者への新聞差入は、スポーツ紙に限って許可される。

社会から隔離された獄中者にとって新聞は社会状況を知る上でもっとも貴重な手段であるのだから、獄中者の社会復帰のためにも、十分な時間的余裕をもって閲読することが認められなければならないし、未決獄中者に対しても、官費による閲覧が保障されてしかるべきだろう。

四　写真・絵画・カレンダー・ポスター等

写真は、刑事被告人の場合は内容を問わず一〇枚まで所持できるが、受刑者の場合は親族の写真に限り許可され、恋人・婚約者・友人の写真は許可されていない。府中刑務所では、八三年四月より獄中者の大部分を占める三級、四級者は親族写真一枚の房内所持さえ禁止されるようになった。全く何らの合理的根拠のない不当な制限と言わなければならない。

絵画については、東京拘置所の場合、七九年頃までは他のパンフ類と同じく許可されていたのだが、八〇年末頃から房内所持が禁止されるようになった。

東京拘置所ではポスター・ステッカー等については、シール様のものでない限り、パンフと同じく許可されていたが、八四年一〇月より、絵画と同じく房内所持が禁止されるようになった。

カレンダーについては、全国一律に、当局備えつけのカレンダーが房内に貼られており、差入のカレンダーは一切不許可とされている。絵画やカレンダーの房内所持禁止についても、何ら合理的根拠はなく、許可されてしかるべきであろう。

五　官本

どこの施設でも官本という監獄当局備えつけの図書があり、獄中者に貸出しをしている。ただし、私本が一冊でも手元にある時は貸出さない。官本の種類や冊数などは施設によって大きな差があり、概して刑事被告人を主に収容する拘置所よりは受刑者を主に収容する刑務所の方が、小さい施設より大きい施設の方がよい。

日本で最も大規模の拘置所である東京拘置所（約二〇〇〇人収容、九割が刑事被告人、一割が受刑者）の場合、官本目録によると、百科事典・年鑑等が約一〇〇冊、哲学・心理学・宗教関係の本が約九〇〇冊、歴史・伝記・地誌・紀行関係の本が約一〇五〇冊、法律・民俗その他の社会科学系の本が約七四〇冊、数学・生物その他自然科学系の本が約三〇〇冊、土木・建築・機械・電気等の工業関係本が約二〇〇冊、農業・林業・水産業・商業等の本が約二〇〇冊、絵画・音楽等の芸術とスポーツ関係図書が約二二〇冊、語学関係図書が一四〇冊、文学関係図書が約一〇〇〇冊、合計約四八五〇冊の官本があり、すべての獄中者に一回二冊、一〇日間の貸出しを行なっている。その他に準官本といって獄中者が廃棄した雑誌・単行本などを私本のない人やあってもすでに読み終って読むものがなくなってしまった人だけに、週二回二冊まで貸出しをしている。

東京拘置所を上まわる日本一のマンモス刑務所・府中刑務所（収容人員二二〇〇〜二三〇〇名、九割が受刑者、一割が刑事被告人）の場合、官本は全部で二万五〇〇〇冊あり、独居者には娯楽本週一冊、教養本月一冊、雑居者には一五日毎に一人一冊の共同貸与をしており、この他に工場就業者には月一回の特別貸与があり、学習用図書については随時検討による特別貸与がある。旭川刑務所では、官本は一週間に一冊のみである。

拘置所の方は貧弱なところが多く、青森柳町拘置支所では、卓球場に二〇〇〜三〇〇冊入った本箱をおき、そこから好きな本を一週間に五冊まで貸出している。岡山刑務所では「官本は古い本に厚紙で表紙をしたボロボロのもので、台車に入れて廻ってくるが、あまりの汚なさに手にする気力もなくなってしまうような代物です。一回二冊まで借りられる」（鎌田俊彦氏）という状況、富山刑務所では、「官本は多くて一〇冊位、少ない時は一冊しかないときもあり、読みたい本がほとんどない。週一冊だけ借りられる」という状況である。

このように本の種類や内容を問う前に、官本そのものが満足にないところが多いが、東京拘置所や府中刑務所のように大規模な施設でもその内容にはいろいろ問題が多い。例えば、収容者の大部分が未決囚の東京拘置所においても、刑事訴訟法や刑法の解説書はほとんどなく、監獄法や人権に関する図書にいたっては皆無である。

府中刑務所では、全収容者の約一割が外国人で、そのうちの九割までが朝鮮人・韓国人であるにもかかわらず、朝鮮人・韓国人獄中者が民族学習をしようとしても、官本には民族学習用の図書は一冊もない。そのことに対して抗議し民族学習用の図書を備えつけるよう要求したH氏に対する府中刑務所当局の回答は「官本二万五〇〇〇冊のうち外人処遇者向けの図書は、英・仏・独・伊・中・露・スペイン語のもの合わせて二五〇〇冊ほどあるが、朝鮮人・韓国人向けの図書は一冊もないし、今後も入れる予定は全くない」というものであった。東京拘置所においても外国人収容者の割合については、府中刑務所と似たようなものと思われるが、語学関係の図書の中に、英・独・仏・中・露語、それにマライ語、インドネシア語の学習図書まであるのに、朝鮮語・韓国語学習用の図書は一冊もない。府中刑務所では、朝鮮人・韓国人以外の外国人収容者には、官費で英語と中国語の原書新聞を読ませているにもかかわらず、朝鮮人・韓国人用には原書新聞をおいていない。このように、朝鮮人・韓国人の民族としての主体性を認めようとしないのは、植民地政策の延長上の民族差別であって極めて不当である。

六　閲読不許可・抹消・削除

獄中者に差入れされる文書は、弁護人から刑事被告人に差入れられた物を含めて全て検閲され、当局にとって都合の悪いものは文書全体が閲読不許可となったり、一部を抹消・削除（切取り）されたりする。その対象とされるものは以下のとおりである。

(1)　獄中者の人権や団結、監獄に対する闘いを呼びかけたりするもの。例えば「私たちは本来、社会的な人間として仲間友人たちとお互いに意見を交しあい、協力し、励まし、助けあう互助友愛と団結の権利を持っています」「『獄中生活のてびき』閲読不許可処分に対する行政民事共同訴訟に結集しょう」（東京拘置所）、「ぼくらを守るのは第一にぼくら獄中者が自らを守るということ、仲間の団結した力でね。だから、ぼくたちはみんなに呼びかけるんだよ。共に闘おうじゃないかって」（府中刑務所）の傍線部分は抹消された。『囚人組合の出現』（マイク・フィッツジェラルド著、法大出版局、七九年）、『闘争と弁護』（「闘争と弁護」編集委員会編、七〇年）、『獄中生活のてびき』（獄中者組合獄外事務局編、八〇年）の三冊は東京拘置所で、『牢獄の思想』（紀田順一郎、三一書房、七一年）は大阪拘置所、『監獄と人権』（日弁連編、日本評論社、七七年）は府中刑務所で閲読不許可。

(2) 獄中の実態に関するもの。『長い午後――女子刑務所の日々』（毎日新聞社）、『虐殺糾弾』（大阪拘置所で虐殺された鈴木国男氏の国家賠償訴訟に関するパンフ）は閲読不許可。八三年五月に同国賠訴訟に原告側勝訴の判決が出ると、この問題に関する報道の全てが抹消される（府中刑務所）。八三年四月の高尾猶行氏の獄死について「虐殺」という表現の全て、当局の不当医療を告発する文章はその全てが抹消され、さらに高尾氏の虐殺に対する怒りと悲しみをうたった詩まで抹消されたた（東京拘置所）。民事行政訴訟の共同原告の訴訟書類でも獄中実態についてのものは閲読不許可。

(3) 刑務所関係の事故や闘争の記事、東京拘置所では従来、獄中者の自殺・逃走・暴動・ハンスト等については抹消されていたが、獄外者の囚人釈放要求闘争などは七七年の日本赤軍のダッカハイジャック闘争を含めてほとんど抹消がなかった。しかし、その後徐々に抹消範囲が拡大し、八三年六月、最高裁判所でよど号ハイジャック闘争記事の全面抹消が合憲とされて以降は、一挙的に弾圧が強化され、最近では外国における仲間の不当逮捕に抗議する獄外者のハンスト、パリの日系企業爆破（大森勝久氏に対するでっちあげ死刑攻撃に対する抗議）などまで抹消されるようになった。

(4) 同一所内の獄中者の顔写真(東京拘置所)、同一所内獄中者の関連記事(長野刑務所、浦和拘置支所、千葉刑務所)。『原詩人』の詩の作者はほとんど抹消された(大阪刑務所)、『救援』その他出版物に出てくる獄中者の氏名と施設名は全て抹消(府中刑務所、大阪刑務所)。

(5) 監獄職員の氏名(東京拘置所)。

(6) 一般に市販されている週刊誌等で、当局が「露骨な描写」とみなしたヌード写真や絵、性表現の文章。『カメラ毎日』に掲載された裸婦の芸術写真までが抹消された(東京拘置所)。

(7) 監獄当局が裁判所に提出した獄中者の「病況書」コピーが、当の獄中者本人に対してさえ閲読不許可となった(東京拘置所)。

(8) 天皇を嘲笑したり、天皇殺害に関する表現(東京拘置所)。

(9) 日本赤軍関連記事のほとんど全て(東京拘置所)。

(10) 当局が好ましくないと思う思想に関するものは閲読不許可。例えば府中刑務所では、『国家と組織』(第三文明社)、『もう一つの昭和史・深層海流の男力道山』(毎日新聞社)、『十六の墓標』(彩流社)、『大道寺将司獄中書簡集・明けの星を見あげて』(れんが書房新社)等は閲読不許可。

(11) 獄中者が手話や点字を覚えることを妨害するため、手話や点字の学習書、解説書は閲読不許可(東京拘置所)。

(12) 獄中者が翻訳料(日本語訳文にして四百字あたり三〇〇〇~五〇〇〇円)を負担しないかぎり外国語文書は英語を含めて不許可(東京拘置所)。

(13) 既決囚は、親族以外の者との交流を禁止されているとの理由で、親族以外の者が書いた手紙のコピーは、第三者あてのものも含めて全て不許可（旭川刑務所、甲府刑務所、他）。

(14) 戦前、日本軍が朝鮮や中国で行なった虐殺の歴史を伝える写真（『日本侵华図片史料集』のうち南京大虐殺の写真等四二カ所、朝鮮の三・一独立蜂起の戦士たちの架刑の写真等）、イスラエルのパレスチナ人民大虐殺の写真（『アラブトピックス』八三年一〇月号、『レバノン戦争と虐殺の遺品展』のサブラ、シャティラのパレスチナ人民大虐殺の写真計七カ所）を、「収容者の心情に悪い」として抹消（東京拘置所・八四年から）。

このように獄中者は、無罪推定の権利を有する刑事被告人を含めて、「思想の自由」「表現の自由」「学習の自由」「知る権利」がことごとくふみにじられている。そして、この閲読不許可・抹消の範囲は年年拡大する一方でとどまるところを知らない。

参考までに府中刑務所で一九八三年中に閲読不許可になった刊行物を掲げると、雑誌・週刊誌の類では『週刊実話』『漫画エロトピア』『セクシーアクション』『官能小説読切り』『ミスターダンディー』などのほか三六点余。単行本では、佐木隆三『深川通り魔事件』（文藝春秋）、山谷一郎『網走刑務所』（北海道新聞社）、重信房子『10年目の眼差から』（話の特集社）、村上国治『網走獄中記』（日本青年出版社）、永田洋子『氷解——女の自立を求めて』（講談社）、猪野健治『山口組の研究』（三一書房）、NHK取材班『恐怖の覚せい剤』（日本放送出版協会）、落合恵子『ザ・レイプ』（講談社）、伊藤素子『愛の罪つぐないます』（二見書房）、筑波昭『昭和四十六年、群馬の春——大久保清の犯罪』（草思社）、佐川政一『霧の中』（話の特集社）、加納典明『榎本三重子写真集』（講談社）などのほか一四〇点余もある。

7　ラジオ・テレビ

一　ラジオ

　ラジオは所内放送を通して一斉に流されるのを一方的に聞かされ、獄中者が番組を選んだり音量を調節することはできない。房内にラジオのスイッチがあって、自分でスイッチを切ることのできるところ（東京拘置所、札幌拘置支所）と、できないところ（浦和拘置支所等）がある。放送時間は、日中一～二時間、午後五時～九時までのところが多く、日祭日は、午前九時頃から午後九時頃までほとんど一日中鳴りっぱなしである。舎内に広がる騒音は相当なもので、落着いて学習や読書をしようとする人にとっては苦痛である。

　番組は九〇％位までが歌番組で、その他野球、相撲、落語・漫才、たまにラジオドラマがある。ニュースは一日一〇～二〇分で、生放送のところ（東京拘置所）と半日～一日遅らせて録音したものを流すところ（横浜拘置支所、旭川刑務所、府中刑務所、長野刑務所等）とがある。

図書類と同じく、ラジオニュースについても、当局にとって都合の悪いニュース（裁判関係、刑務所における事件、警察官犯罪、右翼・暴力団関係、左翼運動など）はカットされる。カットされる報道の基準については、文書の閲読不許可の場合と同様である。

ラジオがより積極的に政治的意図に利用される場合もある。例えば宇都宮拘置支所では、八四年八月一五日、所内放送をもってあらかじめ「戦没者を追悼し平和を祈念せよ」と告知したうえで、政府主催の「戦没者追悼記念式典」の模様（天皇ヒロヒトの〝お言葉〟と中曽根首相の挨拶）を流し、正午の一分間の黙とうが強制された（小山一四三号氏）。府中刑務所では各工場ごとにある食堂のカラーテレビを使い、全員が黙とうさせられた。全国的におなじことが行なわれている。ちなみにその日の昼食はスイトンである。大阪拘置所では、鈴木国男氏虐殺糾弾のために大阪拘置所前に結集した人びとの声が獄中者のもとに届かないように、放送時間外にわざとボリュームをあげて歌謡曲を流したりしている。東京拘置所でも一九八四年に入ってから大阪拘置所に右へならえをして、獄外からの獄中者向けアピール放送があると必ず軽音楽を流すようになった。

受刑者に対しては、後述のような作業教育放送の名のもとに思想攻撃が公然と行なわれている。

二　テレビ

テレビは受刑者のみが対象で、未決囚は一切見ることができない。受刑者がテレビを見ることのできる回数、時間等は累進処遇の級数、独房か雑居房か、優良房（房内がきちんと整頓され、行状がよいとみなされた房）か否か等によって異なり、担当の判断ひとつで変わったりするので、獄中者に対する差別分断支配の「アメ」としてテレビが活用されている。例えば、府中刑務所の場合、一ヵ月のテレビ観賞日は次のとおりである。

房の種類	優良	一般
二級者雑居	毎日二時間（カラー）	
一般雑居	毎日二時間（カラー）	四日に一度、二時間（白黒）
夜間独居*	二ヵ月に三回、一時間（カラー）	
厳正独居**	テレビ観賞はない	

* 日中は刑務所内工場などに出て働き、夜間のみ独居房に収容される。
** 作業も独房内でやらされ、刑務所内行事にも一切参加できず、一日中独房に固定される。昼夜独居房、固定独居房ともいう。

府中刑務所や名古屋刑務所では、戸外運動のない日、運動のかわりに昼休みに二〇〜三〇分位食堂でテレビを見せている等、本来代替できる性質のものではないにもかかわらず、手数のかかる運動の代わりに手数のかからないテレビでごまかしている面がある。

番組は当局指定の歌番組、時代劇その他のドラマが主なものであり、獄中者が自由に選べるわけではない。旭川刑務所では、八三年九月以降、ニュースは一切禁止されるようになった。

8　文具・雑品

一　日用品

石けん、タオル、歯みがき粉、歯ブラシ、チリ紙、つまようじ等の日用品（女性の場合は生理用品を含む）は、未決囚の場合は、自弁を原則とし、自弁品がない場合に限って官給品を支給される。受刑者の場合は、官給が原則であり、官給のものでは不十分な際に石けん、タオル、歯ブラシ、歯みがき粉、チリ紙については自弁が許されるということになっている。これらの生活必需品については、食事と同様に必要最低限のものが無条件的に支給されて当然であるが、チリ紙一日七枚（女性は三〇枚）、洗たく石けん（七・二センチ×五センチ×一・五センチ）三ヵ月に一個、歯ブラシ（ゴワゴワの粗悪品で一カ月もたたないうちに使用不能となる）三カ月に一本等、官給の日用品は必要を満たすにはあまりにも質・量ともに劣悪である。どうしても足りない場合、追加支給をしてくれることもあるが、その場合でも、看守から大声で怒鳴りつけられ、さんざんいやみを言われることを覚悟しなければならない。

未決囚の場合は、日用品の受給の権利を知らされていない人が多く、知らされていても自弁が原則だとして自弁を強いられることもある。受刑者の場合は、わずかばかりの賞与金を生活必需品の購入にあてなければならず、それでなくても少ない出所後の生活資金がますます少なくなってしまうこととなる。お金のある未決囚の場合は、シャンプー、リンス、ヘアークリーム、シェイビングクリーム、コールドクリーム等が買える施設もある（東京拘置所）。

二　文具・郵券

獄中で手紙や訴訟書類の筆記、その他学習のために必要な文具・郵券は自弁を原則とし、官給されることはない。お金が全くなく、差入してくれるあても全くない刑事被告人の場合、裁判所に提出する訴訟書類を書くために必要な罫紙やボールペンを支給・貸与されることがあるが、これはあくまで特別の「恩恵」としてほどこされるということになっており、防禦権行使上の権利として保障されているとはいえない現状である。切手や葉書を買うお金のない獄中者が、家族等に連絡をとるために郵券やボールペンを借りることができる場合もあるが、これも例外中の例外である。このため、お金もなく、差入してくれる身寄りも友人もいない獄中者は、訴訟準備も学習も手紙を書くこともままならぬということになる。

自弁の文具類については、購入を原則とし、差入も差入屋においてあるものしか入らない施設が大部分である。房内所持できる文具類の種類・数量も制限されており、その制限が最近厳しくなってきている。

例えば、旭川刑務所では、これまで所持枚数に制限のなかった原稿用紙が、八三年一〇月以降二〇枚までしか所持できなくなり、二〇枚以上使用する場合は、すでに書いてあるものを領置または廃棄しなければならなくなった。

府中刑務所では、八二年一一月、筆記用具の所持数カードがわざわざ居房の入口に掛けられるようになり、八三年五月、使用済み便箋の特別領置が不許可となり廃棄を強制され、同年六月には、これまで無条件に領置できていた使用済みノートが、理由を疎明しなければ領置できなくなった。また、同じ頃、ボールペン、ボールペンの替芯、鉛筆、石けん等が月一点しか購入できなくされたうえに、これまでは、房内で所持できる分以外は担当看守に預けておいて、なくなったらすぐに新しいのを入れてもらえるようにできていた日用品、文具類の担当預かりが廃止され、月に一度しか舎下（領置してあるものを房内に入れること）ができなくなった。さらに、同年一〇月、手紙以外の内容を便箋に書くと懲罰処分にされるまでになった。このため、房内で便箋を使用していると看守がのぞき見するようになり、事実上、末端看守が信書の検閲行為をするようになった（信書の検閲は所長または検閲のために特別に所長の命を受けた書信係の職員がすることとなっており、末端看守が信書の検閲をすることは監獄法施行規則第一三〇条違反である）。

青森柳町拘置支所では、便箋さえ房内所持ができず、担当に預けておいて必要な枚数だけそのつど切り取ってもらわなければならない。

ノートは、毎月検閲があり、東京拘置所では自由筆記用、勉学用、訴訟用の三冊までしか使用できないが、府中刑務所では勉学用が四冊まで認められ、雑記帳、訴訟用とあわせて計六冊まで使用できる。使用済のノートは原則として領置することとなっているが、願い出て許可を得れば、五冊まで房内所持ができる（東京拘置所）。しかし、「八一年一〇月、英文ノートの領置を要求したが、翻訳料を出さない限り領置は不許可とされた」（東京拘置所・斉藤彰氏）、「ノートに所内であったことや詩などを書いて残しておいたのだが、八三年一〇月の出所間際にすべて没収されてしまった。毎月のノート検査ではパスしていたのに、抗議しても返してくれない」（府中刑務所・K・N氏）といったように、所有権さえも侵害されている。

東京拘置所では、ここ数年の間に獄中者の強い要求があって、所内で購入できる文具類の種類が多くなったが、一方では、これまで許可してきた花の汁や果物の皮などで彩色した絵を「不正製作」として禁止するなど、獄中者が創意工夫をこらすことについては、厳しく取り締まるようになってきている。色鉛筆やクレヨンの使用を認めれば何も問題は起こらないのだが、これらのものは許可されていない。

このような文具類に関する厳しい制限は、監獄当局が獄中者の学習を敵視しているとしか言えないもので、不当極まりない。

9　差入・領置・宅下

一　差　入

未決囚に対しては、誰でも衣類、寝具、現金、郵券、書籍・パンフ等の文書図画、写真、食糧、日用品・文具等の雑品の差入ができる。施設によっては切花の差入を許可しているところもある（東京拘置所）。ただし、食糧、雑品（石けん箱、歯ブラシ、歯ブラシ入れは除く）については、すべて指定差入業者が扱っているものしか入らない。切花についても、八〇年頃から差入業者を通してしか入らなくなった（東京拘置所）。その他のものは差入人が持参したものでも入るが、衣類については、フードやひも付きのもの、マフラー、帽子、施設によってはハイソックス、タイツなども許可されないし、本は一回三冊まで等の制限がある。

受刑者の場合は、原則として親族、身柄引受人以外の者からの差入は認められていない。差入物品についても、食糧・衣類・寝具・雑品の差入は認められない。ただし、近年、受刑者への差入制限については緩和されつつある。府中刑務所の場合、指定業者を通じて石けん、タオル、歯みがき粉、ボールペン、シャープペンシル、便箋、ノート、パンツ、シャツ、ももひき等の差入が認められている。また、旭川刑務所や府中刑務所では書籍やパンフ等の文書類の差入についても、第三者からの郵送差入も許可されている。ただし、これはあくまでも恣意的、恩恵的なものとして個々に決定され、場合によっては告知せず強制領置している例も多く、権利として保障されているわけではない。

例えば、府中刑務所では、従来許可されていた救援連絡センターから受刑者への『救援』の郵送差入を八二年一二月から八三年二月まで不許可にした。これに対して獄内外から抗議の声が集中したため、八三年三月から従来どおり許可されるようになったといういきさつがある。現在、府中刑務所では、受刑者に第三者から本やパンフが郵送差入された場合、差入人に対して「差入人の住民登録上の住所又は本籍、差入人の職業、年齢、在監者との関係・続柄」についての照会状（返信用切手封筒付）を送付し、これに対して回答（関係は友人でも可）が届いてから約半月位で、受刑者の手元に差入物を交付している。といっても、この回答が差入の許可条件となっているわけではなく、回答がない場合でも許可している場合もあり、取扱いは一定していない。

郵送差入の場合を除いて、監獄に来て差入しようとする者は、「差入願」という所定の用紙に、差入物品とその数量、差入する獄中者の氏名、差入人の住所、氏名、職業、年齢、獄中者との関係・続柄を書き、押印しなければならないことになっている。未決囚については法的には差入人の制限はできないことになっているが、東京拘置所では、八三年七月より団体名での差入を一切許可しなくなった。従来は、救援連絡センター等の団体が、団体名と団体の住所のみを印したゴム印を用いて差入をしており、それが許可されていたのである。このため現在は、やむをえず、団体名で差入せざるをえない場合は、全て郵送差入をしているという状況である。

このような規制の強化は、獄中・獄外の連帯、団結を破壊し、獄中・獄外の関係を個人と個人との枠にむりやりおしとどめ、組織的活動を妨害しようとするものであって不当である。郵送差入については団体名での差入も当然認めているのであるから、窓口差入についても従来どおり認めてしかるべきだろう。また、受刑者に対する第三者からの差入についても権利として保障されねばならない。

二　舎下（房内所持）・領置

獄中者は、本・パンフ・衣類など私物のすべてを房内に所持することは許されていない。所持できる物、その点数、期間はこと細かに決められており、それ以外の物は領置となる。

房内所持することを通称「舎下」という。日用品・衣類・書籍・パンフ・手紙・郵券・文房具・訴訟用書類などを房内に置いておくわけである。しかし、期間、点数制限は非常にきびしい。とくに八二年頃から一段と細かく制限され出してきた。衣類一つとっても点数が限定され、夏、汗をかいても着がえがなく、また厳寒、肌をつきさす寒さのなか、重ね着ができない状態が強制されている。領置品と交換するにもいちいち看守に頼むかたちとなり、面倒くさがる看守から嫌な顔をされたり、小言を言われたりもする。自分の私物も自由に使えない現状である。

房内に所持できないものは領置される。領置とは、刑務所・拘置所当局が在監者の私物をダンボール箱に入れて管理することである。衣類・書籍・手紙などが領置できるが、新聞・雑誌・パンフなどは領置できず廃棄処分となる。ところがこの領置品についても当局側は、管理の都合上として、宅下・廃棄処分を強制している。

たとえば府中刑務所では、領置品が多い在監者を呼び出し、「宅下をしますので、領置品の調べをお願いします」との願箋をむりやり書かせ、領置品を最小限に減らそうとしている。宅下するにも親族がいなかったり、お金がなく郵送費も出せない在監者も多い。領置品を前にして「何とかしろ、お前だけ特別扱いするわけにはいかない」とくり返し恫喝され、やむなく六〇冊もの本を廃棄処分にされたり、事前に連絡もできないまま、なけなしの金をはたいて遠縁に宅下郵送させられた例もある。

これが当局がする在監者の私物管理の実態である。自分の所有物を必要な時に自由に使えず、看守に「願い」でてはじめて手にすることができるこの手続きも、エスカレートしたあげく行きつくところは、管理の都合上による一方的廃棄処分である。

三　宅　下

獄中者が自己の所有物を手放して他人に交付することを宅下という。未決獄中者は、宅下についても差入同様相手方に制限はない（ただし、団体相手の窓口宅下は不可）が、受刑者は、親族、身柄引受人にしか宅下できないのが原則となっている。

宅下できる物のうち、無条件的に許可になるのは、衣類、書籍、寝具、写真、房内所持が許可にならない時計・貴金属等の貴重品やカバン等の身の回り品などで、現金や郵券、雑誌・パンフ類は宅下の必要性について疎明し、当局が相当と認めた場合に限って特別許可になる。

八一年三月、東京拘置所の藤沢徹氏が赤堀中央闘争委員会あてに、でっちあげられた無実の死刑囚赤堀政夫さんの再審要請書の署名用紙の募金欄に、収入印紙を貼付して送ろうとしたところ、印紙の貼付を理由として発信不許可とされた例がある。当局の言い分は「カンパの必要性は認められない」「正当な使用とは認められない」というものであるが、自己の私有財産で獄中者が誰にカンパしようと自由であり、必要性の有無を当局が判断すること自体が不当と言えよう。

宅下は、面会に来た人に交付する窓口宅下と、郵送による郵送宅下がある。東京拘置所では、包装等の手間を省くために、衣類・寝具類の郵送宅下は認めていない。現在は、宅配便があるので宅下物の量が多い場合などは宅配便での宅下も行なわれている。

窓口宅下の手続きは、所定の宅下用紙に名前を書き印鑑を押して品物を受けとるだけでよい（すでに面会申込みの際に氏名、住所、関係、年齢、職業等は書かされているため）。

四　在監者間の物の授受

現行監獄法においては、未決囚の差入・宅下の相手方には一切の制限はなく、差入・宅下が許可になる物品であれば誰とでも物の授受ができることになっている。ところが、七九年暮れ頃から東京拘置所において、従来は同一所内の獄中者が許可なく物の授受をすることを禁止するという意味で使われていた「在監者間の物の授受禁止」なる規則が、他施設の獄中者との間で正式な手続きを経て行なう郵送差入・宅下にまで拡大解釈されるようになった。このため、獄中者同士の物の授受が原則として全て禁止されるようになり、例外的に、訴訟上、学習上必要ありと認められた本やパンフについてのみ授受を許可するというように変わってしまった。

このため、他施設の獄中者が東京拘置所の獄中者に現金・郵券・絵ハガキ・名刺・マンガ本等を送ったのに、差入不許可として返送されたり、差入は認められても獄中者の手元には届かず不許可領置とされてしまったりしている。また、これまでは「公判・学習資料」として申請すれば許可になっていた文書類についても、より詳しい宅下の必要性の疎明を求められたり、詳しい疎明をしても郵送宅下が不許可とされることが相次いで起こった。現在では、さらに弾圧がエスカレートしてきており、東京拘置所の獄中者が獄外の友人に対して他の獄中者A氏がお金がなくて困っているらしいのでできたらカンパしてあげてほしいと依頼したり、獄外者に写真を送り、見終ったら獄中者B氏に差入してほしいと依頼したりすることまでが、「在監者間の物の授受禁止」に抵触するとして不許可にされるに至っている。これが東京拘置所を起点として、千葉刑務所、横浜拘置支所、大阪拘置所にも拡大し、大阪拘置所では八四年一月より、訴訟・学習用資料の本やパンフを含めて他の獄中者との物の授受は一切禁止されるようになった。

これらの弾圧強化は、在監者間の物の授受を認めると、獄中者同士の連帯・団結意識を強め、対監獄闘争が活発化し、管理運営上支障をきたすという理由で行なわれているものであるが、全く法的根拠を欠く違法な弾圧である。しかし、刑事施設法案においては、これが合法化されている。

10　信書

一　未決囚の発受信

発信通数については、一日二通までのところが福岡拘置所、名古屋拘置所など六施設で最も多く、定期発信は一日一通だが、その他に三通までなら特別発信が認められるので、一日四通まで出せるところが一施設（東京拘置所）、特別発信が何通でも出せるので、事実上制限のないところが二施設（浦和拘置支所、横浜拘置支所）である。

便箋の枚数については、一通につき七枚までと制限しているところが八施設、制限のないところが二施設（東京拘置所、千葉刑務所）となっている。

信書の数量に関する右のような制限は、強化される傾向にある。例えば、東京拘置所では七九年まで、大阪拘置所では八〇年までは発信数には制限がなかった。金沢刑務所では八三年五月以前は、便箋七枚以上の発信が認められていたのに、その後七枚以上出す場合は別の封筒に入れて別便として出さなければならなくなった。

手紙の相手方については制限のない施設が大部分であるが、鳥取刑務所では「共犯者」への発信は一切不許可、富山刑務所では「共犯者」への発信の際は一通毎に願箋を出して特別許可が必要であり、しかも事件の内容には一切触れてはならないことになっている。そのため公判に関する打ち合わせができず、防禦権が侵害されている。

受信については、とくに制限はなく、誰からでも何通でも受けとることができる。

未決囚については、弁護人との接見交通権が刑訴法で保障されているが、実際は、弁護人宛の手紙であっても他の一般人と同様に扱われており、弁護人宛なら特別発信を許可するという施設が一施設（富山刑務所）あるのみである。

その他の信書に関する制限としては、便箋以外の用紙に手紙を書かないこと（便箋以外の用紙を使った場合は、願箋で特別許可を受けなければならない）、便箋の裏面や欄外にまで書かないこと、ひとつの罫線に一行だけ書くこと、手紙の宛先を連名で出す場合、連名の受信人が同居人であっても親族同士でなければ、その手紙は一通の発信とは認めず、複数の発信として取扱うこと、郵便振替用紙の裏面の通信欄に文字を書けば、手紙を一通発信したとみなすこと等、郵便法規外の規制が種々ある。

東京拘置所では八〇年七月より、受信した封書はすべて封筒の横わきを開封するという常識では考えられないこともやっている。

これは、獄中者が封筒代を節約するために使用済みの封筒を再生して使用することを妨害するために行なわれているもので、この横わき開封が始まって以来、これまで認められていた使用済み封筒の再利用が禁止されるようになった。

未決囚の発受信は、拘禁の目的（逃亡・罪証隠滅の防止）に反しない限り、すべての制限は撤廃されるべきである。

二　受刑者の発受信

受刑者の場合は、手紙の相手方は原則として親族、身柄引受人に限られている。発信数は、累進処遇に従って、四級は一カ月に一回、三級は一カ月に二回、二級は一週間に一回、一級は毎日一回と決められている。便箋については七枚まで、字数までが一行に三〇字以内と制限されている（府中刑務所）。

特別発信制度もあるが、これは、訴訟上や一身上、とくに緊急必要性があると認められた場合に限られ、所定の特別発信下書用紙にあらかじめ通信文の内容を書き、何度かにわたり管区に呼び出されて質問や説得をされたうえで許可を受けることになっており、許可条件は極めて厳しいものである。例えば、府中刑務所の場合は「八三年六月、民事行政訴訟の共同原告間の訴訟連絡は全面的に認めないことにすると告知された（告知される以前も不許可にされていたが）。弁護士宛の民事行政訴訟についての相談の手紙についても、特別発信の許可を得るまでに一八日間もかかり、訴訟の理由を書くことは禁止された」（斉藤氏）という状況である。民事行政訴訟の共同原告間の訴訟連絡を認めているのは、現在知りうる限りでは旭川刑務所のみである。

受信については、親族・身柄引受人からのものであれば、回数制限はなく何通でも受けとれる。

三　信書の発受の不許可・抹消・削除

信書の内容が次にあたる場合は、その一部を抹消・削除されたり、発受を不許可とされることになっている（東京拘置所「所内生活の心得」）。

(1)　被疑・被告事件について不正な連絡をしようとするもの
(2)　恐喝・脅迫など犯罪を構成するもの
(3)　郵便法規に反するもの
(4)　逃走・暴動等刑事施設の事故を具体的に記述したもの
(5)　規律違反行為の手段方法を示唆する等、施設の秩序びん乱をあおりそそのかすもの
(6)　施設の構造を詳述し又は職員を著しく誹謗する等、公正な職務執行を阻害する恐れのある内容のもの
(7)　収容中の他の人の犯罪を記述し又は動静を伝える等、名誉を侵害する内容のもの
(8)　その他施設の規律及び管理運営上重大な支障のある内容のもの

実際には、不許可処分の大部分は(8)の「管理運営上重大な支障がある」との理由によって行なわれている。具体的にどのようなものが不許可にされているかというと、およそ次のとおりである。

(1)　監獄の実態について不当性を訴えるもの。とくに獄中者に対する暴行、暴言、懲罰、保安房へのぶち込み、デタラメ医療、獄死、虐殺などに関する報告。これは、民事行政訴訟、告訴・告発、人

権侵害救済申立、陳情・請願書などの書類についても対象となることがあり、

① 七九年四月、東京拘置所の丸山明氏は、看守の暴行と保安房へのぶち込みについての民訴資料を「訴訟代理人選任のため」として弁護士宛に送ろうとして不許可とされ、隣房にいて右事件を知っているM氏に手紙を出したところ、M氏が受取拒否をしていないにもかかわらず、「受取拒否」として手紙を送り返されている。

② 八三年春、浦和拘置支所の村松誠一郎氏は、拘禁二法制定反対の陳情書を東京拘置所の獄中者を介して送ろうとしたところ発信不許可となり、今後陳情や請願について第三者と相談することを禁止すると言い渡された（陳情書は直接、国会議員に送る場合のみ許可された）。

③ 八三年初め、東京拘置所のT・H氏は獄中食品衛生についての調査申立書を保健所に発信したが、一カ月も発信を遅らされた。

④ 八三年二月、同じくT・H氏は、第二東京弁護士会人権擁護委員会宛に救済申立を行なったが、申立書の一部を抹消された。

⑤ 東京拘置所の故高尾猶行氏は、同所の食事の不衛生さについて保健所に訴えるため、獄中の友人に保健所の住所を問い合わせたところ、その返信の中で保健所の住所が抹消された。(注3)

等々、枚挙にいとまがない。

(2) 監獄職員の氏名（イニシャルやあだ名でも人物を特定するものは含まれる）は、医官・教誨師を含め、所長以外は全て抹消される。これは、民事行政訴訟の証人や、告訴・告発事件の被疑者等の氏名の場合も同様である（東京拘置所）。

(3) 他の獄中者の氏名（福岡拘置支所）、他の獄中者の情報は全て（富山刑務所）抹消される。これは他の獄中者の名誉の保護のためというより、「獄中闘争にオルグされるようなことは看過できないため」（福岡拘置支所職員の発言）で、獄中者同士の連帯・団結の妨害を目的として、常時きびしく行なわれている。

(4) 外国語の信書はクリスマス・カード、年賀状などの慣用語程度であれば英文に限って特別発信を許可するが、それ以外は翻訳料を自己負担しないかぎり不許可。日本語の手紙文の中に外国語を混入して書いた場合は、外国語の音声を片仮名で書いたものさえ抹消されることがある。琉球語、アイヌ語（日本語訳付）を片仮名文字で書いたもの、インディアンの部族名や個人名を片仮名で書いたものまで抹消されたことがある（東京拘置所）。

(5) 手話や点字は、獄中者がそれを覚えることを禁止されているので、点字の手紙は不許可とされ、手話の解説等を書いた手紙は抹消される（東京拘置所）。

(6) 獄中の構造などを具体的に書いたものは不許可。八二年四月、東京拘置所の黒川芳正氏は小説原稿の中の居房内の構造を描写した部分を抹消された等、抹消はフィクションにまで及んでいる。

(7) ××（この部分は、本書の原稿が東京拘置所から発信された際に、東京拘置所当局によってヌリツブシされた個所である。抹消された部分については、本書二〇五頁以下の「原稿等の抹消処分に関する申立」の項を参照されたい。以下同じ——編集部）

(8) 一般的に革命には武装闘争が必要か否かといったテーマについての手紙も抹消された（東京拘置所）。

(9) 同一所内の他の獄中者に、自分の人相、風体を知らせたり、似顔絵を描いて送ろうとしたら抹消された（東京拘置所）。

(10) ポスター形式の手紙が、ポスターであることを理由に発信不許可とされた（東京拘置所）。

(11) 差入の花やみかん等で色をつけた絵、半紙に描いた絵などが「不正製作」、「必要性がない」として不許可にされた（東京拘置所）。

(12) 雑誌への投稿文の書き変えを命じられたので拒否し、抹消するなら抹消して発信するよう要求したところ「抹消してしまったら意味不明で投稿の意味がなくなる」として、発信不許可とされた。国会への陳情書を雑誌への原稿に同封して発信したところ、これまで抹消なしで通っていたものが大幅に抹消されたなど、とくに新聞、雑誌等への投稿文、依頼原稿などは、通常の手紙文より検閲が厳しくなる（東京拘置所）。

(13) 受信の場合、内容を検閲する前に、宛名が少しでも当局に登録されていたものと違っていた場合（平仮名の名を片仮名で書いてきたとか、漢字の棒が一本足りなかったとかのミスとさえ言えないものを含む）、「受取人不在」として、受信人に告知することもなく返送してしまう。

以上の例は全て未決囚の場合であるが、刑務所の受刑者の場合はさらに厳しく制限されており、「八二年秋、親族から友人に手紙を送ってもらうために、親族に友人の住所を知らせようとしたところ、第三者への通信にあたるとして不許可となる。八三年二月、これまで認められていた便箋七枚以上の発信と手紙に獄中の生活状態を書くことを禁止される。同年三月、親族宛手紙に伝言を書くと第三者への通信に相当するとして不許可とされる。八三年二月〜四月、弁護士宛と親族宛手紙計七通が『刑務所の悪口ばかり書き並べやがって』『管理運営上支障をきたす』として発信不許可となる。月一回しか発信できないのに、四月二〇日に出した手紙が五月一三日に発信されたり、三月一四日に出した手紙が四月五日になって発信不許可の告知をされたり、手紙の意味をはたさない」(府中刑務所・斉藤氏)といった状況で、私信で獄中の実態について報告することはほとんど不可能な状態である。

また親族からの手紙のなかでも第三者からの伝言文は抹消や強制領置される(ここにとりあげた受刑者処遇の実態についても、ほとんどが、元受刑者からの報告か、受刑者が民事訴訟等の訴訟書類の中で訴えている内容である)。

未決・既決とも、信書に関する制限は年々強化されている現状である。

11 面会

一 未決囚の面会

未決囚の場合、一般面会(弁護人、または弁護人となろうとする者を除く)は、日祭日、年末年始の休庁中を除く毎日、午前八時半から午後三時三〇分(土曜日は午後一二時半)頃までの間、面会室で行なわれる。面会室は、二畳位の広さの部屋のまん中に二枚の透明なプラスチックボードでしきりがしてあり、面会人と獄中者は、このプラスチックボード越しに話しあうことになる。従って、手をとりあったり、物のやりとりをしたりすることは一切できない。

一日に面会できる回数は、札幌拘置支所では二回以上認められているが、他の大部分の施設では一回だけである。この一日一回の規則は、獄中者にも面会人にも適用されるので、どんなに遠くから来た人でも、緊急の大切な用件のある人でも、その日すでに、獄中者が誰かと面会してしまっていたなら、面会はできないし、一人で何人もの獄中者と面会しようと思ってもできない。東京拘置所では、七八年頃までは遠方から来た家族の場合は、先に面会人があった場合でも特別面会を許可していたのであるが、七九年頃からは一切例外は認められなくなった。

面会時間は、最高でも三〇分、最低では五分というところもあり、平均して一五分位である。三〇分の面会ができる施設でも、権利を主張しないおとなしい獄中者は五分位で打ち切られていたり、立会看守によって早く打ち切られたりすることもある。

一度に面会できる人数は、三人まで（三歳未満の子供は数えない）である。

面会人は、面会申込書に氏名・住所・職業・年齢・獄中者との関係・面会内容等を記載することを義務づけられている。未決囚の場合は、法的には誰とでも面会する権利があり、監獄当局が気に入らない人物だからといって面会を禁止する権限は一切ない。

しかし、東京拘置所では、マスコミ関係者との面会を一切禁止しており、職業欄に出版社勤務とか文筆業などと書いた場合も、特別に呼び出しを受けて獄中者との関係や面会内容を根掘り葉掘り聞かれ、取材目的の面会の場合は、面会を許されない。当局側の言い分は獄中者の名誉・プライバシーの保護のためというのであるが、当の獄中者自身がマスコミ関係者との面会を望んでいる時にそれを禁止している現状では、全くの詭弁としかいいようがない。獄中者の名誉・プライバシーの尊重を言うのであれば、日頃、逮捕されただけで「犯人」と決めつけて警察サイドの情報のみを一方的に書きたてることこそが問題とされるべきであり、マスコミが獄中者に直接取材して獄中者側の言い分をも報道することは、むしろ、獄中者の人権尊重という点からは好ましい結果をもたらすだろう。また、秘密主義に貫かれている監獄内部にマスコミの目が届くことは、行刑の民主化、獄中者の人権保障上プラスになることは間違いない。獄中者は会いたくなければ自らの意思で面会を断ることもできるのであるから、当局が、獄中者のためになどと称して面会を禁止することはないのである。

マスコミ関係者との面会禁止処分は、警察サイドの一方的情報を否定されたり、行刑の不当性等が公けになることを恐れる当局の自己保身のため以外の何ものでもなく、職権濫用の違法処分であり撤廃されるべきである。

マスコミ関係者以外に獄中者が会いたくても会えずに面会禁止される人たちがいる。一四歳未満の子供たちである。これは、一応監獄法に基づいた措置であるが、あまりにも非人間的、時代遅れの法律であるため、東京拘置所の場合有名無実化しており、七八年頃までは、一四歳未満の子供との面会も自由に行なわれていたのだが、七八年以降、突然、自分の子供とすら一切面会できなくされた。獄中獄外からの粘り強い抗議闘争によって、自分の子供に限って、年二回程度なら面会を認めるといったように変わってきているが、あくまで恩恵的な措置としてあるにすぎず、他の監獄では、相変わらず一四歳未満の子供との面会を禁止しているところが多いし、東京拘置所でも、自分の子以外の子供との面会は禁止されたままである。当局の言い分は「教育に悪い」というものであるが、「教育」について国家権力がこのような形で介入すること自体不当であるし、これまで面会できていたのに、突然、何の説明もなく父親や母親と会うことさえ禁止されることの方が、よほど「教育に悪い」だろう。

面会には看守が立会い、一言も漏らさず会話内容を聞いているほか、要点をメモしており、立会看守の指示に従わないと面会を途中で打ち切られたり、懲罰にかけられたりする。当局の恣意によってマークされた人物の面会では専任化された看守が立会い、記録し、この内容は検察庁、法務省、公安警察などに配布される。通信や日常動静についても同じである。面会に際して禁止されていることは、筆談・動作または暗号による連絡、許可なく外国語を使うこと、証拠隠滅、恐喝、脅迫などにわたる会話をすること、その他施設の管理運営上支障がある場合はそれに関する一切の事項となっている。

八二年から八三年にかけて東京拘置所で聴覚障害の獄中者に対して、手話による面会を禁止して筆談を強制し、許可なく手話を使った××××××××××××××××××××××××××××××××××××右処分に対して、障害者差別であり、人権侵害であるとの抗議闘争が展開され、法務省当局もそれに対して、手話に対する認識が不足していたことを謝罪し、今後、聴覚障害者が手話を使っても懲罰にかけないし、早急に手話のできる看守を養成し、手話による面会を許可するようにしたいと約束した。しかし、健聴者である獄中者に対しては、聴覚障害者との面会に際して手話を使うことはおろか、獄中で手話の学習をすることさえ禁止する姿勢は変わっておらず、法務当局の手話に対する差別的姿勢は根本的に改まったとはいい難い。

面会人が文書や絵、写真などを見せたり読みあげたりしながら面会することも禁止されており、そういうものはあとで差入をするようにと注意をうける。しかし、面会人側の事情によっては差入ができない場合などもあり、そのことでトラブルが起こることがある。富山刑務所では、面会時、事件について話したり、証言の打ち合わせ等を頼んだりすると面会が不許可となり、防禦権の侵害となっている。

弁護人または弁護人になろうとする弁護士との面会は、被告人の防禦権、弁護人との接見交通権保障のために、一般面会とは別に取扱われる。面会できる日と受付時間、面会室の構造は一般面会と同じであるが、回数制限はなく、何回でも面会ができるし、立会看守もつかない。刑訴法第三九条一項では、被告人または被疑者は弁護人等と立会なしで接見し、書類その他の物の授受ができるということになっているが、裁判所の同行室を除いて、弁護人との面会に際して書類や物の授受は一切できない構造になっており、右条項は、絵に描いた餅として有名無実化している。また、弁護人との面会時のメモ用紙等も、検閲を受けない限り房内へ持ち帰れないので、防禦権、秘密交通権が十分に保障されているとはいい難い。

二　受刑者の面会

受刑者の場合、面会できる相手は一四歳以上で、入所時に親族等の申告票に申告した親族及び同伴してきた三歳未満の実子のみであり、入所時に申告していなければたとえ親族であっても面会が許可されない。身柄引受人は原則として面会を許可されることになっているが、身柄引受人が反政府運動や救援運動に参加していると不許可にされることもある。

面会の可能な日や時間帯、同時に面会できる人数は未決囚と同じであるが、面会の回数は厳しく制限されており、四級者で月一回、三級者で月二回、二級者で週一回、一級者は随時ということになっている。面会時間も未決囚と同じく一応三〇分間可能ということになっているが、一〇分位で打ち切られることが少なくない。面会室の構造も未決囚とほぼ同様であるが、二級者、一級者などは透明プラスチックボードのしきりのないところで面会できる施設（長野刑務所等）もある。府中刑務所の面会室は、二重の防弾ガラスに隔てられ、間に大きな机があって、相手との距離が二メートル以上もあり、お互いに大声で怒鳴りあうようにして話さなければならない。

親族や身柄引受人以外の者との特別面会は、再審弁護人や受刑者が原告となっている民事行政訴訟の訴訟代理人などの特別な場合に限定され、特別発信や受信が許可されている者とさえ、面会は許されないことが多い。再審弁護人や訴訟代理人との面会にも必ず立会看守がついている。

八四年六月、新潟刑務所において六日間に四人もの受刑者が相次いで死亡するという事件があったが、同年八月、右事件について同所内の鎌田克己氏より、死亡原因の究明と獄中者の生命の安全および人権保障について調査を依頼された弁護士三名が、鎌田氏に面会を求めたところ不許可とされた例がある。右三名の弁護士は事前に面会の日時と内容（①鎌田君の獄中処遇に関する問題点の把握、②鎌田君が当職らを代理人として法律上の問題点の調査を委任するか否かの意思確認、③右意思を有する場合、代理人手続の履行、④その他、右に関連して貴所の受刑者処遇の実情の調査）を刑務所当局に申し入れていたにもかかわらず不許可とされている。このように、刑務所当局にとって歓迎されざる者であれば、弁護士であっても面会が妨害されるのである。一般面会で、刑務所当局の処遇についての不平不満を訴えたりすることは、ほとんど不可能である。

受刑者に対するこのような徹底した外部との交通の制限、孤立化政策は、受刑者から社会性を奪い、出所後の社会復帰を困難にする一要因となっている。

12　起居動作の制限・強制等

一　受刑者の場合

次に記すのは府中刑務所の「収容者遵守事項」である。

「刑務所には所内の秩序を保つためいろいろな規則があります。その中でも次の事柄は特に注意して守りなさい。これに違反すると懲罰処分を受けることがあります。また、その違反が刑罰法令に触れるときは、更に刑罰を科されることがあります。

1、逃走し、又は逃走を企ててはならない。

2、許可なく指定された場所又は席を離れてはならない。

3、許可なく立入禁止場所に立入り、又は職員の視線外に出てはならない。故意に職員の視察を妨害してはならない。

4、職員の呼出し又は連行を拒否し、又は妨害してはならない。

5、自傷し、又は自傷することを企ててはならない。
6、自殺を企ててはならない。
7、職員の指示に従わず、要求又は反抗の手段として拒食をつづけ、又は正当な理由なく診察を拒否してはならない。
8、許可なく又は許可された方法によらず、他人（他人とは他の収容者、職員、外部の人など自己以外のすべての者をいう。以下同じ）又は、外部の機関と交通し、又は交通を企ててはならない。
9、許可なく火を発し、又は火を発することを企ててはならない。
10、施設の建物・建具・備品等を故意に壊し、又は壊すことを企ててはならない。またこれらを汚損し、又は備品等を投棄してはならない。
11、職員、収容者の人心をかく乱することを目的として虚偽の風説を流布し、又は流布することを企ててはならない。
12、人の通行を妨害する目的で、通路、出入口等に障害物を置き工作を施し、又は扉の開閉を妨害してはならない。
13、施設の設備等の利用を困難にし、又は機能を妨害する目的で設備等を工作し、若しくは工作することを企て、又は故意に作動させてはならない。
14、許可なく物品を作成し、加工し、持ち込み、若しくは隠とくし、又はこれらを企ててはならない。
15、許可なく物品を授受してはならない。他人の物品を盗んだり取り上げたり隠したり又は壊したりしてはならない。

16、使用を許可されている物品を本来の目的と異なる用途に用い、又は定められた用法に反して用いてはならない。
17、酒又はたばこ又はこれらと類似のものを作り又は用いてはならない。
18、シンナー又はこれと類似のものを吸飲し、又は吸飲することを企ててはならない。
19、他人に対し暴行を加え、又は加えることを企ててはならない。
20、他人と喧嘩若しくは口論し、又はすることを企ててはならない。
21、他人をひぼうし、中傷し又は侮辱するような言動をしてはならない。他人に対し粗暴な言動をしてはならない。
22、他人を脅迫し、威圧し、だまし又は困惑させる言動をしてはならない。
23、他人との間で性行為をしてはならない。故意にわいせつな露出をしてはいけない。
24、就寝に当たっては、他の収容者のふとんにもぐり込んではならない。
25、わいせつな文章若しくは絵画を作成し、又は所持してはならない。
26、入墨をし、又は髪、眉毛等を特異なかたちに変えてはならない。
27、とばく又はとばく類似の行為をし、又はすることを企ててはならない。
28、作業を拒否し、怠け、又は妨害してはならない。
29、安全管理上定められたこと、又は作業上指導されたことに違反して作業してはならない。
30、作業上の製品・材料・道具等を故意に汚損し、破壊し、投棄し、又は隠とくしてはならない。
31、動作時限又は日課に従うことを拒否し、怠け、妨害してはならない。

32、大声を発し、放歌し、騒音を発するなどして静穏を乱してはならない。

33、交談を禁じられた場所又は時においては正当な理由なくしては話をしてはならない。——注を参考にすること。

34、残飯ごみなどは所定の場所以外の場所に投棄してはならない。

35、許可なく定められた方法以外の方法で衣類を洗濯し、又は身体を洗ってはならない。

36、許可なく貼り紙をしてはならない。

37、建物・備品等に落書をしてはならない。

38、出願は定められた方法で行い、定められた以外の方法でこれを繰りかえし、又は定められた方法ではあっても強要にわたってはならない。

39、職員の職務上の指示・命令に対し、抗弁無視などの方法により職員の職務を妨害してはならない。

40、職員の職務上の調査、質問に対し偽りの申告をしてはならない。

41、法令・所内規則及び所内生活の心得に基づく職員の指示・命令にそむいてはならない。

42、他の収容者に遵守事項に違反することをすすめたり、援助したり、そそのかしたりしてはならない。

43、その他刑罰法令に触れる行為をしてはならない。

注、交談を禁止する場所及び時。

㈠場所——独居房室、接見所・待合所及び廊下、調室（待合室を含む）、診察室（待合室を含む）、更衣室、入浴室、事務室、教誨堂（講堂、教室を含む）。

㈡時――就業中、ただし必要な用務に関し、静粛かつ平穏に交談する場合を除く。就寝時間中、人員点検中、引率歩行中、独居運動中。ただし集団運動において、運動中静粛かつ平穏に交談する場合を除く。

㈢その他――職員が規律維持又は教化目的達成に必要があると認めて交談禁止を指示した場所。

これらの禁止づくめの規則の上に、所内での生活は完璧なまでに自主性・自律性を奪われ、号令によって動かされるロボットのような生活を強いられる。あくびひとつをするについてでもある。受刑者の生活を府中刑務所の場合を例にとってみると――

「工場出役者の一日は、まず起床の号令から開房点検（扉を開けにくる看守に向かって正座して番号を唱える）までは約一〇分位であり、この間に衣服着用、寝具片付け、洗面、掃除等をすませなければならず、非常にあわただしい。起床時間前に起きてこれらのことを行なうことは禁止されている。朝食を五分間位で胃に流し込み、食器洗いをすませたら、ゆっくりトイレに行っている時間もなく『出役用意』の号令がかけられるまで正座または安座で待機していなければならない。八二年四月以降、この間の読書、認書、掃除等一切が禁止されるようになった。

八二年六月より、出役時、二列縦隊で検身所まで行くのに『イチッニッ、イチッニッ』と唱和しながら前進する軍隊式行進が復活させられる（それ以前は、声を出さずに普通の歩行スタイルで行進していた）。それに便乗して、連行看守がいちいち『手の振り方が少ない』とか『まっすぐ前を見ろ』とか罵声を浴びせるようになった。北部工場長は行進時に腕を肩の高さまで水平にあげて行進することを強制しており、これに従わないと怒鳴り散らしたり貴重な運動時間をつぶして工場全体に行進訓練をくり返させることまでやっている。検身を終えると工場毎に三列縦隊で工場入口までのわずか三〇メートル程の距離を再び軍隊式行進を強制される。工場に入るとゴムサンダルから運動靴にはきかえ、二列横隊に整列して点検を受ける。点検は『気をつけ』『右へならえ』『番号』の号令に従って順に番号を言う。この時も指先が伸びていないと言って、受刑者を管区に連行して処分するようなことまでやっている。

工場では作業開始前に受刑者の『立ち役』(班長・掃夫等)が『今月の生活目標』と『五訓』(①はいという素直な心、②すみませんという反省の心、③おかげさまという謙譲の心、④させていただくという奉仕の心、⑤ありがとうという感謝の心)なる奴隷の心を読みあげ、全員がそれに続いて唱和し、『席につけ』の合図で席につき作業を開始する。

八二年六月末より作業時間中の用便を禁止・制限されるようになる。そのため休息時間にトイレに殺到して用便の行列に並ぶだけで休息時間が終ってしまうようになり、あげくのはてに『休息時間は用便のための時間である』と主張するようになる。作業中、用便を要求すると看守に怒鳴られたり、帳簿につけられたり管区に連行されて『指導』されたりするようになった。このため管区で『指導』された者の一人が作業中に失禁してしまう異常事態が発生した。

八二年五月末より工場巡回職員への脱帽挨拶を強制されるようになり、挨拶をしないと怒鳴られたり管区へ連行されるようになった。以後、これが拡大されて工場担当看守や交代看守、はては材料搬入の指定業者等と話をする時も脱帽を強いられることとなる。最近(八三年一二月)では、区長と目線が合ったというだけでわき見をしたと口実をつけられ、処分される者が続出している。」(藤沢徹氏)

厳正独居者の場合は——

「独房の中に白いテープが二本はられており、その中で一日中座っていなければならない。毎日『立つな』『動くな』『壁に寄りかかるな』『扉に向かい白線の間に座っていろ』『まっすぐ前を向いていろ』等と強制される」。さらに「八三年二月より、就寝の際は房の中央に布団を敷くこと、服は洗面台の上に置くこと、窓際には一切物を置かないこと、タオルは広げて掛けておくことなどと、寝方から物の置き場まで細かく規則化されるようになる」(斉藤彰氏)。

受刑者といえども動作時限表に定めのない余暇時間は、室内で各人が自由に勉学・娯楽等に使えることになっているが、府中刑務所では八二年以来、これまで一日平均五時間半(平日)あった余暇時間が三時間半に二時間も短縮された。これは、八二年四月より工場出役者は出房前と還房後夕方の点検前までじっと座って待機することを強制されるようになったこと、同年六月より減灯時間の午後九時より翌朝の起床時(六時五〇分)まで、飲水・用便を除く一切の行動が禁止されるようになったこと(それ以前は、布団の中で静かに読書することは認められていた)、同年一二月より厳正独居者は「作業止め」の号令がかかっても夕方の点検終了までは一切の読み書きができなくされ、八三年一月より朝、房内に作業具と材料が入れられても「作業始め」の号令がかかるまでそれらのものにさわることさえ禁じられたこと、同年四月より入浴日の終業時間が遅くなったこと等による。抗議すれば「余暇時間に勉学・読書・筆記等ができるのは権利などではなく、国家の恩恵でやらせてやっているのだ」と言われる。

この余暇時間の短縮は、旭川刑務所でも八三年以降、従来に比べるとおよそ五〇分間短縮されたとのことであるから、全国的傾向のようである。

二　未決囚の場合

未決囚の場合も、作業を課されていないだけで基本的には受刑者と同じような制限がある。室内では、みだりに立ったり、横になったり、寝具によりかかったりしないこと、許可なく裸になったり、はちまきをしたり、その他不体裁な行動はしないこと、他の居室の人または室外にいる人と話をしたり、合図をしたりしないこと、室外では整列して行動し、職員の許可なく走ったり、ひとり歩きしたり、みだりに話をしたりしないこと等がこと細かに規則化されている。

歌を歌うこと、口笛をふくこと、大声を出すことはいかなる時も禁止されており、懲罰の対象となる。独房で独り言をつぶやいても、小さな声でハミングしても、マンガ本を読んで笑い声をたてても、「うるさい！　静かにしろ！」と怒鳴られるはめになる。独居房者は、室内、室外どこにいる時も他の獄中者と話をしてはならず、ちょっと手をあげて挨拶をしたり、顔をあわせてほほえんだりすることさえ許されていない。東京拘置所では、獄中者同士が顔を合わせることすら禁止しており、廊下で獄中者同士がすれ違う時は、一方の獄中者は他方の獄中者が通りすぎるまで、壁の方を向いて立っていることを強いられている。歩く時も、「前を見て歩け」「キョロキョロするな」「ポケットに手をつっこむな」等々注意され、廊下の窓から桜の花が咲いているのが見えたからといって、ちょっと立ち止まって花を見るなんてことは許されない。

房内では、座る位置、たたんだ布団や机の置き方、就寝時の布団の敷き方まで決まっており、勝手に布団や机を動かしてはならないこととされている。要するに、決められた場所に決められた姿勢で一日中ずっと静かに座っていなければならないわけで、机にうつぶせになっているだけで、立っているだけで怒鳴りつけられるのである。

受刑者も同じであるが、朝夕の点検の際は、「正」座して称呼番号を唱えることを強いられる（東京拘置所のみは、「正」座点検撤廃運動の末、七七年四月より安座でもよいとされるようになった。しかし、実際は「正」座するよう「指導」されており、「正」座をしないからといって実力で「正」座を強制されたり、懲罰処分されることはなくなったと言った方が正確だろう）。名古屋拘置所の場合は、点検時、「所内生活の心得」（所内の規則等を記した小冊子）と所内で購入できる物品の価格表（雑居房の者はそれに碁石を並べた碁盤も加える）を前に並べて、床に手をつき頭を下げて文字どおりの土下座を強制されている。これらの点検に際しては、舎房全体に「点検用意」「点検終了」の号令がかかり、その間、全員が「正」座の姿勢を保っていなければならないこととされている。まさに、点検制度とは、獄中者に対して当局への服従の意思を確認させる儀式となっている。従って、真面目な態度で点検を受けないとか、点検時の番号の言い方がまずいとか、はては看守を見る時の顔つき、目つきが悪いとかまでいちいち文句を言われることになるのである。

「正」座とは日本独特の風習で外国にはなく、「罪人」が自らの「罪」を認めて支配者に恭順と服従の姿勢を示す土下座に通じるものである。獄中者の健在を確認するための点検に際して「正」座、ましてや土下座を強制する必要は全くないのであり、「正」座点検は人権侵害として撤廃されるべきだろう。

また、看守が房扉を開けて話に来た際、獄中者は立ったままでいてはならず、必ず座って話をしなければならないこととされている。看守と話すときはいつでも腰をかがめて話をするようにと指示され、岡山拘置所の場合は、わざわざそのことが「所内生活の心得」に明文化されている。

こうした待遇が「無罪推定の権利」を有する刑事被告人に強制されることは大いに問題だろう。

13　検身・居房捜検

一　検身

すべての獄中者は、入所時に全裸にされて、傷、ホクロ、アザ、イレズミの有無等を徹底的に調べられる。さらに、肛門の中にガラス棒を突っこまれ、肛門の中まで調べられる。これは名目は検便のためということになっているが、獄中者には何故そのようなことをするのか一言も説明されずに行なわれるのであるから、やはり、むしろ肛門内捜検、および屈辱の洗礼（ここはシャバとは違った世界であり、お前たちはこのように恥ずかしめを受けて当然の身分なのだというウムを言わさぬ支配関係を体に叩き込むため）と言った方がふさわしい。

居房収容されて以降も居室から出入りのたびに検身を受けるが、この時は、ポケットやハンカチを調べたり、着衣の上からボディータッチする程度のところが多い。ただ、岡山刑務所等、少数の施設では、運動時を除いて面会等での出房時のたびに、舎房入口にある部屋で裸体検査を実施しているところもある。

未決囚の場合、公判廷への出廷の際、くつ下の中、ポケット、襟の下など着衣のままだが念入りな検査を受ける。東京拘置所の場合は、さらに金属探知器でなでまわされることもある。

大阪拘置所では、房内捜検時に裸体検査（夏は全裸で）が行なわれている。

受刑者の場合は、大部分の施設において、工場への出房時と還房時に裸検身が実施されている（横浜刑務所では、出房時の裸検身はパンツ一枚のみ着用が許される）。

裸検身が具体的にどのように行なわれているかを名古屋刑務所の場合を例にとってみると、

「工場へ出るとき、工場の入口付近にある舎房衣をかける部屋に入り、そこで舎房衣を脱いでまっ裸になり、工場衣を吊してある部屋まで二〇メートル位を裸で歩かされる。工場衣室の入口に看守が立っていて、獄中者は一人ずつ順番にその前に立ち自分の称呼番号を大声で唱え、工場衣に着替える。裸で立つ時、足元には肩幅位の位置に白線で足型がかかれてあり、必ずその中に足を入れていなくてはならない。意地の悪い看守になると、声が小さいなどと難くせをつけて列の最後にまわし、もう一度やり直しをさせたりする」（S・T氏）

という状況である。

府中刑務所の場合は、藤沢氏の報告によると、

「出房時と還房時に更衣室で全裸になり、看守の前で両手をあげ、足を交互に上げて見せる〝裸踊り〟を強制される。この機会を利用して自分の気に入らない受刑者に何度も同じ動作をくり返させて私的報復感情を満足させる看守もいる」

とのことであり、どの施設も似たりよったりである。府中刑務所ではこの裸検身の際、以前は番号と氏名を唱えさせられていたが、八二年より番号のみを唱えるように変更された。同時期に居房前にはり出す名札も廃止して、番号と級別の表示だけに変更され、月二度の「玉検」（陰茎に異物を挿入していないかどうかの検査）が始まる等、獄中者に対する人権侵害、屈辱の強制は強まる一方である。なお、この「玉検」は珍しいものではなく、府中刑務所の他にも長野刑務所、大阪刑務所、横浜刑務所、水戸少年刑務所等、多くの施設で実施されている。

女性獄中者の身体検査は現在女性看守によって行なわれているが、男性看守の見ている前でブラジャーの中まで検査されるようなこともある。女性獄中者の身体検査は男性看守のいないところで行なわれるようにするべきである。「刑事施設法案」においては、女性看守の立会いがあれば、男性看守が直接女性獄中者の身体検査をすることができるとなっている。女性獄中者に対する重大な人権侵害である。

二　居房捜検

居房内捜検の頻度は、施設により、また同一施設でも区により異なっており、ふつう一カ月に一回程度であるが、東京拘置所の自殺房など連日のように行なわれるところもある。

捜検の際は、冊数制限を越えて所持している本・ノート、閲読期間の切れている本・パンフ・ノート類、枚数制限をこえて所持している衣類・写真、その他許可証がとれてしまっていたり検印の押していないあらゆる物品、禁制品が摘発の対象となる。

その際、閲読期間が切れていたり、許可証がとれてしまったパンフ、雑誌、新聞類は没収されることもあり、禁制品も没収される。禁制品といっても、一般に考えられるような煙草とか危険物などではなく、その大部分は獄中生活上便利なようにとちょっと加工した紙類である。例をあげると、大封筒をひろげて作った本のカバー、アメの袋をのばして本のしおりとして使っていたもの、手製の眼帯（紙に輪ゴムをつけたもの）、二つに折れた歯ブラシ、折れたヘアピン、歯につめていた充てん物がとれたもの、とれたボタンや衣類のひも、空白をもうけてとばし書きにしたノート（ノートはとばし書きをしてはいけないことになっている）、菓子の空箱を利用して作った筆入れ、流し台で育てていたミカンの芽、等等……。面白いのには、ヤモリ、ゴキブリ（獄中者が房内で飼っていたもの）なんていうのもある。こうした物が「不正製作」「不正物品の所持」として摘発され、没収の対象となる。

禁制品か否かの判断も極めて恣意的で、その時その時によって異なり、かつては公然と認められていたものが突然、没収の対象になったりする。東京拘置所では、八四年三月、これまで弾力的に運用されてきた空箱等の小物入れへの利用や「許可品目であっても目的外に使用するなどした場合」は厳しく取り締まるとの弾圧強化放送があり、今まで認められていた小物入れ、整理袋などがどんどん没収されるようになった。大切なパンフやノート・雑誌類などが没収された場合は、代替性がないので重大な損害を受けることになる。

捜検はふつうは、獄中者が居房にいる時に獄中者を他の居房に移したりして行なわれるが（獄中者の立会いは許されない）、獄中者が居房にいない時にこっそり行なわれることもある。しかも没収された物については告知すらしないのであるから、獄中者にしてみれば、常にコソ泥に入られるようなもので、日々、自己の所有物に対する所有権を脅かされることになる。

例えば、衣類からとれたボタンやひもなどをあとでつけようと思ってとっておくと、こっそり持ち去られる。そんな物まで没収されるとは思っていないから、獄中者はそれが没収されたことにすら気づかない。必死で何時間もかけて房内をくまなく捜しまわった末、看守が持ち去ったとしか考えられないと判断し、看守にその旨問い合わせ、返してくれるよう要求すると、「元あったとおりにしておかないのが悪いのだ。所持品の形を勝手に変えたものであり不正所持だ」と言って返してくれない。ボタンやひもなど単独では差入にならないし、どんなものでもいいというわけにはいかないので大変困ることになる。このようなことが「施設の規律・秩序を維持するために必要」として行なわれているのである。こうした房内捜検が連日のように行なわれることは、獄中者の生活権を脅かすものであり、人権侵害である。

監獄の中といっても獄中者は日々そこで生活している（長い人は何十年も）のであり、何の家具もない獄中で、少しでも創意工夫して暮らしよくするための空箱等の廃物利用や紙細工などまで「不正製作」として禁止すべきではないし、獄中者の所持する文書類は、獄中者の承諾もなしに没収廃棄を強制されるようなことがあってはならない。

14 医療

一 デタラメ医療

六九年に横浜刑務所で電気ショックを使った弾圧によって一二名の獄中者が殺され、一〇年以上にわたって「ポックリ病」とされてきたことが、最近になって新聞報道により判明した。

七五年頃、名古屋刑務所の舎房でふざけて相撲をとっていた受刑者が、投げられた拍子に壁に頭を強くぶつけてしまった。痛みが激しくなったので夜中に診察を求めたところ、看守は「暴れる方が悪い。罰があたったのだ。明日になれば直る」と、とりあわず、翌朝、その人は冷たくなっていた。

七六年二月、大阪拘置所の保安房内で鈴木国男氏が「精神障害者」差別によって虐殺される。厳寒の保安房内で裸となり絶食中の鈴木氏に対して、大阪拘置所当局は、保温の対策をとるどころか体温低下作用のあるコントミンを強制注射し、日に日に衰弱していく鈴木氏を逐一観察しながら放置し、凍死させた。大阪地裁における鈴木氏虐殺糾弾国家賠償請求訴訟においては、裁判所さえもが大阪拘置所のデタラメ医療を認めざるをえず、八三年、原告勝訴の判決が出た。

七八年、宮城刑務所に服役中のK氏は重症の貧血状態にあったにもかかわらず、重労働をさせられ倒れた。しかし、輸血が必要との要求に対し当局は「金がかかる」と言って拒否、危篤状態になってやっと治療が行なわれたが、すでに手遅れで死亡した。残された家族が死因に疑問を持ち解剖したところ、カルテにかかれていたのとは全く違う結果が出た。

岡山刑務所では、ぜん息患者に「よい薬がやれるか。刑務所がつぶれてしまう」と薬も与えず、その結果、病人が夜中に苦しみ出し、同房の仲間たちが看守を呼んだがなかなか来ず、やっと来たと思ったら病人を放ったらかしにして「大声を出したのは誰だ」とわめきちらすだけだった。この間に病人は失神し、二〇分後には死亡してしまった。

八〇年八月、東京拘置所において動脈瘤破裂、くも膜下出血によりH氏が死亡。同日午前八時すぎ頃からH氏が頭痛を訴えていたにもかかわらず、獄医は診察もせずに電話で鎮痛剤投与の指示をしただけでお茶を濁そうとした。隣房のG・S氏が大声で看守を呼び、直ちに診察をして適切な医療をするよう要求したが、医師がかけつけてきたのは頭痛の訴えがあってから一時間半もたった後で、すでにH氏は死亡していた。

八三年四月、東京拘置所に収容されていた高尾猶行氏が移監先の八王子医療刑務所において死亡。死因は「ガン性腹膜炎」と診断されたが、　×××

××××××××××××××××××××××××××××××××××
××××××××××××××××××××

同年夏には三重刑務所において三名の受刑者が不審死した。当局は「風邪のビールスによる」と発表。未だに原因は究明されていない。

八二年六月、室蘭拘置支所でぜん息発作でＮ・Ｍ氏が死亡した。同氏のお母さんは同年一〇月、「拘置所・刑務所の劣悪な医療体制の実態を裁判を通じて明らかにし、改善したい」として、札幌地裁に総額七六一一万円余の損害賠償請求訴訟を提起した。

八二年五月、前橋刑務所の病舎に収容されていたＮ氏が死亡。Ｎ氏は入浴の際倒れて頭を打ち、三八〜三九度の高熱が続き食事もとれない状態だった。同じ病舎にいてＮ氏の看病にあたっていた同囚のＡ氏の報告によると、Ｎ氏は「何の治療もなしにただ寝かされるばかりでなく、適切な治療をしてほしい」と担当医師に切々と訴えたが、医務係長に「悪い事をしてきた奴が甘えたことを言うな。仕事を休ませてもらえるだけでもありがたく思え」と怒鳴られ、黙ってしまったという。Ｎ氏は七カ月の刑期で服役しており、出所を二カ月後にひかえていたが、自らの死期の近いことを感じ、Ａ氏に「私がもし死ぬようなことがあったら一言、北海道の妻子に苦労をかけたおわびと、こんなかたちで死んでいったと伝えてくれませんか。」「そして何らかの方法でこの刑務所のあり方を世に知らせて下さい。こんなあり方では今入ってる方々、またこれから後に入ってくる人があまりにも気の毒ですから。」「私のような不幸な人間を二度と再び出さないようにしてやって下さいませんか」と訴えたという。

八四年六月、新潟刑務所で六日間に四人もの受刑者が相次いで死亡。これに対して当局は、風邪がはやっているので気をつけるようになどと言って、全受刑者にうがいの励行を呼びかけたり、作業終了時間や仮就寝の時間（布団を敷いて横になることを許可する時間）を少しばかり早めたり、戸外運動や講堂での卓球を禁じたりの姑息な対策をたてるだけで、外部に対しては死因は「急性心不全」と発表。同所在監中の鎌田克己氏が死因の徹底究明等を弁護士に訴えると、その弁護士との面会を禁止した。また、新潟弁護士会人権擁護委員会が調査に乗り出す動きを見せると「あれは過激派が騒いでいるだけだからおどらされないように」などと言って調査に乗り出すことを妨害しようとした。同弁護士会が当局の卑劣な策動に動ずることなく立入調査、事情聴取を申し入れると、それさえも強権的に拒否するなど、新潟刑務所当局は真相隠しに躍起になっている。

右の例は、獄中で殺された多くの人びとのうちほんの氷山の一角にすぎない。私たちの知らないところでこの何倍もの獄中者が闇から闇に葬られている。七〇年から八〇年にかけて一〇年にわたる服役生活を岐阜刑務所で過ごした遊佐和彦氏は、知っているだけでも一〇年で一〇人の獄中者が死亡しており、いずれも「ポックリ病」等のいいかげんな診断が下されたにすぎないと報告している。死なないまでも獄中のデタラメな医療によって治る病気も治らず、健康を破壊され、出獄後も回復不可能な後遺症に苦しめられている人が後をたたない。

「私の息子は健康そのものでした。身長一メートル七五、体重六五キログラムあり、優秀なスポーツマンでした。それが鳥取という辺境の地、雪が多く、湿気の多い昔の監獄を思わせる建物と設備の中で、多発性神経炎になり、身体障害者重度二級という、立ちあがる事もできない身体になってしまったのです」――こう訴えるのは、鳥取刑務所での三年三カ月で身体障害者にされてしまった近藤有司氏のお母さんである。

近藤氏は七一年秋、鳥取刑務所に収容されて間もなく足腰の痛みを訴えるようになり、座っていることさえ辛い状態になった。しかし、痛み止めの投薬以外何の治療も行なわれず、横になることさえ許されなかった。日毎に病状が悪化する中、粘り強い要求によってようやく市立病院での診察が認められ、「第五腰椎脊椎分離症の疑いがあり、安静にしてコルセットを使用するように。さらに精密検査を受け、治療のために二カ月の入院を要す」との結果が出た。しかし、同じ医師が裁判所の照会に対しては「近藤はオーバーだ。普通の人なら働いているような病状だ」と正反対の回答をしたために、保釈は却下されてしまった。不審に思い、弁護士会を通じて同医師に診断書の提出を求めたところ、同じ医師がまた「近藤の病状は悪い」と、裁判所への回答とは一八〇度も違った回答をするというデタラメぶりであった。

そうこうしているうちに病状は悪化の一途をたどり、寝たきりの状態になって、上申書・嘆願書等の提出の末やっと東京大学の高橋晄正医師の鑑定を受けることができ、同医師の鑑定の結果、さすがの裁判所も近藤氏の病気保釈を認めるに至ったが、すでに手遅れで一年一カ月もの入院治療の効果もなく、重度の身体障害者となって寝たきりの生活を強いられている。

右の近藤氏の例は、獄外の医師でさえ自己保身のためにはいともたやすく国家権力の圧力に屈してしまうこと、獄中者が適切な医療を受けることがいかに困難であるかを物語っている。

岡山刑務所では受刑者の目にソフトボールが当たり、ひどく痛むので診察を要求したところ「そんなのは水道で冷やせば治る」と相手にされず、放置されて失明してしまった例がある。

東京拘置所のT・O氏は七九年一一月、腰に激痛が走り、朝、診察を求めたにもかかわらず午後一時過ぎになっても診察してもらえなかったのでやむをえず房内で横になっていたところ、数名の看守により暴行を加えられ、保安房にぶち込まれた。その後、この件でさらに二五日間もの懲罰を加えられ、病状はいっそう悪化、八〇年一月の出獄後、直ちに入院治療を受けたがすでに手遅れで、長期の入院とわずかばかりの退院の繰り返しで、脊髄神経の異常からくる排尿障害・足痛・腰痛に苦しむ毎日、本職の大工仕事にもつけず、労働能力を一切奪われてしまった。

これと同じことが現在、同じ東京拘置所のT・H氏に加えられている。T・H氏は、七九年一一月の入所当時より椎間板ヘルニア、胃かいようによる腰痛・胃痛のため病舎に収容され、車椅子の使用が認められている状態だった。ところがその後、T・H氏が東京拘置所の不当弾圧や人権侵害に対する闘いを開始し、デタラメ医療で殺された獄中者についての共同告発闘争を呼びかけ、さらに『獄中生活のてびき』閲読不許可処分撤回を求める共同訴訟に中心的な役割を果たすようになると、病状は悪化する一方であったのにいきなり横臥許可を取り消し、以後、病苦を利用した陰湿な弾圧・虐待が執拗に繰り返されるようになった。

歩行困難なT・H氏から車椅子を取りあげ、医務室まで歩いて来いと強要し、歩けないことをもって診察を拒否したり、面会時も車椅子の使用を認めず「はって行け」と強要し、面会人に対しては「T・Hは会いたくないと言っている」とデタラメを告知して孤立化をはかる等、高尾氏に加えたと同じ虐待を繰り返し続けている。腰の痛みに耐え切れずT・H氏が房内で横になっていると「キチガイ、起きろ！ バカヤロー」等の罵声を浴びせては、寝具一切を房内から持ち去り、暴行を加えて保安房へぶち込み、さらに懲罰をかける。粥食軟菜をわざと冷たくしてから配当する、その他日常的にありとあらゆるイヤガラセが繰り返されている。

八三年二月には風邪のため診察を受けている最中に保健助手が突然カルテを奪い「診察は終りだ。帰れ帰れ」と診察を妨害。すると医師もそれに同調して「風邪の心配なし。診察の必要なし」と言って診察を中断してしまった。帰房して体温測定したところ三八・三度もあり、こんどは診察もなしにあわてて横臥を許可し病人食を支給してきたというデタラメをやっている。T・H氏はこのため八四年に入ってからは、何カ月にもわたって微熱が続き、病状は悪化する一方である。

このように、とくに闘う獄中者、当局の気に入らない獄中者に対しては、医療拒否、病苦につけこんでの虐待等により、屈服させようと執拗な攻撃が加えられるのである。

府中刑務所の桜庭章司氏は、結核の持病があるにもかかわらず、ささいなことでいいがかりをつけられ、真冬に自弁衣剝奪を含む長期間の懲罰を加えられた。懲罰三日後より激しい咳とひどい下痢腹痛が始まったため、桜庭氏は医師に自弁衣の着用と「一回五分間、一日六回、一日計三〇分間の房内での両膝屈伸を許可してほしい」と要求したが、医師は一瞬も考えることをせず、にべもなく不許可とした。「一般社会と同じように投薬してほしい」という桜庭氏の訴えに対する府中刑務所医療第一課長の答えは「それはね、建前はどうか知らないけどね、社会の本音では悪いことをした囚人(注——桜庭氏は未決の刑事被告人である)が法律を守っている真面目な市民と同一の医療を受けるということは許されないのではないかね。行革でも医務はまっ先に槍玉にあげられるしね」というものだった。このため、桜庭氏は八三年一二月、府中刑務所への移監後たった一カ月で六キログラムも体重が減少し、移監後四カ月目には血痰が出るようになって、とうとう病舎収容を余儀なくされるに至っている。

七三年から九年間以上にわたって東京拘置所に収容されていた増淵利行氏は、持病のぜん息に対して副作用の強いステロイド剤を大量投与されたために、ぜん息をますます悪化させられたばかりでなく、爪や歯がボロボロになり、狭心症様発作が出るようになった。七四年一二月には保健助手が不注意に打ったネオフィリンの静脈注射により、呼吸困難、しびれ、悪感、冷汗、失神のショック状態に陥り、あやうく一命をとりとめるということもあった。

また、発作がひどく、出廷が不可能な状態であったにもかかわらず、医師の出廷可能との診断によりむりやり出廷させられ、法廷において激しい発作が出て審理を中断しなければならなくなったことが再三あった。

同じ東京拘置所の黒川芳正氏もぜん息で苦しんでいるにもかかわらず、窓の開かないカビ・ホコリだらけの自殺房に収容され続けており、発作がひどくなってもきれいな空気の入る一般房に移すという最低限のことすらやらず、副作用の強いステロイド剤を投与されるなどしている。

「受刑者の中には詐病を申し出る者とか、実際に病気であっても治療の引き延しを望んでおり、一般社会における診察とは極めて異なる事情があり、病人であることをもって優遇することは施設管理上の適正を欠くことになる。」(被告側意見　昭和五五年〔行ウ〕三二号　原告=T・H、被告=名古屋拘置所所長・国)

右の国側の発言内容は、獄中医療の本質をよく言い表わしている。初めから詐病と疑い、医療上の要請よりも監獄の管理上の要請を優先し、病気になっても病人であることからくる当然の保護をしないことをもって基本方針としているのが、現在の獄中医療の実態であるということである。獄中医療は獄中者に対する支配の道具として保安課によって牛耳られており、獄医は保安課の要請に忠実な下僕（当局の弾圧に「科学」的正当性を装わせるために極めて重要な働きをしている）として機能していると言っていいだろう。

このような中では、適切な医療がなされるはずもなく、獄中で死亡した人びとのうち一〇人中九人までが適切な医療を受けていれば死なずにすんだと思われる。

獄中では、運動不足、日照不足、冬の寒さ、夏の暑さ、栄養のバランスの崩れ、大急ぎで流し込まなければならない食事、不十分な入浴、目隠しフェンスにより窓の外さえ見ることができないこと、周囲の人びととの接触が禁止される上に一挙一動に至るまで規則づくめの生活等々によって、どんなに健康な人間でも獄原病と言われる視力の減退、虫歯、不眠、耳なり、胃痛、腰痛、痔、皮膚病、拘禁ノイローゼ、女性の場合は拘禁性過少月経、無月経等々に苦しめられることになる。まして体の弱い者や持病のある者は適切な医療が受けられず、どんどん病状が悪化し、とり返しのつかない状態に追いやられることが少なくない。

治療が行なわれた場合でも、病気の原因をとり除く根本治療は行なわれず、対症療法的に薬で症状を押さえつけるだけなので、病気は治らないうえに薬の副作用でますます健康が破壊される。獄中者に投与される薬の量は膨大なものであり、これらの予算をむしろ病気の原因をつくり出している生活環境の改善等にふりむけ、無意味な規則のための規則を撤廃し、健康的な生活環境を保障するよう努力するべきであろう。

二　健康診断

健康診断はどこの施設でも入所時に行なうことが義務づけられており、身長・体重・胸囲・血圧の測定、検便・尿検、胸部レントゲン撮影（長野刑務所・千葉刑務所は除く）、内科医による簡単な問診・聴診等がひととおり行なわれている。アンケート結果によれば、入所後の健康診断については左記の表のとおりである。

全く行なわれない	長野刑務所、千葉刑務所、横浜拘置支所
血圧測定	宮城刑務所（年三回）、浦和拘置支所（年一回）、大阪拘置所、府中刑務所（年二回）
レントゲン撮影	名古屋刑務所、金沢拘置所、浦和拘置支所、横浜刑務所、大阪刑務所、府中刑務所、東京拘置所（年一回）、大阪拘置所（年二回）
尿　検	浦和拘置支所、東京拘置所（年一回）、大阪拘置所（年二回）
検　便	金沢刑務所（年一回）
身長・胸囲測定	浦和拘置支所（年一回）
体重測定	府中刑務所、大阪拘置所（年二回）、東京拘置所（年三〜四回）、浦和拘置支所（年一回）

三　一般診療

定期診察は週一回（府中刑務所）から週三回（大阪刑務所）位の割で行なわれており、主に内科の診察を行なっている。しかし、診察を要求しても保健助手の判断で診察不要とみなされれば、一時しのぎの頭痛薬・胃薬・風邪薬を投与されるだけで、医師の診察を受けられない。保健助手が診察必要とみなすと、医師による診察を受けることになるが、ここでも頭が痛いと頭痛薬、夜眠れないと睡眠薬、胃が痛いと胃薬等の一時しのぎの薬が投与され、よほどひどい場合に横臥や病人食支給許可が出される程度である。詳しい問診も行なわれなければ、薬品名はおろか病名も教えてもらえず、療養上の注意事項なども説明してもらえない。また一時しのぎの薬が効かない場合は、安易に睡眠薬や精神安定剤が投与されている。

この定期診察日以外の日に病気になっても原則として診察は受けられないし、横になって休むこともできない。特別診察を要求しても大半は舎房担当看守によって拒否される。それでもなお強く診察を要求すると「不必要な診察・治療又は投薬を強要したとき」という懲罰事犯に該当するとして懲罰に処されたり、さらには保安房にぶち込まれたりしてますます病気を悪化させられることになる。舎房担当看守がよほど病状が悪いと判断をした場合のみ、仮横臥といって横になって休むことが認められたり、医務に連絡をとってもらえるが、その場合でも医師は診察もせずに一時しのぎの薬や横臥許可を認めるだけでお茶をにごすことが多い。夜間など生命にかかわるような重病でもないかぎり当直の医師さえ来ず、医師がやっと来たときは手遅れになってしまったケースが少なくないのは第一項に記したとおりである。

東京拘置所では横臥許可は入浴・戸外運動の禁止とペアになっているので、横臥する以上、入浴も戸外運動（日光浴）もできなくなることを覚悟しなければならない。風邪などの急性疾患で数日間横臥するだけならこれでも何とかなるが、慢性疾患の場合、病気治療のためには安静保温と同時に日光浴や軽い散歩や入浴などがむしろ必要であっても、横臥している限りそれらのことを断念しなければならず、何カ月でも垢《あか》だらけの体のままでいなければならない。結局、寝たきりの重病人でもないかぎり横臥はできないしくみになっている。医療上の見地からはこのような取扱いが病気の回復にプラスになるはずもなく、抗議すれば医師自身が「横臥をしている者に戸外運動等を許可すれば、他の者もみんな横臥してしまうから二者択一的にしている」と答えて平然としているありさまである。医師は看守以上に特権的権威をもっており、カルテには身分帳が添付されている。ここにも獄医が保安課に従属し、医療のためではなく、監獄の管理支配のためにのみ存在している獄中医療の本質がよく表われている。

四　病舎、獄外診療

よほど病状が重く、入院治療を必要とするときは病舎に収容される。病舎はふつうの独居房と構造は大体同じだが、一まわり大きく、ベッドがあり（東京拘置所では畳の病舎房もある）、一日中寝ていることができる。冬の間は短時間だがスチームも入り、目隠しフェンスもなく風通しがよく、医師が近くにいて随時診療をしてくれるし、病人用の白衣を着せられ、洗たくは官でまとめてやってくれる。また、病舎用の面会室があり、病人が面会のたびに長時間歩行しなくてもすむようになっている等、病気治療環境としては一般房に比べると好条件にある。

病舎での制限条項として、東京拘置所の場合、戸外運動は日光浴として一五分、入浴は浴槽につからず洗体のみ、食品の購入や差入については医師の許可がいること、公判資料は一〇部までしか持ち込めないこと、一律に一日数時間の安静時間を強制され、この間、読書や筆記を禁じられること、等がある。

病舎に収容される獄中者は、一般社会での入院治療の適用者よりも数段病状が重い重病人のみであるが（獄中では横臥すら許可されなかった人が出所した後、何カ月もの入院治療を要したという例は数えきれない）、この重病人に対してさえ、監獄当局は「正」座点検を強制している。「正」座点検は獄中者に自分は監獄の支配管理下にあるのだということを確認させるためになくてはならぬもの、と当局は考えているようである。

病舎での治療だけでは到底間にあわないほどに重篤な場合、医療刑務所に移監されるか、責任のがれの対策として獄外の治療機関に移されることがある。東京拘置所の場合、虫垂炎や胃かいよう程度の手術は獄中でやっている。獄中者の要望に基づく獄外診療は、獄中獄外からの粘り強い要求があった場合にしぶしぶ認めるというのが常であって、例外中の例外である。最近の例でいえば、八四年七月、永田洋子さんの頭部外科手術が獄外の大学病院で行なわれた。その治療が実現するまでには、次のような経過をたどっている。

永田さんは逮捕直後から体の不調を訴えていたが、一九七二年秋には腹痛と低血圧を、七三年になってからはしきりと頭痛、腹痛を訴え、高度の疲労感に襲われるようになった。その他にも胸部圧迫感、速脈、嘔吐、過少月経等の症状が自覚された。しかし、何の治療もなされず放置されていた。弁護人・被告人の要求により、裁判所から東京拘置所医務部に対して病状照会請求を行なったところ、東京拘置所医務部は「異常なし」と回答するばかりだった。そのため、東京拘置所側の診断にまかせておくわけにはいかないということで、弁護人が裁判所に対して弁護人推薦の医師による医療鑑定を請求し、一九七三年に一度、そして七七年から約二年間かけて一度鑑定が行なわれた。この鑑定には、弁護人推薦の医師と検察官指定医師が立ちあったが、結局、監獄の居住環境の悪さが指摘されたのみで、病因についてはわからずじまいであった。

東京拘置所当局は、永田さんの病状をあえて「仮病」ないしは「精神的なもの」とみなして病人扱いはしなかった。脳圧亢進症が最悪の状態になったときでさえ歩行困難な永田さんに対して「早く歩け」と後から押したり、永田さんが拘置所の廊下で倒れた時も介護を拒否してそのまま放置したり、ひどい嘔吐のために身の置きどころもない状態で寝ていたのに、本の整理を強制し、病状を悪化させたりした。さらに、東京地方裁判所刑事七部の中野武男裁判長は、一九八二年六月の判決において、「体の不調をことさら大げさに言いたて」「自己中心的で」「法廷態度が悪い」などと中傷し、永田さんの病気までをも死刑判決を正当化する理由のひとつとしてあげている。

このような状況の中で永田さんは病状を訴えること自体が困難になり、長い間苦しい思いを続けさせられたが、一九八三年五月末頃から激しい頭痛が始まり、それがひどくなる一方だったので永田さんの共同被告人である植垣康博さんが「脳腫瘍ではないか」と心配し、弁護士会人権擁護委員会に訴え、東京拘置所に対して精密検査をするようにとの勧告を出してもらった。しかし、この時も東京拘置所医務部は、「異常なし」との回答をし、脳腫瘍の疑いについてはきっぱりと否定したのである。永田さんは、自分の力で何とかして激しい頭痛を克服しようと、医務から出される頭痛薬の服用と並行して食事療法（菜食）やヨガを試みたり、薬を漢方薬に変えてみたりしたが効果なく、八四年五月からは、失神したり、失禁したりするようになり、六月には公判廷で倒れるという状態であった。

このような事態になってはじめて、東京拘置所は七月上旬、頭部レントゲン撮影、脳波測定などを実施した。七月一七日、慶応大学付属病院で精密検査。その結果、脳髄液が通る導水管の狭窄によって脳髄液がたまり、脳圧が亢進していることが判明した。同月二〇日、急遽手術、脳髄液は埋め込まれた人工の管を通って腹部へ逃がされるようになった。これにより従来の激しい頭痛はおさまったが、造影剤によるものすごい副作用が生じ、八月二五日頃から九月一〇日頃にかけ重体に陥った。導水管狭窄の真因を明らかにすることや、狭窄に対する根本的治療は何もなされていない。手術の後遺症は今も続き、長い文章を綴る仕事などは非常な苦痛になっている。この間、東京拘置所医務部は、手術後一週間で、永田さんを元の居房である自殺房に戻したり、入浴も運動（戸外での日光浴）も禁止していたにもかかわらず、公判出廷は可能であるとの判断を下すなど、治療よりも管理優先の対応をしている。

以上の経過を見ても、獄中者が病状を訴えても「仮病」扱いし、まともにとりあげようとせず、「異常なし」と決めつける獄中医療のありようがよく示されていると言えよう。

獄外治療は、何年間にもわたる粘り強い闘いによってやっと勝ちとられるものであり、孤立し、闘うすべさえ知らない一般刑事犯の場合は、どんなに病状が悪くても、獄外治療も受けられないまま闇から闇へと葬り去られている。永田さんの場合も、獄外治療が実現したと言っても、応急処置的な治療に終っており、病名や病気の原因についての説明が何らなされていないので、今後とも楽観は許されない状態である。

五　歯科・眼科・耳鼻科等の診療

東京拘置所では週一回歯科診療があり、抜歯から詰めるところまでは無料だが、それ以上の治療は全て自費治療（保険証のある人でも絶対に保険はきかない）である。無料での治療といっても、実際はヨーチンを塗って痛み止めの薬を投与する位で治療らしきものは行なわれないことが多く、どうすることもできなくなって抜歯するのが唯一の治療になってしまっている。

強く要求して治療してもらった場合でも、無料のためにていねいな治療を行なわず、患部の悪いところを削らずにいきなりプラスチックを詰めたり、詰め方もずさんですぐとれてしまったりと、かなりいい加減である。歯槽膿漏ですでに六本も抜歯したという梶原利行氏の場合、「歯の磨き方が悪かったのでしょうか」と問うたところ、「そんなことはないよ」と言われ、ヨーチンをつけるだけで「全部抜くしかない」と言われたという。歯槽膿漏はていねいな正しい歯磨きによって十分に予防治療できるのであって、抜歯はできるだけ避けるべきという歯科医療のイロハさえ通用しないのである。自費治療は金をとる分まじめにやるようだが、上の前歯一本しかなかった荒井政男氏が総入歯をつくってもらったのは、申し込んでから丸三年も後のことであった。

これが獄中では最も歯科治療が「充実」している東京拘置所の現状であるが、他の施設はもっとひどい。

抜歯以外の治療は一切やってくれないところ（横浜刑務所、札幌拘置支所）、すべて自費治療というところ（名古屋拘置所、浦和拘置支所）などがほとんどである。しかも一カ月に一回歯科診療がある（金沢刑務所、横浜拘置支所、大阪拘置所）のはまだいい方で、半年に一回という施設（名古屋刑務所、名古屋拘置所）、自費以外はいつまでたってもやらず、何年間も待たされるといった施設（府中刑務所）の方が多い。

獄中では、カルシウム不足、受刑者の場合は食後の歯磨きが事実上不可能、独房の獄中者は一日中しゃべることもなく黙ったままでいることなどのため、歯を悪くする者がとても多いが、虫歯の痛みで夜も眠れず、食事もとれないというような状況になっても、何週間も何カ月もひどい時は何年も待たされ、あげくの果ては抜かなくてもいい歯まで抜くしかないということになる。自費治療は、虫歯にもっとも安い金属をかぶせた場合でも一本一万円、総入歯で一〇万円（八二年現在）もするので、家族や救援の人がついている獄中者でなければ受けることもできない。

その他の眼科・耳鼻科等の診療については、常勤の医師のいるところはおろか、定期的診療を実施しているところも皆無であった。東京拘置所では嘱託の医師が不定期に診察の申込者が一定数たまったら来所して診療にあたっているが、大部分の施設ではないも同然である。大阪拘置所ではよほどひどい時は、獄外での眼科診察を認めているようである。

眼科では、メガネは作ってくれるが、これも有料なので、どんなに目が悪くてもお金のない獄中者はメガネ無しの生活を強いられる。

六　医療刑務所・獄中精神医療

一九七〇年、福岡刑務所に受刑者として収容されていた川口喬氏は、体が非常に衰弱しており労働に耐えうる状態ではなかったにもかかわらず、精神的にも肉体的にも全く正常であるとされ、強制労働を強いられた。川口氏はこの不当行為に対して同刑務所の看守らを職権濫用等により次つぎと告訴をして抵抗し、告訴件数は一五件に及んだ。すると、先に川口氏を正常と判定した同じ刑務所嘱託の精神科医は川口氏を診察することもなく、刑務所側の報告のみで一八〇度異なった「診断」を下した。すなわち、川口氏は一般刑務所での治療では手におえないほどの重篤な精神病質者であり、強制治療を要すると「診断」されたのである。こうして川口氏は、精神病受刑者のみを収容するとされている北九州市の城野医療刑務所に収容されることになったのである。以下、城野医療刑務所の実態を川口氏自身の報告から引用する。

「この城野医療刑務所とは、重症精神病受刑者専用の刑務所であり、強制精神治療が行なわれている。その強制精神治療は同刑務所の中でも特別に隔離された〝保護房〟という名の監房内で行なわれるのがふつうである。

保護房とは――周り四面には窓もなく、コンクリート壁と鋼鉄板製の扉、三〜四メートル上の天井に小さなガラスの、弱い明りを取り入れるところがあり、そこに小さな孔も開いていてそれが通風孔になっている。ベッドはなく、床はコンクリートを流した上に厚さ四〜五ミリの合成樹脂板がはられているだけで、むろん便器といえるものもない。監房の隅に直径五〜六センチの穴がドリルでくり抜かれたように開けられていて、それが便器の役をしている。床にゴザ一枚を敷き、その上に敷布団一枚を使って就寝するのだが、その布団も就寝時以外は監房の外に出してある。水道はもちろんなく、飲料水も用意されていない。朝、洗面器に一杯の水が与えられ、そのプラスチック洗面器に長さ五センチほどのハブラシの先だけが三〇センチほどのナイロンひもでつながれており、そのハブラシと洗面器一杯だけの水を使って歯と顔を洗う。コップがないのですべて汚れきった手でやらなければならない。タオルも朝の洗面の時だけしか使わしてもらえない。保護房で持てるのはチリ紙だけだ。——そういう監房である。

重大な人権侵害事実は、そこで行なわれる強制精神治療の大多数が精神薬の人体実験といえることだ。たとえば私の場合、同医療刑務所は私の精神診察を一回も行なわないまま、初めは精神病質の疑い、その後はヒステリー(注4)と病名変更して次のような精神薬の人体実験といえる強制精神治療を二年二カ月間の残刑執行中に行なった。

(1) 初めのうちは白い粉末の強制投薬を四〇日間ほど続けられた。この強制投薬の私自身にわかる作用としては、

A、常に頭全体がガーンとして、ボウッと熱く、強烈で苦しい頭痛を起こさせた。

B、常時、昼も夜ものすごいめまいがした。それは目を開いていても閉じていても、寝たままであっても、日夜監房がグルグルまわっているようなめまいであった。寝ているにもかかわらず体が床にグングン押えつけられるようなめまいでもあった。

C、胃・腸・胸・頭などの全体からくる強い吐き気がした。それまで体験のなかった強い吐き気であ

った。食事を摂らなければ死亡するかもしれない。今の私にとって食事は直接生命を救う薬なのだから、と思って努力しても、結局、その強制投薬期間中に摂取できた食事は、コッペパン七個ほどと約三〇〇ｃｃの米麦の飯だけであった。注射による栄養補給があったとはいえ、よく生きられたと思う。

D、どもりのようにどもって非常に喋りにくい症状を起こさせた。全く喋れないというのではなかったけれども、単なるどもりではない、いわゆる言語障害を起こさせた。

E、意識混濁と、時には意識モウロウに近い状態もあった。

(2)

それからしばらくの期間をおいて、今度は強制注射を二〇日間ほど行なわれた。この強制注射に治療が変更された時の事情は次のようなものであった。白い粉末薬の強制投薬によって心身が衰弱しきったとき、私がうわごとのように四五歳ぐらいの女性保健技官に『あなたはヒステリーだ。そうギャアギャア言わないでくれ』と言った。ところが、それが暴言ということで突然『治療変更！　注射を射つ！』と言って何かわからない強制注射が開始されたのである。毎日一本で二ｃｃほどの筋肉注射であった。この強制注射の私自身にわかる作用としては、

A、もしこの世に地獄があり、死以上の苦痛があるとすれば、この注射を射たれてからの七、八時間の間だろう。表現できない苦痛だから詳しく書けないけれども、とにかく身体全体の神経をワイヤブラシで削られているように、特に身体全体の内部が痛かった。身体全体の筋肉、内臓から骨の髄までを毛の何百分の一よりも細い、何十億本かの針でじわっと刺されているような痛さであった。

B、三日間ぐらいぶっつづけで肉体労働をしたような体のだるさ、手・腕・脚に力がはいらないだる

さ、目の焦点を定めることのできないだるい苦痛であった。

それなのに横臥は許されなかった。私はそれまで自ら死にたいと思ったことなど一度もなかったし、これからもそんなことは思わないだろうが、この強制注射のときだけはなんとか死んで苦痛からのがれたいと心で願った。

私はこの苦痛の時、苦しみからのがれたい一心で福岡刑務所でなした告訴を取り下げた。告訴取下書を書いて提出すると、保安課長に呼ばれて、

『告訴は取り下げたんだな。よろしい。川口の病気は急に良くなった。病気が良くなったのだから保護房に入れておかなくてもいい。保護房解除！』

と告げられた。私は保護房から出されて準々保護房という、水がいつでも飲める水道のある房に移された。タオル、石鹼などは依然として一切持てず、持てるのはチリ紙だけだったが、房が明るく水が飲めるまでの緩和待遇だった。保護房解除と同時に苦しい注射は中止になった。

(3)

それから四カ月ぐらい経ったころ、私が何かのことで男性保健技官に対して要求をした。すると、その保健技官より『お前ら病人は一人前にものを言うようになっとらん』と言われ、すぐその日から再び保護房に収容され、強制注射が始められた。この強制注射では前述の強制注射とは違った特異な作用があった。私自身にわかった作用としては、
A、その二ccほどの皮下注射をされると一五分間ないし二〇分間ぐらいしてから、徐々に首と頭が左にひきつられるように曲がり、腕も脚もつっぱったように硬直してしまうという、特異で強烈な苦痛に陥った。

B、手・腕・脚を動かし、両手で自分の頭をつかんで、左へひきつられて曲がっている痛い首と頭を元の正常な位置に戻そうとしても、手・腕・脚・身体全体がひきつってつっぱったように硬直して動かず、どうにもならなかった。

C、その強制注射をしてから三〜四時間後の、注射の最高効力時間帯前後には、手・腕はピタッと体に張りついたようになって背後にそってしまい、脚もさらに硬くなってつっぱったまま動かなくなった。

D、ただ、この強制注射時は、刑務所側も私の状態を特別注視していて、五、六時間ぐらい経つと必ず別の二cc〜五ccほどの筋肉注射をした。そうすると、手・腕・脚の硬直、首と頭が左へひきつられて曲がった状態が次第に解かれていき、三〇分もすると大体身体が動かせるようになり痛みもとれてくる。

この強制注射が行なわれだして一五日目ぐらいの時、前出の私の告訴取り下げを受けた検察庁から『まだ告訴を取り下げていないのが残っているが、その分はどうしてもやる気か』という問い合わせがあった。それは、前出の告訴取下書を書く時、私が見落とした分であった。私はその残りの告訴を取り下げた。その途端にこの強制注射も中止になった。

(4) それからまたしばらくして、私が何か喋ったことで強制注射を行なわれた。期間はよく覚えていないが一カ月以内だったと思う。この時の作用としては、

非常に苦しいと言えるほどではないが、かなりの体のだるさがあり、ちょっとした不注意でよだれを垂らした。就寝して起きたら布団がよだれでベトベトになっているほど、口や体のしまりがなくな

ってやたらとよだれが出た。
(5) それからもまたしばらくの期間をおいて、茶色っぽい錠剤の強制投薬をかなり長い期間行なわれたが、これは苦痛をともなわないといっていいほどの、いくらか体がだるい程度のものであった。
(6) さらにまた、それからも一定期間をおいて、どんな色であったか覚えていないが、錠剤の強制投薬が行なわれたが、これは私自身はなんにも感じないものであった。
私は、城野医療刑務所に送致されてから刑期終了までの懲役刑執行中に、前記の強制精神治療を一定期間をおいて何度も繰り返して行なわれたのである。

そして、この強制精神治療の副作用として、今もって回復しない次のような症状が現われるようになった。

まず考える力が非常に弱くなって全体的に精神能力が低下した。特に知能低下が強いようだ。非常に辛いのは常に頭がボウッとしていて、さらに階段を早足で昇り降りするぐらいのちょっとした動きをしただけで頭が熱くなり意識が濁って体が倒れつづけるようなめまいを起こし、時にはそのまま意識を失って倒れることである。軽労働といえるぐらいまでの動きをしても、それほど意識が濁らない場合もあるが、そういうときでも必ず動きの度合に応じて、喋りにくい、または喋れないこともあるほどの言語障害を起こす。こういう言語障害については、どうしたものか、ちょっとした夜ふかしや寝不足の時に特に激しく起こり、夜ふかしなどの度がすぎて夜明けごろになると、簡単なことば、例えば、『いま、からだが不調です。あとで電話します』の、たったこれだけのことばを喋るのに五分から一〇分ぐらいかかるほどひどい言語障害になる。そして、そういう時は、同時に意識も混濁し、知能及び全体的な精神能力が普段の状態の五分の一か一〇分の一ぐらいまで低下してしまう。何事にせよ目標への計画性がなくなり、活気と気力が極端になくなっている。また、動作が鈍くなって手や足をよく周りのものにひっかけるようになった。

もちろん前記のような精神薬の人体実験といえる強制精神治療は、私だけに対して行なわれたのではなく、城野医療刑務所に収容されている大多数の精神病受刑者、及びその受刑者に対して行なわれているのであり、それは私が直接見たり話し合ったりした精神病受刑者たちが他の受刑者たちの状況を見たり聞いたりした話によって確かな事実である。そして、そういう人体実験といえる強制精神治療を行なわれた精神病受刑者の何%かが、城野医療刑務所の〃保護房〃の中で人知れず死亡していくのをときどき看守の会話や受刑者衛生夫から知らされる。また、そういう強制精神治療に関係なくても、衰弱した精神病受刑者を一般医療水準に照らして正当な医療を施さないまま獄死させている。

こんなこともあった。一九七一年、同刑務所の看守が、頭痛を訴えていたある精神病受刑者について、私に次のように言った。

『ああに、頭が痛い言うのはもうだめよ。脳の悪いところを切って捨てにゃいかん。一〇年ぐらい前までは文句なしにここでどんどん手術して脳の悪いところを切って捨てよったのに今はやらんようになった。』

一般的にいって日本の精神病受刑者には、弁護人・保護団体・親族などが付いている者は少なく、ごく少数者には親族ぐらいなら付いているようだが、そういうごく少数者にしても親族からさえも寄生虫のように扱われているのが実状であり、それが日本の風潮である。そうであってみれば、精神病受刑者の人権なんか一片も考慮せず、ひたすら不当な社会防衛のための行刑医療政策、精神医学開発、功名心の医学論文作成などのために、不当な脳切除手術を強制したとしてもあながち異常とはいえない。そして重要なのは、今も依然として精神薬の人体実験といえることを行ない、また、少数とはいえない衰弱した精神病受刑者を、密室監房で正当な医療をしないまま、人知れず合法的に抹殺しつづけていることである。

城野医療刑務所の精神科医は所長ひとりであり、二五〇名ほどの同刑務所の精神病受刑者の精神科に関する治療はすべて所長じきじきの指示によって行なわれている。そのうえ、同所長はすでに二〇年間も同じ人間が続けてやっている。これは日本の官庁としては異例の状況で、それが同刑務所長の権限踰《ゆ》越《えっ》と人権侵害をどこまでも続けさせる原因の一部になっている。

私は世界の人民に訴えたい!!

日本国法務省がどれほど社会防衛を優先し、それを重視するとも、またいかに回復不可能な精神病受刑者といえども、法務省・矯正局がその行刑政策によって、精神病受刑者であるがゆえに、その中でも特に共産党、アナーキストなどの反体制思想的精神病受刑者たちは、法務省・矯正局側の不当を追及するがゆえに、そして彼らに弁護人・保護団体・親族らが付いていないか、または親族ぐらいは付いていてもなんの力もないがゆえに、かつてはどんどん脳切除をしたという生体実験を否定できない事実、そして現在は精神薬の人体実験といえる強制精神治療をあたかも当然のごとく行ない、さらになお、正当な医療をしないまま密室監房で獄死させる合法的抹殺を犯し続けていることは、永遠に赦されない人権侵害である、と。

一九七五年一二月六日

川口喬一」

右の川口氏の報告文は、川口氏が国連経済社会理事会人権委員会にあてて送った手紙（一部省略、原文のまま）である。さらに別の文書（大阪高等裁判所あての上申書）の中で川口氏は、城野医療刑務所出所時の模様と、そこでの体験の感想を次のように報告している。

「私が出所するために帰住地の尾道刑務支所に押送になるとき、城野医療刑務所の副看守長が笑みを浮かべながら、絶対的な自信をもっておうように言った。印象的なことばだった。

『どうだ、川口、ここはいい社会勉強になっただろう。』

それは、刑務所側の不当を追及する受刑者は、精神病者ということでその実行性及び効力性を減殺し、さらに精神病の強制治療という名目で処分するんだ、実際に精神病であろうとなかろうと重症・軽症、強制治療の必要・不必要、そんなこと関係ないんだ、刑務所側が身柄を拘束して刑の執行をするんだからどうにでもできるんだ、という意味を裏づけたことばであったのだが、やはり正しいことばになるだろうか。

私は尾道刑務支所へ保護押送されて一〇日目に出所したが、その尾道刑務支所在監中に、同所法務医官が私の瞳孔、動眼神経を調べながら『城野でどんな治療を受けた？』と、真剣な表情で訊いたので、私は城野医療刑務所へ送られたいきさつも含めて簡略に話した。非常に落ち着きがあって高い知性が感じられる、かなり年配のその法務医官は、私の話を聴き終えて、

『バカモノッ、××××××××××××××××』

と言った。だが、それは私への好意から言ってくれたのであって、そこには大人の判断と医師としての倫理・知性があった。

私が本書で主張したいのは看守の暴行陵虐ではない。××。

また、刑務所職員の特に不当な行為を告訴した受刑者に、精神病の気があればそれにこじつけてその受刑者を重症精神病者として城野医療刑務所に送致し、告訴を取下げさせるか、それを無効にせしめようとしたことでもない。それぐらいのことなら検察官や裁判官でもやりかねない。

問題は、矯正局が行刑政策によって受刑者を精神衛生法によるところの、しかるべき二人以上の精神科医の立会診察判定をしないまま、精神科の強制治療をした不当性であり、私及び私の接した城野医療刑務所の精神病受刑者全員を、同刑務所が精神科の診察を一度もしないまま看守と保健技官の報告に基いて強制治療をしたことであり、その強制治療方法にも正当性に疑いがあることであり、同刑務所の保護房という名の一般刑務所の鎮静房より遙かに厳しい監房の中で、人知れず死んでいった精神病受刑者たちが、果して正当で人道的な医療を受けたかどうかであり、たとえば、私の場合のように、何度も何度も強制治療の精神薬を変えてその状態を注視するところに、新精神薬の人体実験の疑いのないことを刑務所側が証明していないこと、などの重大な人権、人道への悖逆《はいぎゃく》である。」

七二年から七四年にかけて同じ城野医療刑務所に収容されていたT・T氏の場合は、次のように報告している。

「徳島刑務所に移送されて間もなく官主《ママ》と口論になったのを、口実をつけて、やれ『暴言だ』とか『暴行だ』とか罰名をつけて懲罰を受け、そのようなことを四回ほど繰返しているうちに精神鑑定され、知らないうちに精神異常者とされ城野医療刑務所に移送されたのである。それが昭和四十七年の五月でした。（中略）

××。

×××××××××××××××××××××××。

××。

××××××××××××××××××××××××××××××××××××××。一日三回『きょうせいてき』に飲薬まで飲ませます。精神病でない人でも城野に移送されたら精神病になってしまいます。（中略）大声を出したりすれば保護房に一年でも二年でも入れて出しません。それで満期が来たら知らん顔で出します。私が二年位いる間に三人本当の精神病のように狂ってしまった人を見ました。本当に可哀想でした。

医者の診察で少しでもよいと判断された者は、工場に出て仕事をします。中には本当に頭の弱い人もいます。仕事が出来ようが出来まいが無理にさせます。

あのようなひどい刑務所はなくすればよいのです。医療刑務所というのは名前だけです。」（八〇年九月一八日付T・T氏の手紙より原文のまま抜粋）

あの入院患者虐殺で有名になった宇都宮病院は、またの名を「北関東医療刑務所」と呼ばれていたという。城野医療刑務所の実態を少しでも知った人は「なるほど」とうなずくだろう。獄外においてさえ「精神障害者」は人間として扱われず、あのように虐殺されているのである。「精神障害者」であるうえに「犯罪者」であるとして人間であることを二重に否定されて呻吟している全国の獄中者がどのような扱いを受けているかについては、まだほとんど知られていない。日本には、城野医療刑務所の他にも「精神障害」の獄中者を収容する施設として八王子医療刑務所（身体的疾患の獄中者をも収容）、岡崎医療刑務所がある。その他に全国の一般刑務所・拘置所に「精神障害者」とされた獄中者は大勢いる。川口氏やT・T氏の証言は、氷山の一角どころか氷山の上の小さな氷のカケラのようなものでしかないだろう。現在、城野医療刑務所において行なわれていることは、川口氏の言うように「永遠に赦されない人権侵害」であり、このような刑務所の存在はまさしく「なくする」（T・T氏）以外にない。

医療刑務所でなくても獄中者が看守と口論したり暴れたりした時に向精神薬の強制注射によって「制圧」されることは、どこの施設でも日常的なことであり、反抗的な獄中者に対しては懲罰的に電気ショックをかけることもかなり広く行なわれている。

精神科のみならず身体的疾患の患者を収容している医療刑務所でも医療の実態はひどいもので、八王子医療刑務所では、常勤の医師らが組織ぐるみでウラ勤務表を作成し、一週間の半分しか勤務していない実態が暴露されている（八二年四月一〇日付『朝日新聞』夕刊）。同所の看護婦の話によると、出勤した日も実質勤務時間は二〜三時間にすぎず、緊急の薬剤投与が必要な時も担当医がいないために薬を出せないことが少なくないという。こんなデタラメも相手が獄中者だからこそできるのである。

七　強制医療

刑事施設法案には「被収容者が診療を拒む場合又は飲食物を摂取しない場合において」は、強制的な診療、栄養補給ができるとの規定があり、獄中者は健康診断を含めて一切の「医学的処置」を拒むことができないとされている。

現在でも獄中者がハンストを行なった場合、強制的に鼻から流動食を流し込んだり、太腿に太い針を刺してリンゲル液等を注入したりすることは行なわれている。東京拘置所では、ハンストをしている女性獄中者に対して、数名の男性看守に押さえつけさせて強制導尿をしようとしたこともあった。精神科領域での強制医療がどのように行なわれているかは、前述したとおりである。

一九七五年、第二九回世界医師会総会において世界医師会は、「囚人が食物を拒否し、あるいは食物の自発的拒否の結果に関して正しく理性的に判断することができると思われるときには、人為的に食物を与えてはならない」との「東京宣言」を発表した。しかし、日本の監獄においては、むしろこの「東京宣言」以降、ハンストを行なう囚人に対する強制補給は強化されてきている。これが刑事施設法案の先取り実施であることは言うまでもない。精神科領域における強制医療の最近の動向については残念ながら把握できていないが、同じように強化される傾向にあることは間違いないだろう。

国家の拘禁施設内における医療は、一般の人に対して以上に保護と保障がなされ、強制医療はより制限されねばならない。拘禁施設内での生活は、自らの自由意志によるものでなく、外から強制されたものであり、国家権力の全面的支配下にある拘禁施設では、常に人権侵害の恐れがあるからである。ところが日本政府の考えは、全く逆なのである。囚人に対して監獄当局は健康を保障する義務はなく、死なない限り医療を施す義務もなく、一方、囚人は「医学的処置」を拒む権利はないとされる。獄中者はデタラメ医療・無医療によって殺されるばかりでなく、強制「医療」によっても殺されるということである。もし保安処分が法制化されたなら、城野医療刑務所のような虐待・虐殺が「犯罪の恐れがある」とみなされた者に対しても合法的に行なわれるようになるのである。獄中における強制医療は撤廃され、禁止されなければならない。

15 作業

一 刑務作業

懲役受刑者は作業をしなければならない義務がある。これは刑罰としての強制労働であると同時に、受刑者に「正しい勤労を習慣づけ、職業的な訓練を与え、必要な技能を身につけさせることによって、受刑者の社会復帰を可能ならしめるもの」(『改訂・監獄法』小野清一郎・朝倉京一共著、有斐閣）とされている。

作業には生産作業・自営作業・職業訓練があり、生産作業とは木工・印刷・金属・農耕・牧畜・紙細工等の生産に従事するもので、全受刑者の七二・四％がこれにあたっている。自営作業とは監獄の運営上必要とされる作業で、受刑者の二四・三％が従事しており、運搬工・看病夫・理髪夫・炊事夫・図書夫・計算夫・衛生夫・洗たく夫・補綴《ほてい》夫・大工・左官・電工・土工などがある。

職業訓練は施設によって種目が異なるが、熔接・ボイラー・電工等の訓練を受け、監獄内で免許を取得することもできる。しかし、職業訓練を受けることのできる者は全受刑者のたった三・三%にすぎない。希望者のうちごくわずかの〝エリート〟的受刑者のみであり、四〇歳未満の者、義務教育終了と同等またはそれ以上の学力を有する者、行状が良好な者等の条件を満たさなければならない。なお、府中刑務所では現在、予算がないとの理由で職業訓練は全く行なわれていない。

作業の選択にあたっては特別な技能のある者を除いて本人の希望が通ることはめったになく、とくに当局の言いなりにならず待遇改善要求等をする獄中者に対しては、一日中独房内で袋貼り等の単純作業を強制する。刑務作業が社会復帰に際して役立ったという報告はほとんどない（本アンケート回答に限っては皆無）。

刑務作業は日祭日を除く毎日、約八時間（土曜日は四時間）行なわれる。八三年一二月より旭川刑務所では昼休み（昼食時間を含む）が四〇分から二〇分に、午後の休憩時間が一五分から一〇分に短縮され、午前中一五分の休憩時間が廃止、さらに作業終了時間が三〇分延長された結果、実働時間が一時間から一時間四〇分も延長される等、労働が強化されている。しかも、拘禁生活にとって健康維持上欠かせぬ運動時間がこの休憩時間に含まれるため、実質的に休憩できる時間はもっと短くなる。その短い休憩時間すらも「疲れるので休憩時間に作業台にうつぶせになっていたらそれも禁止された」（府中刑務所・斉藤氏）というように自由にのんびりと休むことさえ許されない。

この労働強化は、現在法務省がおし進めている刑務作業制度の独立採算制にタイアップしたものである。法務省は、「厳しい財政事情」を理由とした大蔵省の年間約四〇億円の刑務作業原材料購入費の打ち切りを受けて、八五年度から財団法人「矯正協会」に新たに刑務作業協力事業部を設けて、国から独立した刑務作業の企業化を進めることにした。その一環として、八四年秋から①刑務作業製品の常設直売店の増設、②統一ブランド「CAPIC《キャピック》」（矯正協会刑務作業協力事業部の英略字）の採用、③カタログ販売体制の整備などを実施、「わが国の刑務所史上初の革命的な実験」と張りきっている。これが獄中者に対する搾取の強化にしかつながらないことは、最近、全国的に進められている獄中奴隷労働強化の実態があますところなく示していると言えよう。

作業は無賃金労働で、技能および作業成績を基準にして見習工から一等工までの一〇階級があり、等級別に作業賞与金が支払われる。

昇等は「昇等標準期間中、その作業の等級の基準点を作業成績の得点が毎月持続したとき、一つ上の等級に昇等する」（旭川刑務所「所内生活心得」）こととなっており、昇等標準期間及び作業賞与金額は一二九頁の表のとおりである。

昇等や基本給は全職種同じであるが、技術を持っている者は一定のランクがあり、技術系の業種の方が昇等率は高い（例えば熔接工の免許取得者は六〜七等工から出発する）。房内作業者の場合は最高でも三等工までしか上がれない。また、作業成績が基準点に達しない時は降等されることもある。

この一〇等工制度ができたのは七七年四月からであり、それ以前は一等工から四等工までのランクがあったにすぎない。等工が細分化されたことで、それだけいっそう受刑者に対する管理しめつけは強化されたわけである。

また、作業賞与金が支払われたからといって受刑者はそれを自由に使うことは許されない。使用が許可されるのは、第一級者で賞与金の月額の二分の一以下、第二級で三分の一以下、第三級で四分の一以下、第四級で五分の一以下だけである。従って等級の低い者は、一カ月めいっぱい働いても所内でボールペン一本、石けん一個買えるか買えないかのわずかなお金しか手に入らない。旭川刑務所で厳正独居処遇を受け、割箸の袋詰め作業をやらされている磯江洋一氏の場合、作業賞与金額は左表の通りである。
当然のことながらこの超廉価の作業賞与金は、監獄労働によって得られる収入のわずか数%にすぎない。その余は、国家および監獄に作業を入れている民間資本家（その大部分は地場中小資本家である）に搾取される。これでは、釈放時の更生資金として全く役立たないばかりか、獄中での生活資金にさえこと欠くありさまである。「正しい勤労の習慣をつけて社会復帰を可能ならしめる」どころか、社会でまじめに働いて生きていく意欲さえ失わせることにしかならない。

昇等標準期間と作業賞与金

等　工	昇等標準期　間	基　本　給	
		基 準 給*	時間単価
1等工		4,428円	24円60銭
2 〃	8カ月	3,510	19. 50
3 〃	8 〃	2,844	15. 80
4 〃	4 〃	2,250	12. 50
5 〃	4 〃	1,890	10. 50
6 〃	4 〃	1,638	9. 10
7 〃	2 〃	1,278	7. 10
8 〃	2 〃	1,044	5. 80
9 〃	2 〃	810	4. 50
見習工	1 〃	576	3. 20

（法務省矯正局，1984年3月現在）
＊基準給は1カ月30日＝180時間とする。

磯江洋一氏の作業賞与金

年　月	作業賞与金	内使用可額
82年9月	453円	90円
10	604	120
11	655	131
12	929	185
83. 1	903	180
2	861	172
3	1,087	217
4	1,041	208
5	1,123	224
6	1,225	245
7	1,308	262
8	1,364	273
9	1,320	264
10	1,357	271
11	1,327	265
12	1,425	285
84. 1	1,312	264
2	1,390	278
計	19,684	3,934

多くの獄中者は監獄に囚われた段階で職・住居・家族・友人を失う。与えられたものは「犯罪者」「前科者」のレッテルとこのわずかばかりの作業賞与金と、劣悪な獄中環境故に破壊された健康と、長い間社会から隔離されていたが故に社会の動きについていけないとまどい、そして卑屈な奴隷根性と虐待に対する怒りのみである。出所したらすぐその日から寝泊りする場所、食物、それ相応の衣類等を確保しなければならないが、帰るところのない出所者を雇ってくれる就職先がすぐに見つかるわけではない。

このような状況におかれている出所者に与えられる「更生資金」が、刑務所から帰住地までの交通費(刑務所発行の書類)と、一日の食費すらまかなえないほどのわずかな金額でしかなければ、再び監獄に戻って来いと言って出所させているに等しい。中には懲罰により作業賞与金を没収されてしまい、「更生資金」ゼロという者もいるのである。帰るところのない出所者は、獄中で知り合ったヤクザを頼るしかなく、服役を契機にヤクザの世界に入る者も少なくない。

権力やマスコミは出所直後に再犯に追い込まれた者、刑務所を出たり入ったりの生活を繰り返している者に対して、何度刑務所に入れられても懲りない立ち直り不可能な「凶悪犯」として差別キャンペーンをふりまいているが、刑務所に入れられたにもかかわらず再犯に陥るというよりは、刑務所に入れられたが故に再犯に陥らざるをえないというのが真相なのである。マスコミの「犯罪者」「前科者」差別キャンペーンは、それを助長する役割しか果たしていない。

再犯の統計を見てもこのことは裏付けられる。各年度とも一年未満の再犯が最も多く、二〇%以上。次が六カ月未満で一五%、五年以内ともなると五〇%、つまり二人に一人は監獄に逆戻りしている(斉藤充功『鉄格子の中で』国際商業出版、七七年)。さらに、一九四八年から一九七九年までの間に全刑法犯罪(ただし条例違反事件を除く)で実刑を受けた者のうち、実刑の前科二犯以上の者は約六五%(推定)との数値もある(『昭和五五年版犯罪白書』)。これは執行猶予や罰金刑の者は含まない数値であるから、それを含むとすれば――業務上過失致死傷を除く主要刑法犯のうち、約六五%が執行猶予付や罰金刑等の実刑を伴わない刑であるという事実からして――恐らく、再犯に追い込まれる者は驚くほどの高率を示すものと思われる。

刑務所が無賃金奴隷労働の強制と非人間的な処遇によって犯罪者を養生する「再犯再生工場」と言われる所以である。獄中労働に対して、少なくとも社会の最低賃金にみあうだけの賃金が支払われるべきである。

二 請願作業

刑事被告人、拘留または禁錮に付せられた受刑者、死刑確定囚は作業につく義務はないが、希望すれば作業につくことを許可されることもあり、これを請願作業と言う。

請願作業の業種は、独房内での紙細工が多く、作業は一般作業時間よりも二時間ほど短縮され、平日一日で六時間である。作業賞与金や等級などは懲役受刑者と同じであるが、独房内作業であること、作業時間が短いこと等から、受けとる金額は懲役受刑者よりもさらに少額であることが多い。請願作業といえども、いやになったからといって勝手にやめることは許されず、決められた労働期間内は就業しなければならなくなる。

未決被拘禁者の場合、国家によって就業の機会を剝奪されている以上、就業の機会を国家が保障すべきであるが、就業を要求されたり強制されたりしてはならない。就業を義務づけられていない被拘禁者の場合、就業はいかなる意味でも刑罰ではないのであるから、社会水準に照らして相応の賃金が支払われるべきだろう。

三　自己労作

二級以上の上級者で技能が特に優秀で作業成績の優良な者は、作業時間外に一日二時間の限度内で「自己ノ為ニスル労作」をすることができることになっている（「行刑累進処遇令」第四六条）。

旭川刑務所の場合、自己労作用の雑居房があり、現在全体で十七、八名が自己労作を行なっている。午後五時三〇分から七時三〇分までの二時間、割箸の袋詰作業をやり一箱（四〇〇〇膳位）で一〇五円、一日平均二箱で、月平均の金額は四〇〇〇円である。これは賞与金とちがって全額使用でき、やればやっただけ自分のものになる。

自己労作の対象は、二級で「無事故五本」（五年間にわたって無事故。一四三頁参照）以上の雑居者である。従って夜間独居者はあらかじめ除外されている。身寄りのない獄中者にとって自己労作の金額は、所内生活上必要な物品の購入などに貴重なものであるが、ごく限られた者にしか認められていない（旭川刑務所・磯江氏）。

四　作業事故

受刑者は病気になってもよほどの重病でない限り作業を強制されるうえに、労働条件が劣悪で機械も古いものが多く、労働災害が多発している。しかし、作業上怪我をしても補償金が支払われないことが多く、支払われた場合でも一般社会の水準に比べて著しく安価で、死亡事故で最高一八〇万円程度でしかない（八三年現在）。それだけならまだしも、作業事故を起こしたものは「安全作業の手順に違反した」とか「不注意であった」として懲罰処分にされることが多い。

「五五歳位のおじさんが洗たくものを高い所に干すのにいつも乗る台がこわれてなかったので、別な台を持ってきて干していたところうしろに引っくり返って気を失ってしまった。同囚たちはすぐに病舎に運びたかったが、医務課長の許可が下りないと勝手に病舎に運ぶことができないので、すぐに運べるようリヤカーに乗せて毛布をかぶせて待っていた。一五分位して医師がきて、もう手遅れだ、手のうちようがないから親戚等に連絡するようにと言ったが、医務担当の人たちがまだ死ぬか死なないかわからないから徹夜で看病させてくれと頼み、徹夜で看病したところ、それがよかったのか、本人は助かった。その後、その人は、看守から自分の不注意ということを認めれば工場に出してやるが、認めなければ懲罰だと言われ、自分が悪かったとの念書を書かされた。その後、二カ月位夜間独房に入れられて、工場に帰ってきた。」（府中刑務所・F氏）

右のような状況の中で、ほとんどが本人の不注意として処理され、当局の責任も問われないまま闇から闇へと葬り去られている。

しかし泣き寝入りせず立ちあがった人もいる。横浜刑務所に服役中の八三年一〇月、平ロール機を使ってアルミ電線の被覆ビニールをはぎとる作業をしていたJ氏は、機械が故障して直らないため、ロール機前面のカバーをはずし、故障箇所を確認しようと電線を挿入しているうちに、誤って右手をローラーにまきこまれ、人さし指の指先がつぶされたうえに、中指を骨折した。J氏は病舎で二カ月余の治療を受けたが、第一関節が曲がらず、物が持てないなどの後遺症が残り、労災の「第一二級」の認定を受けた。ところが、刑務所当局は、事故が起きたのは本人の不注意であるとして、手当金一五万五〇〇〇円を支払ったのみで開き直っている。

J氏は、このような刑務所当局の不誠実な対応に対して「①刑務作業は強制作業であり、刑務官は作業に危険がないかどうか常に注意する義務がある。②事故のあったロール機は故障しがちであったにもかかわらず作業にあたってはなんら説明をしなかった」と主張して、出所後の八四年五月、国を相手どって約一六二七万円の損害賠償を求める訴えを横浜地裁に起こした。

16　累進処遇

懲役受刑者は全員が、「行刑累進処遇令」に基づいて四級から一級まで分類され支配管理されている。現行の「行刑累進処遇令」は、日本が国際連盟を脱退し、侵略戦争の拡大とファッショ体制の強化に向けてまっしぐらに進んでいった一九三三年、国内の治安弾圧強化の一環として制定されたものである。右処遇令は、「受刑者ノ改悛ヲ促シ其ノ発奮努力ノ程度ニ従ヒテ処遇ヲ緩和シ受刑者ヲシテ漸次社会生活ニ適応」させることを目的として制定されたことになっているが、実質はアメとムチによって受刑者に対する差別分断支配を貫徹しようとするものでしかない。

受刑者はまず全員が四級に編入され、監獄当局の「考査」によって進級が決められる。進級は①作業に励んでいるか、怠けているか、またその出来ばえはどうか、②行状が良いかどうか（看守の言うことをよくきくかどうか）、③責任感や意思が強いか弱いか、④出所後の更生に役立つような勉強をしているかどうか等を採点して決めるとされているが、刑期の長短により進級基準があり、一定の基準（無事故――懲罰にかからないことなど）の点数に到達すれば進級できることになっている。

進級基準は、例えば実刑期が二年以下の短期受刑者の場合は、四級から三級になるのに五カ月、三級から二級になるのに八ヵ月、二級から一級になるのに一二ヵ月、逆に無期および二〇年の長期受刑者の場合は、それがそれぞれ三年、三年、五年六ヵ月となるように、短期刑の者は早く進級でき、長期刑の者は遅くなる。進級基準はあくまでも最短コースであって、無事故であってもこのとおり進級できるとは限らない。昼夜独居者は、右の一・五倍、最高でも三級どまりであり、工場出役者に比べて不利益処遇を受ける。また執行刑期一年未満は三級まで、二年未満は二級までしか進級できない。

府中刑務所においては、八二年六月以降、四級の下に「除外級」なる新階級が作られ、事実上五段階で運用されるようになった。除外級というのは、四級者が懲罰になった者で、解罰になった時点から約二ヵ月間除外級扱いとされ、優遇が停止される。そして各級毎に、一級は青色、二級は赤色、三級は緑色、四級は白色、除外級は名札の中と枠が全部赤色の名札をつけさせられ、一目で誰が何級であるか見分けられるようにされた。

除外級の者は、そのうえに訓戒の罰を受けると赤バッチの上に斜線が一本ひかれ、軽屏禁等の懲罰を受けるとバツ印をつけられる。そのうえに除外級扱いが一ヵ月延長される。この除外級バッチを付けた者は賞与金が二〇%カットされるのをはじめ何かにつけ差別視され、看守ににらまれ、恫喝と厳しい抑圧の下におかれる。さらに、工場もタライ回しにされ、懲罰が続くと工場に出されず独房内作業を強制される。

また、従来は工場担当が毎日採点した得点に基づいて、一定の点数に達した場合、ほぼ自動的に進級できていた（一級のみ「厳重な考査」をすることとされていた）が、八二年より二級者の数が全体の一割程度に制限され、区長以上の上級看守で構成される累進準備会および刑務官会議の審査に合格しなけ

累進処遇の等級別格差

内容	第一級	第二級	第三級	第四級
面会及び発信	随時	週一回一通	月二回二通	月一回一通
特別面会室の利用	許可。一定の条件で無立会面会も許可	許可される場合がある		
居室	一級室に収容	二級室に収容		
検身・居室捜検	原則として免除			
集会室の利用	夜間許可、この間居室無施錠			
一、二、三級集会	月二回	月一回	二カ月に一回	
集団散歩	可			
作業賞与金使用	毎月計算高の½以下	同⅓以下	同¼以下	同⅕以下
菓子及び果物類購入	月二回以下	月一回	二カ月に一回	

れば二級に進級できなくなった。この結果、判定基準を満たし、一定期間を無事故無反則無懲罰で通しても、不服申立や監獄当局に対して処遇改善の民事行政訴訟等を行なっている限り、事実上進級ルートから排除されることになった。このような現行累進処遇令にない「除外級」の新設や、自動的進級制度の廃止は、「刑事施設法案」にいう「個別的・段階的処遇群処遇制度」の先取りと言える。

累進処遇の等級別格差は前頁の表のとおりである。表の他、次の格差もある。

(1) 二級房以上にはカラーテレビ設置(夜間独居者の二級者は週一回鑑賞)

(2) 二級進級時に衣類新品貸与

(3) 二級以上にロッカー貸与

(4) 毛布、布団の厚手のものを貸与

府中刑務所の場合「現在、私が出役している北部二工場では一級者はおらず、六〇数人中、除外級一四人、四級二三人、三級二〇人、二級者は作業計算夫と仮釈放ま近のアメリカ人無期囚の二人だけである。二級者は仮釈放が内定した三級者が仮釈放される前の月か、仮釈放される月のわずかな期間だけ二級にされていることが多い。一級者は二三〇〇人ぐらいの全獄中者中わずか五人だけである。この場合も仮釈放ま近に一級になるのでごく短期間である。ほとんどの獄中者にとって累進処遇とは除外級、四級、三級の三階級だけである」(斎藤彰氏)という状況である。

17　教化・指導

一　教化行事・クラブ活動

厳正独居拘禁に付されている者を除き、受刑者は「教化」の一環として映画・演芸・運動会等の教化行事とクラブ活動への参加が認められることになっている。映画は「寅さんシリーズ」とか「若大将シリーズ」などの娯楽的なもの、演芸は演歌歌手のコンサートが多い。地方の刑務所では、地元の自衛隊やキャバレーのバンドがやってきて演奏することもある。かつてはあのロッキード事件の児玉誉士夫がいろいろのバンドや歌手を連れてきて講演をしたこともあった（府中刑務所・遊佐和彦氏）。

映画等については「予めその思想内容に検討を加え、たとえば国家社会組織に悪影響を及ぼす虞があると認められるもの、人心を動揺させる虞があると認められるもの、残忍酷薄な傷害殺傷のごとき又は虐待があると認められるもの、宗教的信仰の否認を表わす場面、不謹慎不敬虔な行動および字幕（泥酔、喧嘩、無作法、乱舞、デカダン的な様子を含む）、動物虐待、犯罪事実の経過を表わすもの、犯罪の手段方法を誘致助成する虞があると認められるもの、性欲を誘起し、その他風紀良俗を紊《みだ》す虞があると認められるもの（姦通、私通、裸体、肉体を露出したダンス、猥らな振舞、家庭紊乱《びんらん》の状況等）、自殺行為、ラブシーン（恋愛的場面）、人種差別に関する場面、極端な社会の暗黒面の描写、怪奇的現象の描写、毒薬および麻薬使用の場面、趣旨の曖昧なもの、その他刑務所の紀律を紊乱する虞があると認められるものは不適当」との通牒（教化用活動写真映画選択基準）がある。

これでは「不適当」でないものを捜す方が至難であるが、要するに深刻な社会問題に取り組んだような映画はダメで、現体制肯定的で社会問題からは目をそらし、あまり何も考えなくていいような映画（ドリフターズの「まつりだワッショイ」等）が「適当」とされているようである。映画・演芸は、土曜日の午後等の作業時間外に一回一〜二時間、月一回位の割で行なわれる。

運動会は年一回、その日は免業日となって刑務所内のグラウンドで徒競走、ボールころがし等の競技を競いあう。この時、果物や菓子等の特別食が支給される。

クラブ活動は書道・短歌・聖書研究会等があり、希望者は定員に余裕がある限り希望したクラブに入ることができる。定員オーバーの場合は第二、第三希望等にまわされる。「クラブは書道を申し込んだら定員一五名でオーバーとして第二希望の短歌に入る。八四年二月から月一回約一時間の例会に出席、参加者はオレを入れて五名、民間の人が講師でそれぞれの作品を批評してくれる」（甲府刑務所・中川憲一氏）。「聖書研究会は月二回牧師をまじえて一時間程度聖書を読みながらいろいろの討論をする。旧約聖書やらの背景、当時のイスラエルの情況など知ることができてけっこうおもしろい」（長野刑務所・太田敏之氏）。

しかし、受刑者にとって数少ない楽しみの一つである教化行事やクラブ活動への参加についても、最近「個別的・段階的処遇」の名のもとに制限が強化されてきている。旭川刑務所では、従来、厳正独居者以外の者はこれらの行事にほぼ無条件に参加できていたのだが、八三年一〇月以降「参加させるものは保安課より個別必要に応じて指示すること」となり、実質的に禁止を原則とすることとなった。今後は、当局が特別許可した者に限り参加を認めるということになったわけで、受刑者は常に当局の機嫌をそこねないようビクビクしていなければならなくなる。もともと同じ懲役刑を受けていながら厳正処遇者に対して教化行事等に一切参加させないということ自体が、報復的みせしめ的な差別待遇であるが、これによりいっそう差別分断支配が強化されたわけである。

二 「集会」

一、二級者は月一回（一級者は月二回以下とされており、二回行なえることになっているが、たいていの施設で月一回のみである）、三級者は二カ月に一回、賞与金の中から二〇〇円位のお金を引いて買ったお菓子や果物などを食べながら、映画・演芸・テレビなどを見る級別「集会」がある。三級者でも房内作業の者は「集会」に参加することができず、舎房で菓子類を受けとるだけである。「集会」中の同囚同士の会話は厳禁で、少しでも話をしたらどなりつけられたり外に出されたりする。菓子等を同房の仲間に分けてあげないように、集会の帰りには身体捜検がある。もし、菓子を他の仲間に分けてやったことがわかれば、懲罰にかけられる（府中刑務所）。

この一、二、三級者「集会」は、『改訂・監獄法』（小野清一郎・朝倉京一共著、有斐閣）によると「囚人自治」の一環として行なわれるということになっているそうだが、建前と現実とはあまりにも大きくかけ離れている。囚人同士の会話を禁止した「囚人自治」もケッサクであるが、女子刑務所の中には、囚人同士の話しあいを認めている「集会」もある。その場合でも、獄外社会で一般的に考える集会とは異なり、あくまで監獄当局支配下の集まりにすぎない。たとえば栃木刑務所の二級者集会について、中井友子さん（仮名）は次のように報告している。

「議題は教育課が決める。決められた議題についてあらかじめ自分の意見を二百字位に書き提出し、それをもとにして同囚が司会者になって討論する。その意見書きを私は何人分も代わって下書きをした。（中略）文章や意見発表は自分の生活とは関係ないものという先入観が彼女（同囚）たちに文章を書かせないし、意見も発表させないのだ。（中略）しかし、同囚たちは、これも仮釈を有利にする一つの便法としてしか認識していなかった。

所内で改善してもらいたい点という議題があり、食器洗いに時間がかかりすぎるので改善してもらいたいということが要望として出された。当局は『検討しましょう』と答えておきながら、保安課長が怒りまくり、発言者のところにとんでいって文句を言う。（中略）こういうことがあってから、集会では余計なことはしゃべれないという不文律ができあがった。（中略）

集会にはもう一つおかしな習慣があった。発言する時、必ず『本日はありがとうございます』と前置きする。お菓子は自分で買うのだし、何をありがたがるのか分からなかった。こういう機会をつくっていただいて感謝していますということらしい。罪を犯したのにいろいろしてあげてるんだという刑務所

当局の考えがそこにある。」(『女囚813番』中井友子著、三一書房、八二年)

これとは別に菓子は出ずに無事故一本以上の者が集まってテレビを見る無事故者集会というのがある。「無事故一本」とは、府中刑務所の場合六カ月、旭川刑務所のように長期刑務所では一年を単位としてその期間持続して懲罰を受けないことをいう。府中刑務所では無事故一本につき腕に付けているワッペンに棒線が一本ひかれる。こうして六カ月単位でワッペンの棒線を一本ずつ増やし、ごほうびに映画やテレビを見せるというのが無事故者集会である。一目で無事故がどの位続いているかがわかるようにして、それを競いあわせる子供だまし的差別分断支配の一環である(府中刑務所)。

三　通信教育

三級以上の行状の良い者で、残刑が一年以上あり、それ相応の学力のある者は、通信教育を受けることができる。府中刑務所の場合を例にとると、学科はペン字・書道・孔版・簿記・統計などで、教材費には官費と私費の二種がある。官費の場合は年一〜二回希望者を募集し、学力試験と面接を行ない、それにパスした者、私費の場合は、何といっても金があることが条件となる。支援してくれる家族等がいない場合、作業賞与金の中から通信教育費を捻出することは極めて困難であり、やはり、恵まれた少数の者の「特権」的色彩が強い。

「ラジオで年二回ぐらい公費生の募集をするが、募集人員は二三〇〇人の全収容者に対して二〜四人ぐらいであり、それすら集まらず再募集しているのを聞いたことがある。学科はペン習字と簿記しか聞

いたことがない。勉強したくても全然勉強するような環境ではないのである。」（府中刑務所・斉藤彰氏）

四　宗教・教誨

「教誨には、集合教誨、グループ教誨、個人教誨の三通りあります。集合教誨というのは、月に一回、仏教各派の坊さんやキリスト教の神父が交代で来てひらきます。この時は、何月何日に何々派の坊さんや神父が来るので話を聞きたい者は願箋を書けと言って来ます。希望者が多い時は行状の良い者が優先されるようです。また、これはどの宗派に行こうが勝手で、全部の宗派に行くこともできます。グループ教誨というのは各宗派のどれかの講座を受けるもので、募集は年二回、半年単位のようです。これも月一回です。個人教誨といいますのも月一回で、肉親の死に接したり、被害者の命日などに受けたい者は願い出ます。教誨を受けている人が処遇面で優遇されている話は聞きません。教誨に出られるのは工場で働いている人だけで昼夜独房の人は受けられません。」（府中刑務所・N・T氏）

「宗教教誨への出席が、殺人罪の人の仮釈を決める一つの基準になっている。仮釈放のための面接官はこれをしつこく問いただす。『冥福を祈らないで、罪を悔いていると言えるのか』と。」（栃木刑務所・中井友子氏、『女囚813番』三一書房）

獄中者にとっても監獄当局にとっても、宗教教誨は、信仰とは無関係な現実的思惑の方が優先しているようである。しかし、殺人罪によって収容されている獄中者の場合は、宗教が大きな心の支え、救いとなっている例も少なくない。

とくに死刑確定囚の場合、死刑囚自身が自らの罪の償いとして死刑を受容しえる人間へと「矯正」するために教誨の果たす役割は大きい。無実であるにもかかわらず死刑判決を受け、三四年以上もの長期にわたって死と隣あわせの獄中生活を強いられ、去る八三年七月、晴れて再審無罪を勝ちとり自由の身となった免田栄氏は、その『免田栄獄中記』(社会思想社)の中で、次のように語っている。

「自分は冤罪だからと再審請求しようとする収容者に対して、

『これは前世の因縁です。たとえ無実の罪であっても、先祖の悪業の因縁で、無実の罪で苦しむことになっている。その因縁を甘んじて受け入れることが、仏の意図に添うことになる』

と、再審の請求を思いとどまらせるような説教をする僧侶がいる。こんな世の因果をふりかざして、再審請求をさまたげる僧侶が少なくない。」

しかし、免田氏が再審というものがあるということを知ったのもまた、キリスト教の教誨師の「本所の死刑囚のなかには再審請求して長い期間、生きている人がいます」という言葉からであった。免田氏は獄中でキリスト者となり、神への信仰の中に精神のやすらぎを求めたが、仏教の教誨師の中にも、無実を訴える死刑囚の救援活動を熱心にやろうとした僧侶がいたことを報告している。しかし、死刑囚に再審をすすめ、救援活動を始めたその僧侶を、当局が黙認するはずもなく、教誨師からはずされてしまったという(シュバイツァー寺住職・古川泰竜氏)。

このように宗教上の教誨といっても、それはあくまでも監獄当局の「矯正プログラム」の許容する範囲内での「信仰」、「教誨」であり、厳正独居者や懲罰を受けた人は、それすらも許されないわけである。獄中者が許されるのは、ロザリオと数珠の所持位のものである。やはり、獄中での教誨師の役割は、免田氏の再審開始が決定した後も、「免田さんは前世において死刑になる因を負っているから、現世においてその果を負わねば救われない」（『免田栄獄中記』）と説いてやまなかった、藤崎教誨師のような人に代表されるのだろう。

五　作業教育放送

刑務所では定期的（一週間おき位）に「作業教育放送」というものをラジオから流している。

「この作業教育放送を聞くのは受刑者の義務で、放送を聞いた後でその内容と感想を書くようになっています。感想文用紙というのは便箋位の大きさでしょうか。この用紙には、感想文を書かない者には作業賞与金をやらず、懲罰にするという意味のことが書かれてあります。この放送があるのは土曜日で、時間は約二〇～三〇分です。またこの放送時間帯は仕事をしたことになります。

内容と感想を書くのがまたひと仕事です。その間は、読書や将棋などはもちろん、トイレの使用もできません。冬期には膝かけ毛布をはずします。机の前に座って感想文用紙を前にしてボールペンを握っているのです。」（府中刑務所・N・T氏）

放送内容は主に安全作業や作業の能率アップに関する訓辞であり、「事故を起こさない人＝賢い人、事故を起こす人＝馬鹿な人」（八二年秋）、「不幸にして恵まれない国がありますが、それらの国の人びとは努力していないから悪いのです。労働に全力を傾注することが自己の人生を完全なものへと高めることであり、国家の繁栄にもなるのです」（八二年冬）、「不景気だから苦しいという経営者が多いが、それらの人は努力を怠っている人なのです。不景気であっても毎日、新聞の求人欄には多くの求人広告が載っています。努力している所には不景気などありえないのです」（八三年春）、「第三世界では今、飢えで苦しんでいる民族がありますが、それは働くことを楽しまなかったことが原因ではないこともないという見方もあります」（八四年春、いずれも府中刑務所）というように、その放送内容は資本主義・帝国主義の構造的矛盾に一切目をつぶり、受刑者を資本家にとって都合のよい従順な労働者として飼いならすための、極めて政治的なものである。

失業、貧困、飢え、「犯罪」等の原因（資本主義・帝国主義下の搾取・収奪、文化的退廃等）の方には完全に頬かむりをして、結果の責任を個々の社会的弱者、犠牲者にのみ負わせることで、現在の支配体制を擁護するイデオロギーに貫かれている。したがって必然的にその「教育」は、飢え、失業、貧困に苦しむ虐げられた人びと、「犯罪者」等に対する差別煽動教育となっている。

六　上級職員との面接

未決既決を問わず獄中者は手紙に当局にとって不都合なことを書いた時、日常生活態度が悪いとみなされた時等、幹部職員より呼び出しを受け注意されるほか、獄中者自身が様々な要求を監獄当局に対して行なった時、幹部職員との面接が行なわれる。(注5)この幹部職員との面接によって、獄中者は所内生活や出獄後の生活について個別的に「指導」を受ける。「指導」の内容は次のような監獄当局の「犯罪観」に規定されている。

「こういう所へ来る犯罪者がどういう人間だか知っているか。家族がない。あってもその家族関係がおかしなまともな人間関係のない孤独な人間が多いのだ。だから恥も外聞もなく自分の欲望どおりに何でもやってしまう。人間は誰でも犯罪者の素質を持っているのだ。俺だってもし目の前に一千万円あれば盗りたくなるだろうし、満員電車の中で女の尻が手のそばにくればさわりたくなる。しかし刑務所の幹部がそんなことをしたらどうなる。『ウィークエンダー』で泉ピン子にペラペラしゃべられて仕事は首になり、退職金もパアになり、家族の者がいい恥さらしになってしまい、食えなくなる。家族のために生きる。これがあるからこそ社会はうまくいっているのだ。人生で自分の欲望どおりになることなどない。人生で重要なことは自分を殺すことだ。」（八三年三月、府中刑務所・西部区長）

「刑事施設は自由を故意に制限して苦しめるのが目的であり、再犯する奴は苦しみが足りないからである。もっと懲りるように苦しめねばならない。」（八四年三月、府中刑務所・区長より上級の職員）

こうして獄中者は「バカと言われても暴言だという奴はダメな奴、バカと怒鳴られてもハイハイと従順な奴に対しては我々も仮釈を多くやろうという気持になる」（八三年五月、同区長）というように、いかなる理不尽な扱いを受けても「自分を殺し」「苦しみに耐え」、監獄当局に絶対服従するように「教化指導」され、それに従わない者は徹底的不利益を受けることになるのである。公安関係受刑者や獄中で監獄当局の不当処分に対し訴訟等を提起して闘っている獄中者、救援連絡センター等の権力犯罪の追及、獄中者の人権擁護のために活動している諸団体と交渉のある獄中者は長期間、昼夜独居房に入れられ、訴訟をやめなければあるいは獄中闘争をしないと誓約しなければ、工場におろさないとの脅迫や訴訟妨害を加えられている。

不当懲罰弾圧に対する訴訟提起のための認書を要求した府中刑務所の斉藤彰氏は、西部区長より次のような「指導」を受けた。

「出獄後どうするのだ。救援センターなんかと関係を持っているお前みたいな奴、誰も相手にしないし、使ってくれる所などないだろ。救援センターや死刑廃止の会なんかと関係を持ち、何の得がある？親も心の中では救援センターなんかとの関わりはやめてもらいたいと願っているのだと思うぞ。事件で一番迷惑を受けているのは家族なのだ。その家族のことを思うなら国家への反抗はできないはずだ。意地になっても仮釈がもらえるようにやるべきなのだ。俺の子供がもし救援センターなんかと関わりを持ったらぶっ殺してやるよ。お前がいつからかぶれているのか知らないけれど、公安というのは例えば東大で勉強しているとか貫禄があり、我々を説得しようとするものだが、お前にはそんな所が何もない。親はどんなものであれ、政治的な活動に関わることは嫌がるものだ。よく考えろ。」

「俺たちはメンドウミしようと思えばいくらでもメンドウミできる立場だからな。しかし苦情ばかり言う奴にはメンドウミしない。」

宮城刑務所のT・Y氏は差入物の下付手続の用紙に西暦で年月日を書いたところ、八一年一〇月、区長より「願箋記入における西暦使用は差入不許可の対象となる」旨の告知を受けた。同氏は七八年一二月の入所以来、一貫して西暦を使用してきて何ら問題は生じていなかったのである。このような不当な強制に対して、同氏が法務大臣情願を行なうと、当局は「宮城刑務所では昭和を使うことになっている。もしこの指示に従わなければ、指示違反で懲罰の対象とする」とまで公言し、暴力的に元号を強制してきた。

八二年九月旭川刑務所に服役し、すでに二年以上の長期にわたって厳正処遇を受けている磯江洋一氏の場合は、保安課長より次のような「指導」を受けている。

「訴訟を継続して獄中者と文通しており、その文通の文面から判断して集団生活になじまない（から厳正処遇にする）。」「純粋な訴訟（離婚訴訟とか借金の返済を求める訴訟のように民間人同士の利害関係にからむもので、国家を相手にしたものではないとの意味らしい）ならかまわないが『権力』という言葉を使用しているなどギラギラした闘う姿勢を示しているから（問題なのだ）。」「事件の自己正当化の考え、対監獄闘争などの考えが改められない限り一般処遇にはしない。総じて現在の思想信条の転換が、具体的に示されない限り現在の処遇を行なう。」「勉強など内面での思想は良いが、外面に表現する思想は問題である。」「他人をせん動する恐れがある。それはパンフ等の差入物、外部交通の文面でわかる。」「自己改善計画書を提出しろ」云々。

監獄による「教化指導」なるものが、ロボットのように国家権力に従順な人間を作ることであり、政治的確信犯に対しては転向を強要し、待遇改善、人間として生きる権利を求めて闘う獄中者に対しては闘いを放棄するようにしむけるものであることは、以上のような幹部職員の発言でも明らかだろう。このような「指導」に従わないと「お前は懲役だ。犯罪者だ。最低の身分のくせしやがって何が言えるのだ。」「かぶれやがって。何の得があるのだ。誰にたきつけられているのだ。お前は気狂いだな。くるくるぱあだ。」「お前の母親が面会に来たら顔を見てやりたいよ。お前の母親もこれ（くるくるぱあ）か。気狂いか。」（府中刑務所・取調係長の発言、斉藤彰氏）、「オレをなめるなよ、やるのか。うじ虫め！ゴキブリめ！　キチガイめ！　挑発してやろうじゃないか。」「何だその言い分は！　文句あるのか、やるのか。アゴ（刑務所用語で能書きの意味。ペラともいう）が多いんだ。このバカヤロウ！」「このヤロウ、シャバで何をしてやがったんだ。ブチ殺してやろうか！」（東京拘置所・第×区係長の発言、T・H氏）、「おまえ、ここにいるからそんな大きな顔をして能書きをたれていられるのだ、おまえなんぞシャバにいたら頭かち割って川に放っぽり投げてやる」（東京拘置所・女区長の発言、荒井まり子さん）というように、ヤクザまがいのありとあらゆる罵声を浴びせられ、脅迫されるのである。

このような「教化指導」によって監獄当局の望む「模範囚」が作られていくわけだが、かつての「模範囚」であったS・T氏は次のように語っている。

「我々の大半は、たとえどんな厳しいしめつけがあろうとも、いつの間にか不承不承ではあってもそのことを受け入れ、反発心までも喪失してゆくのがパターンといってもいいでしょう。いわゆる施設側が画策し、一番扱いやすい存在である『模範囚』になってゆく訳です。それはなぜなのか？　答えは至って簡単でこんな所は一日も早く出るべきものであり、そのためにはおとなしくして仮釈放という恩恵に与ろうと思うからに他なりません。ヘタに反抗して懲罰などになったり看守からにらまれると、その恩恵を受けることができないと分っているからなおさらなのです。今の状態でも苦しいのにそれ以上の辛さを味わうのはもっての外ということなのです。それに当局側の『おとなしくしていれば映画も見れるし、集会で甘いお菓子も食べられるんだよ』という、いわゆる〝アメ〟につられて服従することをいつの間にか承諾していることも原因と言えましょう。

でも、こうした『模範囚』が再犯者の中に多いというのはどう解釈すればよいのでしょうか。私の考えを箇条書きにすると以下のようになると思います。

(1) 必要以上に規則に縛られ、服従だけを一方的に押しつけられるため自立心を養うことができない。
(2) 余りにも労働報酬が低いため仕事に対する意欲が身につかない。
(3) 社会で役立つ仕事が与えられないので技術を身につけることができない。
(4) わずかの金で放り出されるからその日からの生活に困ってしまう。
(5) 社会の理解が得られないということで『前科』を気にし卑屈になり、忍耐心を失ってしまう。
(6) 自立心が養えないため生活基盤を築くにも誰かの手助けを必要とすることになるが、それを得られない場合が多い。

勿論、自分自身のやる気のなさ、忍耐力の欠如なども原因でしょうが、それらを養うことができない刑務所のあり方にも大きな問題があることは明白です。『お前たちは人間ではない』と、入所するたびに聞かされ、人権などもほとんどないのだと頭から決めつけられます。私たちだって人間だし、何も好き好んで悪いことをやっている訳ではありません。必ず立ち直ろうと思って真剣にとりくんでいるのです。しかし、そういう気持を根本から刑務所という存在がつきくずし、社会でも通用しないドレイ根性だけをかわりにもたらしてくれます。我々が本当の意味で更生できるとすれば、行刑のあり方を真実、改善できた時でしょう。」

18 裁判

一 出廷

未だ有罪か無罪かも確定していない未決刑事被告人にとって、拘留生活の中で裁判はもっとも重要なものである。

裁判所への出廷に際しては、両手錠に腰縄を打たれ、被告人同士が数名腰縄で数珠つなぎにされて（とくに戒護の厳しい重大事件の被告の場合は単独で）、押送バスで裁判所へ行く。

裁判所に着いたら、裁判所内の被告人の控室である仮監《かりかん》（ふつう地下にある）というところに入れられ、裁判が始まるまで待機させられる。

仮監とは、トイレに手洗用の水道がついているだけで窓も机もなく、監獄の居房に比べて著しく拘禁性が強いところである。換気が悪いために多くの者が、仮監に長時間入れられているだけで頭痛を訴える。仮監にも独居房と雑居房がある。仮監は数が少ないために、独居房に三〜四人が一緒に入れられることも珍しくなく、監獄では独房に拘禁されている者でも、公安事件の被告や獄中闘争を行なっている被告でなければ、雑居に収容されることが多い。

裁判が始まると戒護看守（二〜四名）につきそわれて入廷、被告人席についてはじめて手錠、腰縄をはずされる。

被告人席はふつう弁護人席の前に置かれるが、裁判官席のまん前に傍聴人に背を向ける形で設けられる場合もある。後者の場合、法廷内で弁護人と被告人が打ち合わせをすることができなくなり、問題である。被告人席には両わきに看守がピタリとくっついて座る。このため、法廷内での弁護人と被告人の秘密交通権はゼロに等しい。また、被告人席に机がないため、被告人がメモをとることもできない所が少なくない。

被告人が裁判長より発言禁止命令を受けてもそれに従わず発言を続けたりすると、退廷命令が出されることがある。このような時、即座に被告人を拘束し、廷内から引きずり出す役目をするのが戒護看守である。

裁判所にも接見室があり、被告人は昼休みや裁判開廷の前後に弁護人と接見することができる。ただし、裁判所では一般面会はできない。弁護人との面会の要領は拘置所内と同じであるが、浦和拘置支所の村松誠一郎氏は八三年九月、手錠・腰縄つきのまま、椅子に腰縄をしばりつけられて接見するよう強制された。東京拘置所では八一年五月、女性被告人が休廷中にトイレに行った際、トイレの中でも手錠・腰縄をはずしてもらえなかったことがある。接見室もトイレもすぐ外には看守が何人もおり、逃亡などできるはずもないのであるから、明らかな過剰戒護だろう。

二　防禦権

刑事被告人は単に裁判を受ける客体であるというだけでなく、裁判の主体たる訴訟当事者である。そのため、憲法や刑事訴訟法においては刑事被告人の防禦権が保障されているが、身柄を拘留された刑事被告人の場合、様々な防禦権の侵害を受けている。

規則に違反したとして懲罰にかかれば、六法全書や公判資料を含めて全ての文書図画の閲読を禁止され、公判準備ができなくされる。弁護人への手紙の発信さえも懲罰を理由として妨害されることがある。公判に出廷する際、裁判所に携行する書類については事前に拘置所当局の許可を受けなければならず、裁判の当事者でもない拘置所職員の勝手な判断で、被告人が公判に必要であるとして携行を要求した書類が不許可とされることもある。七九年末から八〇年夏にかけて、東京拘置所の荒井まり子さんは、裁判への公判資料の携行を数度にわたって妨害され、それに抗議したところ、押送バス内や仮監において数名の看守によって暴行を受けた。携行を妨害されたと同じ書類が、同じ東京拘置所の相《あい》被告人（統一公判で共同被告人となっている人）には許可されており、荒井さん自身、妨害された書類は以前許可になっていたものであるなど、公判に必要か否かの判断は極めて恣意的なものである。

同じく東京拘置所の増淵利行氏が、八〇年九月三日の公判において弁護人の紙に裁判所へ提出する請求書を書いて提出したところ、戒護看守がそれを裁判所書記官から奪い取り検閲するということが起こった。この件につき、増淵氏は次のように報告している。

「翌四日の公判でそのことに抗議したところ、今度は法廷で弁護人との連絡用に使用している（弁護人の）ノートを看守が盗んで昼休みに仮監に持ってきて『これは何だ』と文句を言いに来た。そして『携行（書類）以外の物に書いたら取調べだ』などと言う。午後の法廷でこれらの事が問題になり、裁判所より、被告人が弁護人の紙に書くことは自由であり、裁判所にその書いたものを提出する場合、東拘はそれを検閲することはできない。弁護人の紙に書いたものを東拘に被告人が持って帰る必要がある場合は、書いたものを一度裁判所に提出して、裁判所から被告人に法廷で交付することとするから、これについても東拘は検閲することはできないとの決定があった。ところが、仮監に下りると出廷区長が『裁判所が何と言おうと、携行して来た物以外のものに書くことは認めない。今日の法廷交付したメモも法廷交付とは認めずに検閲にまわす。書くなと言った物に書くのをドロボーと言うのだ』と迷言というか暴言を吐き、さんざん悪態をつき、公然と裁判所の決定を無視することを宣言した。」

このように、拘置所職員が裁判に不当に介入して、裁判所の決定さえふみにじることがある。増淵氏の場合は、弁護人が被告の防禦権保障のために闘い、裁判所も一定程度それを認めた例であるが、次の川口喬氏の場合は、拘置所のみならず、裁判所、弁護人までが一体となって被告人の防禦権を侵害した例である。

七五年二月六日、大阪拘置所に刑事被告人として収容されていた川口氏は、この日が公判期日にあたっていたが、病気（頭部外傷による後遺症の脳血管障害、および城野医療刑務所の精神薬の人体実験の後遺症による激しい頭痛、めまい、意識混濁、言語障害等）がひどく、とても立ち上がれる状態ではなかったため、布団に横臥したまま「病気で行けない。非常に苦しい」と言ったにもかかわらず、看守らに強引に裁判所に強制連行された。そのため、川口氏は連行途中で失神してしまい、公判開廷時間になっても意識を取り戻さなかった。ところが、大阪拘置所看守らは、意識不明の川口氏をそのまま法廷に強制連行、弁護人（国選）も裁判官もそれを現認していながら、拘置所職員の横暴に抗議するどころか、意識不明の被告人を前にしてそのまま審理を強行してしまった。川口氏は審理が始まったことも終ったことも知らず、後日、公判記録で初めてこのことを知り、次のように記している。

「(弁護人が意識不明のままの裁判強行に同意した事実を知り) 私は国選弁護人とその制度の欠陥の恐ろしさに背筋のぞおっとするような恐怖を感じた。国選弁護人といえども弁護を任務とする士である。その弁護士は、いわば国士でもあって、正義のため、被告人のため、正当な裁判のためという本来の任務があるはずなのに、右の国選弁護人の不当というよりも完全なる犯罪はいったいどういうことなのだろうか。(中略) 貧乏人とか病衰者は、普通のまともな、または有能な私選弁護人を選任できないために、人権を保障されず、正当な医療機会すら与えられないまま不当裁判で、抹殺されなければならないのか。私は、この国選弁護人制度の欠陥とそれをむしろ歓迎して認めている日本の裁判制度の問題が世に告発され、世論の審判による是正がなされることを念じてやまない。」

国選弁護人の全てが右のような不当な弁護人とは限らないだろうが、この川口氏の声は、貧乏なため私選弁護人をつけられず、検察官・裁判官・国選弁護人一体となった形ばかりの裁判で「処理」されていく多くの刑事被告人を代表する声だろう。川口氏の場合は、控訴審で右一審裁判の違法性が認められたが、拘置所内のみならず、裁判所においても被告人の防禦権がいかにふみにじられているかをよく表わしている。

19　死刑確定囚処遇

現行「監獄法」においては、死刑囚は刑事被告人に準じる扱いとなっており、面会・通信・差入等も刑事被告人並みに取扱われていた。ところが、監獄法改悪案が浮上してきた七六年頃より東京拘置所を初めとして外部交通権が受刑者並みに厳しく制限され始めた。そのためもあって死刑確定囚の処遇実態を外部から把握することは極めて困難な状況にあるが、救援連絡センターは七九年八月の全国救援活動者会議で「死刑制度廃止運動発展のために」と題するガリ版刷りのビラをまとめて以降、実態掌握をしている。次頁の表は最も新しい処遇実態である。

これを見ると、施設により、また同一施設内でも個人により取扱いが異なり、統一されていないことがわかる。はっきり言えることは、年を追うに従ってどんどん死刑囚に対する制限が厳しくなっており、行刑当局は死刑囚を外部から隔離し、再審を妨害し、人知れず処刑してしまおうという意図に貫かれているということである。

すでにふれたように元死刑確定囚で八三年七月再審無罪を勝ちとり生還した免田栄さんの手記を見ても、そのことは明らかである。一九五一年一二月、死刑が確定してから再審制度の存在すら知らなかっ

死刑確定囚の処遇（再審請求中）

1984年12月現在

在監所	氏名	確定	処遇
札幌拘置支所	小島　忠夫	81年	83年再審棄却。第二次再審中。親族以外で1人面会・文通可能。親族とは音信不通。
仙台拘置支所			〈比較的面会・文通が認められている〉
	平沢　貞通	54年	恩赦請求中。養子の他，救う会の古い会員で以前から文通ある人のみ面会可能。
	佐藤　誠	58年	歌人仲間・救援会などが面会可能（1日1回)。81年春から歌集「スズラン」の編集校正が禁止される（仙台弁護士会が当局に勧告)。
	赤堀　政夫	61年	文通している人なら誰でも面会できた（1日1回10人まで）が，84年春から新規面会者の面会を禁止。また口実をもうけ指名的に面会を禁止された人もいる。文通は今のところ(個人なら)制限なし。
東京拘置所	富山　常喜	76年	親族以外で地元の宗教家が面会できている。救援会メンバーも長い交渉の末，1人だけできるようになる（84年)。年賀状だけは親族以外の数名に出せる。
	袴田　巌	80年	親族以外で救援会の1人がようやく面会できるようになった（84年)。
名古屋拘置支所	奥西　勝	72年	一般の人の面会禁止。文通もできない。

上記は，再審請求中の死刑確定囚のうちで実態が把握できている人たちだけの状況である。死刑確定囚のいる他の拘置所の処遇は，

大阪拘置所……確定囚と面会・文通した事例なし。84年に確定した一人に，死刑廃止運動をしている人で未決時から文通・面会していた僧侶が面会を申込んだところ，窓口で1時間待たされ，上司との協議の結果，拒否される。死刑廃止運動をやっていることが問題とされたらしい。そうでない篤志家だったら認められたと思われる。

福岡拘置支所……実態つかめず。

た免田氏がキリスト教の教誨に行くようになったのは、同じ死刑確定囚だった仲間にさそわれたからであった。そこで免田氏は教誨師の牧師の口から初めて再審というものがあることを聞いたのである。早速、六法全書を借りて再審の項を調べるが、法律はふつうの庶民が読んでわかるようには書いていない。誰に聞いても再審の手続きを知っている者はいなかった。そんな中で同じ福岡の藤崎拘置支所に収容されていた五〇年代日本共産党火炎ビン闘争の被告・江口さんが法律に明るいことを知り、許可をえて相談に行き、やっと再審請求の手続きを具体的に知る。さらに、同囚の紹介で慈愛園総主事の瀬谷総一郎氏に一通のハガキを出したところ、さっそく瀬谷氏から聖書と五〇〇円のカンパが届けられた。それまで一文なしで、鉛筆を借り、チリ紙に書くしかなかった免田氏は、この五〇〇円でやっと再審請求書を書く用紙と筆記具を購入することができたのである。

その後、免田氏は自分のことだけでなく、同じように無実で死刑宣告を受けている仲間に、自分の再審請求書等をみせて、再審のやり方を教えたりしている。その頃は拘置所当局も獄中者同士の接触や外部の人との交通にそれほど神経質ではなく、これらのことをすべて、当局の許可を受けてやっている。もし、同囚との交流や獄外の第三者との交流を禁止されていたなら、免田氏は再審という制度があることさえ知らないまま、とっくの昔に殺されていただろう。

また、氏は『免田栄獄中記』の中で、拘置所内での同じ死刑囚仲間同士のおりなす人間模様を生き生きとしたタッチで表現している。同囚の人びととキャッチボールや野球をしたり、花つくりをしたり、インコのひなを同囚からもらい受けて飼ったり、その飼っているヒナが逃げ出してしまったために放送局に「インコを捜して」と投書したところ、放送されて反響を呼び、代わりのインコを持ってきてくれる人が現われたり、当の逃げたインコを捕えて持ってきてくれる小学生が現われたりする。しかも、その小学生と面会してお礼に聖書を一冊手渡したりしている。死刑囚同士が励ましあい支えあい、生活している。毎日毎日が死と隣あわせという、厳しい生活の中にも人と人との暖かい触れあいがあり、生活がある。

ところが「刑事施設法案」においては、死刑確定者の外部との交流は親族や再審弁護人のみに制限され、死刑確定者同士をも「相互に接触させないものとする」と定められており、死刑確定者は刑事被告人並みに年がら年中狭い房内に閉じ込められ、受刑者並みに外部との交通を制限され、一切の社会性を奪われてしまうのである。死刑囚にとって刑罰とは生命の剝奪だけである。拘禁は逃亡を防ぐためだけにあるのであり、いかなる意味でも刑罰であってはならない。そうである以上、死刑囚は生きている間は未決囚同様、可能な限り市民社会の生活に近い生活が保障されてしかるべきであり、拘禁に伴う苦痛は最大限緩和すべく努めるのが行刑当局の義務ではないだろうか。

再審についても、それは憲法や刑事訴訟法で保障された刑事被告人の防禦権の一環なのだから、当局は本来、防禦権行使（再審請求）のために、再審制度の存在やその手続の教示、再審請求書を書くための用紙、筆記具の支給および貸与、弁護人との秘密交通権の保障等、積極的に便宜を図らなければならず、それを妨害するなどもってのほかである。

まだそれほど厳しい制限のなかった免田氏の場合も、監獄・法務省当局によって様々な再審妨害を受けている。その例を上げると、

(1)　五六年八月、第三次再審請求で再審開始決定が地裁で出されると、その決定を援護するかのよう

に吉田石松再審で労をおしまなかった安倍治夫検事が法務委員会で司法を厳しく批判し、再審を擁護する論文を発表した。これに法務省は激怒し、法相自身の手で安倍検事を札幌に左遷、その後も転々と左遷した。その安倍氏が福岡高検の総務部長に着任した際、免田氏に面会に来たところ、福岡拘置支所当局は、支所長が立会い、保安課長が速記をとるというものものしい監視体制をしき、そのために免田氏は安倍氏に何も訴えることができず、あいさつ程度で別れなければならなかった。

(2) 再審特例法案が国会に上程されると、拘置所内では「特別法案で少数者だけが恩恵をうけては、無実だったり、重すぎる判決などですでに処刑された者はどうするか」などという荒唐無稽の論理でもって同法案を非難する職員が続出した。

(3) 七二年四月、第六次再審請求書を提出し、一方で救援者の潮谷氏に事件の顚末をせっせと書き送っていたところ、それが終りそうな段階になって、突然、右の顚末書の発信を禁止してきた。これは、右文書が出版されて、事件の真相が広く世の人びとに知られることを阻止するためであることは明らかである。

(4) 七五年一〇月、一死刑囚の自殺を契機として一挙的に処遇が厳しくなり、「この事件以後、個人教誨も中止され、書信を出すことや面会にも制限をくわえ、再審のための書類を書く場合は事前に願書を提出し、許可された期間を延長する場合はさらに願書を提出することを命じた。また書類の作成中でも、検房のたびに警備隊長が内容を詳細に検読した」(免田前掲書)。

(5) 七六年四月、弁護士面会の際、「弁護士が面会にきているが、検房がすまんと許さんぞ」とか「弁護士によけいな話してはならんぞ」と恫喝。

(6) 七五年頃（?）再審開始決定も間近に迫り、人権擁護委員会から集会アピール紙が差入されると、いつもは再審法案にかかわっている死刑囚や服役者の事件や経歴が記載されているページを、免田氏以外の部分はカットし、他の再審死刑囚らとの分断工作を開始。

(7) 七九年九月、再審開始が決定されると、「うれしさのあまり逆上してはいかん」として、特別視察処遇として監視を強化。

(8) 再審開始決定後数カ月して、再審公判準備のため公判開始日より二カ月前に裁判所の近くの八代拘置支所に移監するよう要請したところ、法務省は「免田は受刑者扱いだから再審公判で二カ月以上も作業を休むことは生産上好ましくない」との理由で、公判前二〇日間の猶予しかくれなかった。

等々である。法務省・拘置所当局がいかに再審を敵視しているかは一目瞭然であろう。免田氏はこのような妨害にも負けず、あらゆる困難を乗りこえて再審無罪を勝ちとったわけであるが、無実にもかかわらずそのまま処刑されてしまった死刑囚は決して少なくないだろう。

最近の免田、谷口繁義（財田川事件、獄中三四年）、斉藤幸夫（松山事件、獄中二九年）の各氏にみられる無実の死刑囚の生還（再審無罪判決）を苦々しい思いで見ていた法務省当局は、「もうこれ以上俺の顔に泥をぬりつけることは許さん」とばかりに、未だに獄中に呻吟している死刑囚に対する弾圧の強化に躍起になっている。

東京拘置所では、七六年頃から死刑確定囚の接見・文通を再審弁護人と親族のみに制限し、八一年四月からは、文書の差入さえも同じように制限してきた。また、死刑が確定する前から、死刑判決の予想される被告、死刑判決の出た被告をも自殺房に収容し、一般の囚人よりも厳しい監視体制をとっている。

一時期は、死刑確定囚の社会的存在を抹殺しようとして、東京拘置所に差入れられる文書の中の死刑確定者の氏名までもことごとく抹消するという暴挙に出たこともあった。これは強い抗議により中止させたが、これからもどんどん弾圧が強化されることが予想される。

仙台拘置支所では無実の死刑囚で歌人である佐藤誠氏に対して、八一年四月以降、同人誌『スズラン』のゲラ校正作業、同誌への〝獄中日記〟の投稿、「牟礼事件全国連絡会ニュース」への投稿、『信濃ジャーナル』『証人』等への牟礼事件に関する原稿投稿等を相次いで禁止した。また、同じく無実の死刑囚・赤堀政夫氏に対しては、七七年より、あらかじめ文通していない人との面会を禁止し、八四年三月には、これ以後文通を始めたものは新規面会者とみなして面会を禁止するとの弾圧強化に出てきた。この新規面会禁止処分に抗議した赤堀中央闘争委員会のO氏に対しては、赤堀氏がお母さんと呼んで慕っているにもかかわらず、O氏を面会室から暴力的に排除し、面会禁止処分にまでしている。これらの弾圧強化に対して、仙台拘置支所長は「①死刑確定者は死刑執行のため拘置されているのであるから、一般社会からは厳に隔離されねばならない。②心情の安定のため必要と思われる以上の社会的活動は許されない。③今までがルーズすぎたのだ」などと開き直っているが、これらの措置が再審活動に対する妨害であることは明らかである。

刑事施設法案が通れば、現在粘り強い闘いによってかろうじて勝ちとっている仙台拘置支所での親族、弁護人以外の者との交通は全面禁止となり、全国の死刑確定囚は、東京拘置所と同様の取扱いを受けることになる。右法案においては「心情の安定」を強調しているが、このような判断基準の曖昧な理由で死刑囚に対する制限を許すならば、当局の思惑ひとつで死刑囚に対しては何をしてもよいということになってしまい、一切の人権が剝奪されてしまうだろう。そして、当局の言う「心情の安定」なるものは、おとなしく死刑台に立つよう、即ち処刑しやすいように死刑囚をつくりかえることをしか意味していないのは言うまでもない。

さらに、死刑囚に対するこのような処遇を許すならば、こんどは他の未決囚や受刑者に対しても「心情の安定」を理由とした基本的人権侵害をも許すことになるだろう。そのことは、すでに東京拘置所において、八四年夏より「心情に悪い」との理由で、刑事被告人の閲読する文書の中より、日本軍が戦争中に中国で行なった大量虐殺や人体実験の写真、イスラエルのパレスチナ人民大量虐殺の写真が抹消されるという形で表われている。死刑囚の次は受刑者、受刑者の次は未決囚、そして、未決囚の次は獄外の人びとへ……である。

20　獄中弾圧

一　懲罰

「監獄法」には「在監者紀律ニ違ヒタルトキハ懲罰ニ処ス」とあるのみで、「紀律」とは何なのかについて一言も明文規定がない。この「紀律」の内容は、具体的には各施設ごとに「所内生活の心得」の中に定められている「収容者遵守事項」(詳細については「起居動作の制限・強制等」の項一八〇〜一八九頁—を参照のこと)ということになる。しかし、その所内規則自体が「今日から規則が変わった」の一言で、いとも簡単に何の理由もなくコロコロと変わるものであるうえに、「職員の職務上の指示・命令に対し、抗弁無視などの方法により職員の職務を妨害してはならない」とか「法令・所内規則及び所内生活の心得に基づく職員の指示・命令にそむいてはならない」といったものであるため、要するに、職員の指示・命令＝規則ということになり、それに従わなければ「指示違反」とか「担当抗弁」とかいう「罪状」で懲罰に処されるわけである。そのため、懲罰にならないようにするためには、ただひたすら看守に対して絶対服従する以外になく、獄中者は、常に看守の顔色をうかがって卑屈になっていなければならない。懲罰に処すには証拠などは何ひとつ必要とせず、看守の摘発があればそれで十分なので、でっちあげ弾圧は日常茶飯事であり、気に入らない獄中者に目をつけて「あいつは生意気だから、いつかあげてやる」と挑発したり、些細な言動をとらえて懲罰を乱発して屈服を強制する等の私的制裁が横行している。

懲罰の種類は次のとおりである。二つ以上の懲罰が併科されることが多い。また屏禁罰(注6)の際は原則として作業は課せられない。

(1) 叱責
(2) 賞遇の三月以内の停止（優遇停止）
(3) 賞遇の廃止
(4) 文書図画閲読の三月以内の禁止
(5) 請願作業の一〇月以内の停止
(6) 自弁に係る衣類臥具着用の一五日以内の停止（未決収容者及び労役場留置者の場合）
(7) 糧食自弁の一五日以内の停止（未決収容者の場合）
(8) 運動の五日以内の停止
(9) 作業賞与金計算高の一部または全部削減（いわゆる罰金で最低額は一〇〇〇円）
(10) 七日以内の減食
(11) 二月以内の軽屏禁

⑿　階級の引き下げ

この中で頻繁に執られているのは⑷、⑼、⑾、⑿である。それらのすべてに優遇停止が併科され、また名札にバツ印が書き込まれる。取調べが告知された段階で名札に赤い斜線が入れられる。優遇停止は実際の懲罰が執行される以前から効力を発する。懲罰の過酷さはどんなに語っても語りつくせない。

例えば⑷の文書図画閲読禁止を府中刑務所の工場出役者の例で説明すると、まず固定独居に移され、そこから工場へ出役する。ラジオ、新聞閲読、運動なども禁止となる。休憩、昼食時は工場内の指示された所にいなければならない。仲間と話をすることも禁止される。昼食は電気を消された薄暗い工場内の作業台でとらされる。そのあとは休憩終了まで寒い中を立たされる。この懲罰を収容者たちは「文禁」といい、読むことばかりではなしに言葉を発することまでも禁じられる見せしめ罰を、獄中者は非常にいやがる。

横浜拘置支所の宮田剛氏（仮名）は、次のように報告してきている。

「八二年八月四日、看守がいきなり用件も告げず『名前は！』と言ってきた。『宮田』と返事すると『もういっぺん言ってみろ』と言うから『宮田だ』と答えると、今度は『宮田だけじゃわかんねえじゃねえか。名前を聞かれたら下まで言うんだ。もういっぺん下まで全部言ってみろ！』と怒鳴りつけてくる。〝名前の確認〟にことかりたイビリと判明したので『いやがらせはやめて早く用件を言え』と再三にわたって要求したらやっと『面会だ』と言う。こうしてやっと面会に出ることができたが、何とその看守は、こちらが『うるさい』と暴言を吐いたとでっちあげをし、面会終了後、その足で取調べ室に連行された。八月九日、この件で『取調べをする』と言ってきたので、出頭を拒否したところ、保安房に叩き込まれた。これによって八月二〇日より一五日間の懲罰を受ける。こうして、懲罰→取調べ拒否→保安房→抗議ハンスト→（取調べ拒否や抗議ハンストに対する）懲罰→抗議ハンスト→懲罰と、一〇月まで断続的に懲罰がくり返された。」

府中刑務所のK・N氏は、八二年六月の作業中のトイレ・飲水禁止といった弾圧強化に抗議し、担当看守に是正を求めたところ、「お前らには人権はないんだ。悪いことをしてきたくせに」などと言われるばかりで話にならないので、「じゃあ、私は人権擁護委員会に提訴します」と言ったところ、それが「不穏当な言辞を吐いた」として二〇日間の懲罰にされた。その後は、点検終了間際にちょっと立ちあがったとか、ハトにエサをやったとかありとあらゆる口実で懲罰を受け、一年八カ月の服役期間中、計七回もの懲罰により、すっかり体をこわしてしまい、作業賞与金も全額没収され、文なし、ボロボロの体で出獄、出所後即、入院しなければならない状態だった。

同じく府中刑務所拘置監の桜庭章司氏は、就寝時、房の入口に足を向けて寝たということで「指示違反」の懲罰一〇日間を受けたのを皮切りに、懲罰のため運動不足で体調が思わしくなかったので、足の屈伸をやろうとしたことが「不正運動」として懲罰。この懲罰で自弁衣類も剝奪され、官衣のみで厳寒期にじっと身動きせずに座っていなければならないことから、凍傷の出血防止のため、ズボンや靴下の中に自弁のチリ紙をあてていたということを「不正利用」として、さらに懲罰にかけられた。こうして八三年一一月から八四年六月までの半年余の間に断続的に計五回、六〇日もの懲罰をかけられたため、とうとう結核を再発して病舎に収容されるに至っている。病舎に収容された後も寝てばかりいたのでは身体に悪いからと、房内で軽く足踏みをしたところ看守にとがめられたので「足裏を刺激しないと身体がとても不調ですが、どうしたらいいでしょう」と一言問い質したところ、右の発言が「抗弁」にあたるとして一五日間の懲罰処分を受ける等、懲罰は病人に対しても情容赦なくかけられている。

新潟刑務所の鎌田克己氏は、八四年六月の同所での受刑者の相次ぐ不審死について弁護士会人権擁護委員会に調査申立をしたところ、同年八月、入所以来二年間にわたって無事故で雑居房におり、二級者であったにもかかわらず、突然、昼夜独居拘禁を言い渡された。転房に際して入念な所持品検査（懲罰のネタ捜し）を行なった当局は、鎌田氏の荷物の中から物品カードに記載のなかった定規一本が出てきたことを理由として「不正物品所持」として一〇日間の懲罰を科した。鎌田さんの報告によると、「この定規は、去年七月か八月頃、当時の雑役＝計算工に定規の購入について聞き、今からだと申込日の関係もあり一ケ月近くかかると言われ、それでは仕様がないから購入日にお願いしますと言ったのだが、舎房に戻り、舎房袋を開けたら定規が入っていた。副担当看守の印鑑を押した紙を貼りつけてあるので、雑役氏が好意で副担に話し、許可をもらって入れてくれたものと解釈しました。翌日、雑役氏にお礼を言い、購入したら返すと言ったところ、雑役氏は、あれは副担から許可をもらったものだから返す必要はない。返されても困ると言います。私はここで我をはり、返すなどと言ったら、せっかくの好意が気まずい関係になるため、その好意を受けることにしたのでした。ちょうどその頃から簿記の勉強を始めたのでした。四月の物品カードへの記載の際はうっかりして忘れていたのです。忘れていたものには定規のほか、消しゴム、メガネケース、メガネふきもあります」ということであった。

右の例は、懲罰がいかに恣意的、報復的なものであるかをよく示している。

懲罰とされた行為の大部分は、獄外においては何ら非難に価することではなく、囚人同士の助けあい、不自由な暮らしの中での生活の知恵、健康管理のためのささやかな運動、不正に対する抗議など、むしろ奨励されている行為であることさえ少なくない。

懲罰の科罰手続きは大体次のように行なわれている。

看守が規律違反行為があったと認定した場合、そのことについて報告書（小票ともいう）を提出すると、獄中者は直ちに懲罰のため取調べに付す旨の告知を受け、この段階で雑居者は独房に転房させられ、工場出役者は独房作業に切りかえられる。府中刑務所では、この時点で「反則をしたことを認めれば在宅（元の居房においたまま取調べること）にするが、認めなければ留置（取調べ房に強制転房させること）する」という脅迫と誘導が行なわれる。その後、警備隊員による取調べが行なわれる。取調べとは、規律違反行為（罪状）の内容を獄中者に告知し、獄中者の「自供調書」を作成することを言う。その翌週あたりに懲罰審査会が開かれる。懲罰審査会は懲罰についての判決を下す、いわば「裁判」の機能を果たすところで、所長（東京拘置所等、大規模の施設では出席しない）、管理部長、保安課長、教育課長、各区長等によって構成されている。

懲罰審査会では「（審査会室への）入室前に警備隊から『気をつけ!』『礼!』『まわれ右!』『足を足型に入れて、手をももにつけて、親指は人さし指につけて、合図をするまで頭を上げるな』の練習を数回やらされる。これらを拒否すれば指示違反でまた懲罰となる。会議室へは『番号、氏名、入ります』と言わされて入室。『何か言うことはないか』『何も言うことはない』『事実かどうか聞いているのだ。もういい、帰れ!』で終り」（府中刑務所・斉藤彰氏）。

「部屋に入ると『気をつけ!　一歩さがれ!』の号令がくり返される。保安課長が『罪状』を読みあげ、『弁解があれば聞くぞ』等という。何の道義性もない懲罰攻撃を、何かしら『正義』であるかの如く描き出す茶番劇にこれ以上つきあいきれないので、会議室を出てドアを閉めようとしたところ、獄中者の後ばかり歩くよう訓練されている看守にドアがぶつかったらしい。その様な事情で会議室は騒然となり、私は複数のオッサンらに一瞬にして左右の腕をねじりあげられ、柔道の足払いをかけられ、床に押さえ込まれ、そのまま保護房行きです。」（横浜拘置所・宮田剛氏）

「取調べ」や「審査会」において、獄中者は一応、弁解の機会を与えられていることになっているが、懲罰事犯の認定は看守の報告書のみによる（その際、看守がたった一名でもよい）ので、獄中者の主張と看守の主張が対立しても獄中者の主張が入れられることは絶対にありえない。即ち、摘発された時点で、告発状＝起訴状＝判決理由ということになる。

したがって、「取調べ」や「審査会」は、事実の究明を目的とした捜査、審査ではなく、すでに有罪と決まっている獄中者について、反省しているかどうかの情状を認定する場であるにすぎない。獄中者が、自ら罪を認めて反省し、謝罪し、二度と行なわない旨誓えば「三〇日の懲罰が二九日になるというようなことはありえる」（一九七九年〔行ウ〕一四四号、東京地裁〈懲罰処分取消等訴訟〉被告東京拘置所側証人・警備隊長）が、弁護人の役割をする者もいなければ、現場にいた他の獄中者が証人として出席することも、紀律違反行為を現認したとして摘発した看守と獄中者が対決することもできない。「取調べ」や「審査会」への出頭拒否は、新たな処分の対象となることがあり、たとえ出頭拒否が黙認されていても、それは「反省しておらず反抗的である」と認定され、可能な限りの最高刑を受けるだけである。「取調べ」や「審査会」等で、不当弾圧に抗議をすれば、その発言が再び処分の対象とされることもあり、右宮田氏のように「審査会」での態度が悪いとみなされれば、保安房に叩き込まれることさえある。まさに、屈服を強制するための茶番劇としかいいようがない。
懲罰は、審査会の翌日に言い渡され、言い渡し後即座に執行される。懲罰に関しては「起訴状」も「判決文」も交付されず、すべて口頭告知のみである。
「言い渡しの後体重測定、その後、『上に着ている物を全部まくりあげて顔を横に向けていろ』（医者と顔をあわさぬためか?）と言われ、聴診器を数回あてられる。通路で警備隊に訓戒され、頭を五厘に刈られる。房内の私物・官物全て外に出されて、懲罰者用の日用品が渡される。寝具も朝から夕までは外に出され、起床後から仮就寝（午後六時）まで、扉に向かい房内の白線の間に座って、顔をあげ、胸をはって、手の指をのばして、手を腿のつけ根に置いた状態でいなければならない。一日三回、一〇時、一二時、一四時に短時間だが号令を合図に正座も強制される。食事は、食器ごと配られ、配食されても扉の前に並べておき、看守の『食事用意』の号令で食べ始め、『食事終了』の号令がかかったら直ちにまた白線の間に戻って座っていなければならない。ただでさえ短い食事時間がこのため、さらに短くなる。月一回の購入等を含む『願いごと』は医務診察願以外一切受けつけられない。入浴、戸外運動は一五日に一回のみ。手紙、面会、読書、筆記、ラジオ——すべてが禁止される。房内にあるトイレに行くのにさえ、いちいち報知器を下ろして看守の許可を得なければならない。要するに、座、食、寝以外の全てが禁止される。病気のために苦痛を訴える獄中者に対して看守は『苦しくて当然、懲らしめの罰だから苦しくてもいいのだ』と平然と言い放つ。体罰そのものである。」（府中刑務所・斉藤氏）
「八二年六月一八日より、懲罰者には『優遇廃止（演芸・集会・TV観賞・グループ教誨等の禁止）

二カ月間』が併科されることになった。その表示として胸の名札に『×』印を入れ、受刑者に懲罰終了後も精神的屈辱を加えるようになった。さらに懲罰の内容が重くなり、革手錠が頻繁に使用されるようになった。また、軽屏禁中は一日中、正座を強制し、夏期は衣服を全部着用して窓を閉鎖し、蒸し風呂状態にし、冬は逆に窓を開け放つという『残虐な刑罰』が行なわれている。受刑者の数が増えたため、一時は西部区の懲罰房が満員になり、取調べ用留置房（独房）に二人一緒に入れるという事態が生じるまでになった。」（府中刑務所・藤沢徹氏）

さらに、受刑者は、懲罰を受けると級が一級降ろされる。府中刑務所においては右のような「残虐な刑罰」が未決獄中者に対してもかけられており、未決獄中者は懲罰期間中、自弁衣類の着用が禁止されている。

東京拘置所では、従来、ハンストは強制補給等により妨害されることはあってもそれ自体は懲罰の対象とされていなかったのだが、監獄法改悪案が国会上程された八二年四月以降、一〇食以上のハンストは「食事をしろとの指示に従わなかった指示違反である」として懲罰の対象とされるようになった。また、これまで未決獄中者に対して自弁衣類等の使用禁止が併科されることはなかったのに、八三年六月以降、軽屏禁、文書図画閲読禁止に、自弁衣類臥具の使用禁止が併科されるなど、一般的に懲罰内容が厳しくなってきている。これは、監獄法改悪案の「閉居」の先取執行である。現在もっとも頻繁に行なわれている懲罰は、ふつう軽屏禁と文書図画閲読の禁止の併科であり、これを受けると読書・筆記・一般面会・手紙の発受・運動・入浴・ラジオの聴取・昼寝・調髪・ひげそりなどが禁止され、一日中罰室に座っていなければならないが、自弁衣・臥具・日用品の使用は認められており、食糧についても差入・

購入は許可されている。ところが、刑事施設法案では「自弁の物品の使用又は摂取」を「閉居」罰中は一切禁止することができることになっている。これは、刑事訴訟法八一条の被疑者や刑事被告人に対して「糧食の授受を禁止し又はこれを差し押えることはできない」との規定を侵害するものである。

未決囚の場合、懲罰はとくに裁判準備に支障をきたす。東京拘置所ではそれまでは、懲罰中であっても公判資料の閲読は禁止されていなかったのだが、七六年一二月以降、六法全書を含め一切の文書の閲読が禁止されるようになった。そのかわりに、公判準備のためとして一日四時間以内の懲罰の「部分解除」の制度がとり入れられるようになった。これは、懲罰中、一日四時間以内に限って公判資料の閲読と裁判準備のための筆記を認めるというものであるが、訴訟資料か否かの判定を拘置所当局が一方的に行なうため、必要資料が入らず、実質的に訴訟準備ができなくされることが少なくない。また、弁護人宛の手紙の発信についても、懲罰中は原則として禁止し、当局が必要と認めたときにのみ特別許可することとなっており、憲法や刑事訴訟法で保障された弁護人と被告人の接見交通権が懲罰を理由としてふみにじられている。

二　保安房（「保護」房）

八四年六月、宇都宮拘置支所に収容されていた刑事被告人である小山一四三号氏は居房内で上半身半袖の下着姿でいたところ、巡視に来た所長に注意された。小山一四三号氏は一言、「なんで房内まで制限されねばならないんだ」と抗議し、しぶしぶながらも上衣を着た。ところが、これに対して所長は血相を変えて立ち去り、直後、保安課長以下一〇人の職員が殺到して、小山一四三号氏は本部へ強制連行された。調べ室に連れて行かれてから「下着姿がなぜいけないのかちゃんと説明してくれ」と問うたところ「看守抗弁だな！」と言われて、「保護」房に革手錠（片手前片手後）をかけられてぶちこまれた。革手錠は三日半、「保護」房には八日間も監禁された。この間、弁護人への電報発信も拒否された。

同年七月、T・H氏が名古屋拘置所の処置について法務大臣に情願したところ、名古屋拘置所看守（保安課長補佐）が情願書の書き方が悪いと難クセをつけてきて書き直しを命じた。T・H氏が「今までどおりの書き方をしている」と拒否すると調べ室へ強制連行、そこでも執拗に書き直しを強制するので「情願は在監者の権利であり、お願いしてまでさせてもらうものではない」と主張したところ、「保護」房にぶちこまれた（注、情願は獄中者の権利であり「監獄法」第七条、同施行規則第四条により、監獄当局はそれを検閲してはならないことになっている）。

以上はごく最近の例だが、不当な「保護」房への拘禁の報告は毎年、数え切れないほど寄せられている。「保護」房への拘禁は一〇～二〇名の警備隊看守によって暴力的にぶちこまれるため、その際に集団リンチを受けることも少なくない。八三年四月、東京拘置所のデタラメ医療によって虐殺された高尾猶行氏は、生前、東京拘置所当局によって何度も「保護」房にぶち込まれ、集団リンチを受けていた。

七五年三月、高尾氏は大阪刑務所にいた時に受けた左手の打撲傷が悪化したので、診療を要求したが、医官は高尾氏の訴えを仮病扱いして治療を拒否したので、高尾氏が抗議したところ、××××××××××××、革手錠をかけられて「保護」房にぶちこまれた。この時の治療拒否がもとで、高尾氏の左手には回復不可能な機能障害が残ってしまった（この事件の一カ月後、大阪労働基準局が確認）。

同年七月、高尾氏が理髪の際にジャンパーを脱いだところ、南舎の係長がとがめたので、「北舎では脱いでやっていた」と答えた×××。

七八年三月、懲罰執行時、高尾氏は公判準備がどうしても必要だったため、懲罰の執行停止を求めたが許可されず、「四時間の筆記」が認められただけで懲罰を強制執行された。筆記時間終了後高尾氏が公判資料の搬出を拒否したところ、十数名の看守が高尾氏の房になだれ込んで暴行を加え、「保護」房にぶち込んだ。

同年一一月、懲罰執行中の「部分解除」に際して、従来認められてきた資料八点の閲読を禁止されたので、高尾氏がくり返し閲読を要求したところ、うち七点が翌日になって許可になった。高尾氏が資料の閲読を妨害してきた理由について看守に問い質したと××房にぶち込んだ。「保護」房で意識をとり戻した高尾氏が、診察を要求すると、しばらくして医師が来たが、医師はシャツをペラッとめくって見て「変色もない。どうもなっていない」と言ったのみで、何の治療も施さず立ち去った。その後、高尾氏は、痛みと吐き気で一睡もできず、夜通し看守に治療を求めたが、放置された。このため、高尾氏は右上腹部、背から脇にかけての激痛、肝臓の内臓痛に加え、七六年一二月に大阪刑務所にいたときに受けた腰背部の受傷が悪化し、歩行も困難な体にされてしまった。ところが、このあと、「保護」房解除と同時に東京拘置所医務は、高尾氏に対してこれまで認めてきた車椅子の使用を禁止した。東京拘置所医務は、これらの受傷に対し、何の治療もせず放置したが、七九年一月、高尾氏が民事訴訟公判のため大阪拘置所に移監された際、診てもらったところ、大阪拘置所医師は「肝臓がやられている」と診断している。

高尾氏は、単に病気に対する治療を拒否されて殺されただけではなく、このような一連の暴行・「保護」房拘禁によって殺されたのである。

保護房は、現行監獄法には規定がないものだが、収容者が自傷・自殺の虞れがあったり、騒いだり、暴行、設備等の損壊、逃走の虞れがある場合に一定期間、隔離収容する特別な房である。

広さは三畳間位のものと六畳間位のものの二種類がある。床はリノリウムでゴザも敷いていない。この床の上を看守は土足で歩きまわり、掃除をさせないので、床は泥だらけですごい量の毛髪とホコリ、ゴミが散乱している。壁にはラバーが貼ってあり、一カ所ぶ厚いガラスブロックをはめこんだ明かりとりがあって、そこから入る光の色で昼か夜かの見当がつくだけで窓は一つもない。部屋は防音装置がついていて外部の音は届かないし、中からどんなに大きな声を出して叫んでも外へはほとんど声がもれない完全な密室である。中から外を見ることは全くできないが、看守が房内をのぞくための蓋つきのぞき窓は三カ所位あり、その上に天井にテレビカメラが設置されている所もあって、獄中者の方は一挙手一投足まで監視される。

床の隅にトイレ用のコンクリートの穴があいており、足洗い場のように床の下に埋めこまれた水道の蛇口が一つあるが、どちらも房外から看守に頼んで水を流してもらうようになっており、自分で流すことはできない。看守はいつも近くにいるわけでなく、たまに巡視に来るだけだし、その巡視に来た看守も頼めば必ず水を流してくれるわけではないので、長時間汚物はそのままの状態で放置され、房内には便所の臭気がたちこめている。

房内にあるものは泥だらけの薄っぺらな小さなカーペット（座布団）一枚きりである。換気は一時間おきに十数分換気扇を回して行なうが、このゴーゴーという騒音が昼夜の別なく鳴り続ける。照明は昼夜の別なく煌々と螢光灯をつけっ放しであり、この照明と換気扇の騒音のために夜もほとんど眠ることができない。布団は夜間のみ入るが、泥だらけの床にシーツ、枕カバーなしで直接しくために垢と泥でゴワゴワと汚れきっており、異様な臭気を放っている。

「保護」房にぶち込まれた際に所持できるものはチリ紙のみであり、タオル、歯ブラシ等の洗面具さえ入れてもらえないことが多い。「保護」房内では、読書、筆記、運動、入浴、理髪、面会、手紙の発受信、差入品や舎下品、自弁購入品の受領、物品の購入、舎下、領置、宅下その他の通常の「願いごと」の一切が禁止される。医務診察も定期診察は拒否され、余程の重病でもないかぎりできない。

「劣悪な処遇の極めつけは食器である。これは何と吉野屋の牛丼弁当の使い捨てケースと寸分たがわぬ容器にメシをわざわざその場で移しかえ、プラスチックのスプーンをさして、ホコリだらけの配膳口から入れるのである。みそ汁も同様。おかずなんぞはスーパーマーケットで売っている佃煮や肉の切身を入れる、透明のペラペラのパックにのせてくる。お茶も同様ペコペコのうすーいビニール（？）のコップに入れてよこす。そのコップなどは乾いたアズキのカスがあちこちについていて、これらの容器がペラペラの使い捨てのものにもかかわらず、捨てずに〝大切に〟何回も、しかもろくに洗わずに使っていることをはっきりと物語っている。

弁護人の電報発信も完全に無視され、にぎりつぶされた。電報の理由、内容すら一切聞こうとしなかった。次回公判に向けて意見陳述書を作成したい旨、要求したが、これも拒否された。」（横浜拘置所・宮田剛氏）

これが獄中者を「保護」するための房と称する「保護」房の実態である。獄中者が看守に対して抗弁したり指示に従わなかったりすると看守の口から「保護房にブチ込むぞ！」という脅迫が常套句のように出るのも、右のような「保護」房の実態を見るならばうなづけるだろう。獄中者の間では「保護」房のことを通常「保安房」と呼びならわしており、さらには「拷問房」「虐殺房」などとも呼ばれている。「保護」房が、完全な密室性を利用した集団リンチの場になることが多い。大阪拘置所の鈴木国男氏のようにその中で殺された獄中者も少なくないからである。

「保護」房への収容には懲罰のような手続きは一切必要とせず、現場職員（区長等）の指揮一つで、即ぶち込まれる。各施設には獄中者を「保護」房にぶち込むのを主な仕事としている、警棒・レシーバーを携帯した警備隊という職員が数十名所内を巡回しており、言うことをきかない獄中者がいるとボタン一つでただちに、一〇〜二〇名の警備隊員が駆けつけてくる。獄中者は彼らに荷物のようにかつぎ出されて「保護」房に叩き込まれるわけであるが、この時、少しでも抵抗しようものなら袋叩きにあう等、集団リンチを受けるわけである。「保護」房に入れられると「申し訳ありませんでした。これからはもう二度としませんからどうか許して下さい」と、謝罪しない限り元の房には帰さないなどと、屈服を強制される。「保護」房に収容したことの不当性を抗議したりすれば「まだ興奮している」として、「保護」房収容継続の理由とされる。

「保護」房は監獄内監獄として機能しており、およそ人間を収容する場ではない。東京拘置所では、従来「保護」房収容期間は二〜三日がふつうだったが、刑事施設法案の浮上と共に、この収容期間が長びくようになってきた。右法案では、「保護」房収容期間を原則として五日間とし、さらに三日ごとの更新を無期限に認めており、何年間「保護」房にぶち込み続けても「合法」ということになっていることから、その先取執行としての弾圧強化であろう。なお「保護」房に収容されて懲らしめられたなら、それで懲罰は終りかというとそうではなく、「保護」房を解除されたあとに、通常の懲罰が待っているのである。「保護」房にぶちこまれた後の懲罰は、最低でも一〇日間、長いものだと五〇〜六〇日もの懲罰を受けることがある。

監獄という巨大な国家暴力装置の下においては、一獄中者は赤児のように無力な存在にすぎない。「保護」房という「拷問房」が存在している限り、どんなにその収容基準を厳格に定めようと、「保護」房が獄中者に対する懲らしめの手段として屈服を強制するために報復的に用いられることを防ぐことはできない。

「保護」房は、その構造そのものからして非人道的、屈辱的、残酷なものであり、いかなる理由があろうとも、このような房に人間を収容することは許されるべきではなく、撤廃されるべきだろう。しかし、東京拘置所を初め全国の施設において「保護」房は最近増設されており、むしろ弾圧は強化される一方である。

三　戒具

現在、監獄内で用いられている戒具は、金属手錠・革手錠・捕縄・防声具・拘束衣の五種類である。この中で最も頻繁に使われているのが革手錠と金属手錠である。これらの戒具はふつうの居房で用いられることはほとんどなく、たいていは「保護」房内で用いられる。

革手錠とは、図のような革でできた幅一〇センチ厚さ一センチ位のベルトで、これを両腕と腰に巻いて固定し、さらにその上から金属手錠をかけて二重拘束するのである。拘束方法は両手前、両手後、片手前片手後などがある。革手錠をかけられると両手が全く使えなくなるので用便はたれ流し、食事は犬のように食器に顔をつっこんで舌で食べなければならない。法務省からの通達では用便・食事の際ははずすこととなっているが、実際はかけっ放しのことが多い。夜寝る時もはずされないので、布団をかぶることもできないし、動くたびにギシギシという音がうるさく、何よりも痛くて一睡もすることができない。これを何日間もやられると、手は紫色に腫れあがり、神経はマヒし、手錠の当たる部分は傷となって夏場など膿をもってくることもある。どんなに元気な人でもこれを何日もかけられたらグッタリしてしまう、残酷な拷問具である。

捕縄は、裁判所など監獄外で使われることはあっても、監獄内ではほとんど使われていない。革手錠の方がより簡単で懲らしめ効果は絶大だからである。被告人が法廷で退廷命令に従わなかったりした時に両手両足を縛ったりする時に使う。

拘束具(戒具)

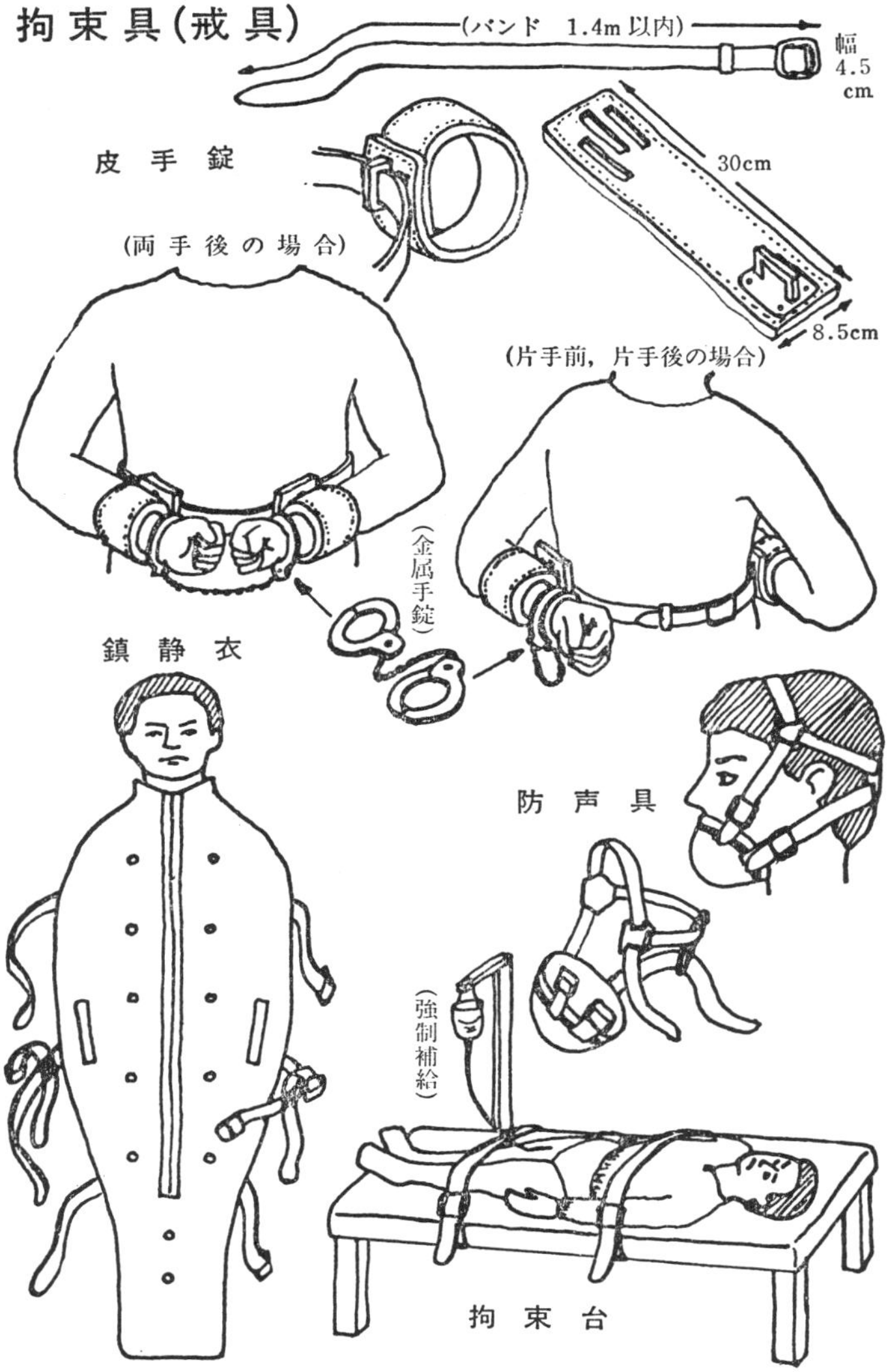
(バンド　1.4m 以内)
幅
4.5
cm
皮手錠
30cm
8.5cm
(両手後の場合)
(片手前，片手後の場合)
(金属手錠)
鎮静衣
防声具
(強制補給)
拘束台

防声具は、五六年、北海道岩見沢拘置支所において二〇分間で獄中者が窒息死させられたこともある殺人具である。鎮静衣（拘束衣）は、行刑局長通達で医師の同意がなければ使用してはならないということになっているため、現在ほとんど用いられていない。手のみならず全身の自由を奪いゴロゴロとイモ虫のようにころがっていることしかできなくされる拷問具である。

刑事施設法案においては、現在ほとんど使用されていない拘束衣を廃止した代わりに、拘束台という新しい戒具を使用できるとしている。これは、ハンストなどのときに抵抗する獄中者をベッドの上にくくりつけて身動きできなくして強制補給等するための「医療」弾圧道具であり、東京拘置所ではここ二〜三年のうちに、すでに使用されるようになってきている。拘束台は、刑事施設法案の強制医療に伴うもので、これが合法化されたなら、ハンスト破りだけでなく、精神科領域の強制医療もますます頻繁に行なわれるようになるだろう。

すでに自由を奪われた素手の獄中者に対して、このような戒具＝拷問具の使用は一切許されるべきではない。

四　隔離処遇

刑事施設法案においては、獄中者が「逃走のおそれがあるとき」または「他の被収容者と接触することにより、刑事施設の規律及び秩序を害するおそれがあるとき」は、他の被収容者から隔離することができると規定している。この隔離処遇の期間は、原則として三カ月とされているものの、一カ月毎の更新が可能であり、実質的には無期限に隔離処遇できることとなっている。現行監獄法にはこのような規定はないが、東京拘置所においてはすでに先取執行されており、七六年から八〇年にかけての約四年間、刑事被告人である荒井まり子さんが、女区から南三舎という男子懲役監に隔離されたことがある。以下に荒井さんの報告から引用する。

「隔離に際して直接の理由とされたのは、七六年四月、女区の私と同じ舎房に収容されていた他の女性獄中者の懲罰の強制執行に抗議したことですが、これは単なる引っぱり出す口実であったにすぎず、真の理由は、私が当時、正座点検制度の撤廃を求めて、点検時、正座を拒否し『正座点検制度を撤廃せよ』と言ったり、日常的に監獄当局の不当待遇に対して看守に質問や抗議をしていたことであると思います。そして、このような当局の言いなりにならない獄中者が当時、女区には私の他に七〜八人いて、団結して獄中者への人権侵害や弾圧に対して闘っていたために、この女性獄中者の団結した闘いをつぶすことが最大の目的であったと思います。それは、当時の女区長の『お前たちが騒ぐと他の者が同調して騒ぐから（隔離したの）だ』という発言や、隔離されていた間中、何度も『ちゃんと座って番号を言えば返してやる』と、言われ続けてきたこと、私が隔離されてから一カ月位の間に、当時女区で闘っていた女性獄中者が次々と南三舎に隔離され、一番多い時は七人もの女性獄中者が隔離されていたこと、女区に『政治犯』がほとんどいなくなり、呼応して闘う仲間がいなくなってはじめて隔離処遇を解いたことからも明らかだと思います。なお、東拘当局は、八〇年三月に私を女区に返したのは、私の獄中生活の態度に変化があったためではなく、私一人のために三人の職員を配置することができなくなったためと、女区の舎房に余裕ができたためであると言っているのですが（東京地裁七九年〔行ウ〕一四四号・

元女区長の証言)、東拘当局の言うとおりであるとすれば、獄中者は監獄当局の都合のみで隔離されたりされなかったりするわけで、何をか言わんやです。」

「隔離されていた間は担当看守が男性看守であったために女区においては起こりえない人権侵害がたびたび起こりました。ひとつは入浴時も浴室への連行を男性看守が行なっていて、入浴中も浴室のすぐそばに男性看守が控えていたこと。ふたつめは、女性獄中者が着替え中やトイレに入っている最中に男性看守から覗かれるということがたびたびあったこと。それに対して抗議すれば『ここをどこだと思っているのか。お前は何様だと思っているのだ。トイレ中であろうと裸であろうと職員は視察するのが仕事だ』と平然と居直るありさまだったこと。他に獄中者がいないので、女区長や女区係長(いずれも男)が女性を侮辱するための言葉を乱発したこと。

また、他の獄中者がいないために看守の暴行陵辱行為に歯止めがなく、何度も複数の男性看守によって暴行を受けました。例えば、隔離されて四日めに私は正座点検を拒否したことに対して男性看守二名より『いいか！　俺が教えてやるよ。点検とはこうするものだ。』『何が基本的人権だよ。お前のような奴には人権もクソもないんだよ。人の基本的人権を考えないようなことをやってきてぶちこまれたくせに、何が人間だ！　甘くしてりゃあいい気になりやがって！　ここじゃ、そうはいかないぞ！　いいか、俺がわからせてやるよ！』等々の罵声をあびせられ××私が点検時正座を拒否していたのは女区に居た頃からですが、女区に居た頃はそのためにこのような暴行を受けることは全くありませんでした。右のような暴行は、まわりに他の獄中者が誰もいない隔離状況だったからこそ行なわれたものです。隔離は、当局の言いなりにならぬ獄中者を痛めつけて『わからないのならわかるようにしてやる』ためにあるのだと言っても過言ではありません。」

「人間は社会的動物であって他人との接触は人間として生きる上で必要不可欠なものです。独房に収容されていて他の仲間との挨拶も会話も禁止されていたとしても、自分のまわりに他の獄中者がいるということはそれ自体が社会的刺激となって孤独をいやしてくれる力になるものです。といっても他の獄中者との触れあいを一切禁じた厳正独居拘禁について肯定しているわけではありません。厳正独居拘禁は、それ自体が非人道的なものであり、現行監獄法においてさえ『在監者ノ精神又ハ身体ニ害アルト認ムルトキハ在監者ヲ独居拘禁ニ付スルコトヲ得ス』（監獄法施行規則第二六条）と、独居拘禁が精神的身体的に好ましくないことを認めたうえでそれに制限を加えています。独居拘禁の期間についても『独居拘禁ノ期間ハ六月ヲ超ユルコトヲ得ス』『二十歳未満ノ者ハ特ニ必要アリト認メタル場合ヲ除ク外三月以上継続シテ之ヲ独居拘禁ニ付スルコトヲ得ス』との制限を加えています（実際は、これは全く守られておらず、何年でも何十年でも独居拘禁が続けられていますが）。しかし、刑事施設法案においてはこのような制限は一切なくなっているばかりか、他の獄中者全てから隔離して収容するとの新しい条項が加えられているわけで、これは大変恐ろしいことと言わねばなりません。

たった一人で隔離されている状況では、自分のまわりに人間を感じることができず孤独であるというだけでなく、一挙手一投足に至るまで完全なる監視下におかれ、日常生活ががんじがらめに縛りつけられるということを意味しているのです。普通は二〇〜五〇人位の獄中者に対して看守は一〜二名配置されているだけですが、私が隔離されていた当時は、私一人に対して日昼は担当の男性看守一名に女性看守一名の計二名、夜間は女性看守一名がつきっきりでした。看守はやることがなく退屈なので、ひっきりなしに房内を覗き込み、獄中者の一挙一動に文句をつけるということになるわけです。私は七七年一〇月（他の一緒に隔離されていた女性獄中者がダッカ闘争で釈放された）、完全に一人で隔離されるようになって以降、房内の決められた場所に姿勢を正して座っている意外の全ての動作に対して文句を言われました。例えば、房内で立っていただけで、あるいは布団に体が少し触れていただけで、机にうつぶせになっていただけで、フェンスの隙間から外を見ていただけで、ちょっと背伸びしただけで、肩を叩いただけで怒鳴りつけられるという毎日でした。二〜三分おきに視察口をガチャガチャとやられるうえに、トイレ中や着替え中も、一〇分も二〇分も視察口にへばりついてじっと房内を覗きこまれ、夜もガチャガチャいう音で安眠を妨げられ、神経の休まる時が全くない生活は、それだけで精神的拷問と言うほかありません。このような精神的拷問は、肉体的暴力行為やあからさまな差別的言辞や暴言以上に獄中者の心身を傷つけるものです。（中略）もし、支援してくれる友人や家族もなく孤立させられている獄中者や、外部との交通が厳しく制限されている既決獄中者であったなら、隔離処遇下での人権侵害・暴行陵辱・いやがらせ等は、私が受けたものより何倍もすさまじいものになったでしょう。隔離処遇は残虐な拷問であり、絶対にあってはならないと思います。」

大阪拘置所では、七九年に保安房のある七舎一階に八つの特別隔離房が新設され、同年八月より八一年九月までの約二年間、「精神障害者」差別と闘う川口喬氏がこの新設隔離房に収容された。川口氏が「精神障害者」差別に対して抗議すると、大阪拘置所看守らは「キチガイ！」等とののしり、さらに差別性をむき出しにし、保安房と特別隔離房の往復という弾圧を加えたうえに、長期間の懲罰を加え、川口氏の病状をいっそう悪化させた。

五　武器の携帯及び使用

刑事施設法案においては、これまでの「監獄法」においては認められていなかった刑務官の〝権利〟として、武器の携帯および使用が認められている。それによると、獄中者が、

一、暴動を起こし、又はまさに起こそうとする時、
二、他人に重大な危害を加え、又は加えようとする時、
三、凶器を携帯し、刑務官が放棄を命じたのに、これに従わないとき、
四、刑務官の制止に従わず、又は刑務官に対し暴行若しくは団結による威力を用いて、逃走し、若しくは逃走しようとし、又は他の被収容者の逃走を助けるとき、

のいずれかに該当する時は、武器が使用できるとなっている。

その他に、獄中者以外の者が、

一、銃器、爆発物その他の凶器を携帯し、又は使用して、刑事施設に侵入し、若しくは刑事施設の設備を損壊し、又はこれらの行為をまさにしようとするとき、
二、被収容者が暴動を起こし、又はまさに起こそうとする場合において、その現場で、これらに参加し、又はこれらを援助するとき、

三、暴行若しくは脅迫を用いて、被収容者を奪取し、若しくは解放し、又はこれらの行為をまさにしようとするとき、

四、被収容者に重大な危害を加え、又はまさに加えようとするとき、

に該当するときは、獄外者に対しても武器の使用ができることとされている。

素手の獄中者や獄外者に対して、「〜しようとしている」という理由だけで武器の使用が認められているのである。勿論、法文上は「但し、〜他に手段がない時に限る」として、乱用を慎むようにとの規定はある。しかし、このような規定が何ら現場における武器使用と乱用の歯止めにならないことは、すでに「保護」房へのぶち込みや戒具使用の例で証明ずみである。

七八年、三里塚開港阻止闘争で逮捕された刑事被告人一〇〇名が二〇名ずつ千葉刑務所から東京拘置所に移送された際、護送警備にあたっていた看守らはピストルを携帯していた。この時右被告人らは、暴動を起こそうとしていたわけでも、逃走しようとしていたわけでも、他人に危害を加えようとしていたわけでもない。ただ単に移監に反対し、三里塚現地の管轄権のある千葉地裁での公正公平なる審理を要求していたにすぎない。しかも、この移送に際しては、夜明け前に寝込みを襲う形で抜き打ち的に房内に看守が一チーム六名で侵入し、被告を引きずり出し、少しでも抵抗しようものなら頭から麻袋をかぶせて運び出すということまでやっている。全くの素手の獄中者一人に対し六名の看守が警備をして、さらに武器をもって威嚇する必要があったとは、どのような屁理屈をもってしても正当化できるものではないだろう。

右の例を見ても、いったん刑務官に武器使用を認めたなら、それが乱用されることは火を見るより明

らかなことである。否、すでに刑務所の工場では、看守が日常的に特殊警棒を携帯している。

　このことは、獄外者に対する武器使用についても同じことが言える。現在、東京拘置所や大阪拘置所を中心に、獄外者が監獄前に集まって、獄中の仲間に激励の声を届けたり、獄中の闘いに連帯して監獄の不当待遇や虐待・虐殺等に抗議する活動が行なわれているが、彼らに対する監獄当局の弾圧は年々エスカレートしている。大阪拘置所では鈴木国男氏虐殺糾弾のために大阪拘置所前に結集し、所長面会を要求する人びとに対し、警棒で殴りかかったり放水する等の弾圧が行なわれており、東京拘置所では、対監獄闘争を行なっている面会人に対しては顔写真を撮影したり、待合室でビラを配ったことを理由として面会を妨害したりしている。また面会人への荷物検査、金属探知器を含む身体チェックが日常的に行なわれるようになってきている。たてまえは面会人が任意に「協力」するはずのこれらチェックを拒むと、面会は当局により禁止される。

　警棒も武器の一種であり、法案が成立したとしても、前記の一から四に該当する場合でなければ使用できないことになっているにもかかわらず、実際は、法案成立前に鈴木国男氏虐殺を糾弾しただけの獄外者に対して使われているのである。警棒がピストルにエスカレートしないという保障は何もない。監獄当局にとって都合の悪い獄外者を弾圧するために、武器が乱用されることは目に見えている。

21　不服申立

一　監獄・法務省当局への不服申立

現行「監獄法」における不服申立制度としては「情願」（監獄法第七条）と「所長面接」（監獄法施行規則第九条）があるのみである。

所長面接制度は、実質的には有名無実化している。とくに大きな施設では、所長が直接獄中者の面接に応じることは皆無と言っていい。通常は、獄中者が申立事項を書面で提出し、区長等が代理で回答を告知するという形をとっている。しかし、大部分の申立については区長代理段階で一方的に却下されてしまう。大阪拘置所では、従来、所長面接を要求した場合、所長による面接は無理としても部課長による面接が実施されていたが、八三年以降、それも実施されず、不服は書面で提出させ、回答は区長が代理で告知するというのが一般的になってきた。獄中者の大部分は、文章作成になれていないので、このような書面中心のやり方では、言いたいことは十分書面にもりこめないし、話を聞いてもらえず一方的に却下された時の不満は大きい。所長の代理回答の内容も、機械的なもので、よくて「聞きおく」、普通は「現状変更しない」の一言で片づけられる。不当処分や規則の改悪について説明を求めても「管理運営上の支障」というだけで納得のいく説明はなされないことが多く、他の獄中者に対する弾圧に抗議したり、他の獄中者には許可されているものが、自分に対してのみ許可されなかったりした時にその差別的取扱いを指摘して抗議したりすれば「他人のことに関しては回答しない」と回答を拒否される。

おかしな習慣として、ごくたまにであるが、正式回答は「現状変更しない」というものだったのに、実際はほどなく要求したことが許可されたりすることがある。これは、「獄中者の要求をとり入れたのではなく、官が獄中者のためを思ってよきに取りはからってやったのだゾ」として、獄中者に自分たちの力で待遇改善を勝ちとったのだとは思わせないためらしい。

情願には、法務大臣に対するものと巡閲官に対するもの(注7)の二種がある。情願は獄中者の権利であり、監獄当局はいかなる理由があろうともそれを禁止することはできない。懲罰中に情願を要求した場合は一日四時間以内に限って情願のための筆記を認めなければならないことになっている。ただし、保安房内で情願を要求してもそれは認められていないのが現状である。

法務大臣への情願は、いつでも書面によって申し立てることができる。情願書の用紙や情願書を入れる封筒は当局が負担し、切手も貼る必要がない。情願書は秘密を守るために、当局は検閲することができない。

巡閲官情願は、二年毎に一回、各施設に巡閲官が来訪した際、直接巡閲官に面接し、口頭または書面で不服を申し立てる。巡閲官情願がある時は、約一週間位前にラジオで告知があり希望者を募る。巡閲官情願を希望する者は、あらかじめ情願用紙にその趣旨を簡潔に記載しておいて、巡閲官と面接する際にそれを自ら手渡して面接をする。面接に際しては、当局の職員が立会うことはできない。

法務大臣は訴えを調査し、法務大臣情願については書面で、巡閲官情願については口頭で(管理部長が代理告知)回答が行なわれる。巡閲官情願は、申立て後一〜二カ月で回答が行なわれるが、法務大臣情願は、早くて半年、遅いものだと訴えてから回答まで一年半以上もかかることさえある(例えば荒井まり子さんの場合、七六年五月一九日付の情願に対して回答があったのは七八年一二月二〇日)。これだけ時間をかけて審査したのなら、少しはマシな回答があるのかというと、これが所長面接要求への回答と大差なく、ほとんどが当局の一方的な主張のみを採用して、却下ないし棄却、不採決である。改善の余地があると思われる点についても、採用という形はとらず、不採決としたうえで「ただし、願意は所長に伝えおく」とか「聞きおく」という形がとられる。これも、獄中者の要求を入れて改善するという形をとりたくないためであろう。

情願や所長面接は、監獄法において保障された獄中者の権利であるにもかかわらず、現実にはこれらの不服申立を行なう者に対しては、様々な不利益、いやがらせがある。府中刑務所においては、「お前が情願したおかげで、遅くまでかかって報告書を書かなければならなくなったのだ。」「情願されれば職員の悪口でも書きやしないかと気分のよいものではない。我々にも人情というものがあるからな。情願するような奴は、何か願い出てもメンドウミしたくなくなる。」「俺たちはメンドウミしようと思えばいくらでもメンドウミできる立場だからな。しかし、苦情ばかり言う奴にはメンドウミしない」などと平然と言われている(府中刑務所・斉藤彰氏)。正直に口に出す出さぬは別にしても、他の施設においても状況は似たりよったりで、右発言は監獄当局の基本的姿勢をよく示している。一七六頁でも記載したように、名古屋拘置所においては、本来検閲のできない情願書について、その書き方が悪いなどと文句をつけて、それに抗議する獄中者を保安房にぶちこむようなことまでやっている。

刑事施設法案においては、右の情願や所長面接については「苦情の申出」としてひきついでいるほかに、新たに「審査申請」という制度が設けられており、不服申立に関して少しは「改正」されるとの印象を受けるが、右審査申請の内容を検討してみると、あまりにも姑息的なものでしかない。右審査申請においては、申請できる事項が監獄当局の行なったある特定の処分（書籍等の閲読、信書、領置金の使用、領置物の交付、宗教上の行為、診療に関する不許可処分、隔離、懲罰、没収の各処分、災害給付に関する不服）に厳しく制限されているほか、申請期間は原則として処分のあったことを知った日より三〇日以内とされている。一方、審査手続きについては、採決に対する異議申立制度もなく、情願よりも民主的に改善されるという保障は何一つない。

大部分の獄中者は、満足な教育を受ける機会もなく、文章作成に不慣れなうえに、雑居房で一人になる時間もなく、自由時間も少なく、しかもその自由時間内はラジオ放送の騒音がひどく、やっと静かになった夜九時以降は筆記も禁止され、参考資料等の入手も困難（領置品の中に資料があったとしても、それを舎下するのに申し込んでから一カ月近くかかる）である等、申請書作成上極めて不利な立場におかれている。このような獄中者に申立期間を三〇日以内と制限するのは、あまりにも厳しすぎると言わねばならない。審査申立制度を新設するのであれば、最低限「行政不服審査法」における審査申立と同様、申立期間は六〇日以内とし、再審査申請を認め、申請の対象も監獄当局の処分または不作為について広く認められるべきだろう。

仮に右のような改正がなされたとしても、これまでの法務大臣の情願に対する採決の実態を見るならば、私たちの知る限りにおいて、一旦出された処分はどんなに違法不当なものであっても（弁護士会人権擁護委員会は勿論、裁判所でさえその違法性も認めざるをえなかったようなものであっても）撤回されたことはなく、行刑当局内部での不服申立の限界は自ずから明らかである。行刑当局による獄中者に対する人権侵害、違法弾圧を抑制し、待遇の適正をはかるためには、行刑当局者以外の人間によって構成されるチェック機関を設けることや外部機関への訴えについて、当局が一切妨害することができないようにすることが先決だろう。

二　外部機関への訴え

獄中者が監獄当局の処分や待遇についての不服を外部機関に訴える場合、主な法的手段として①民事行政訴訟、②告訴告発、③法務省及び弁護士会の人権擁護委員会への申立、④国会（議員）への陳情・請願等がある。これらの訴えや申立は、法によって保障された獄中者の権利であり、いかなる理由があろうとも監獄当局がこれらの権利を侵害することは許されないし、獄中者がこれらの権利を行使したことをもって不利益な取扱いをしてはならないことになっている。

ところが現実はどうか。申立をしたとたんに厳正独居に隔離され徹底的にマークされ、弾圧がはじまる。七三年頃、大阪刑務所において、受刑者に軍隊式規律を強制し、「敬礼の仕方が悪い」「(軍隊式行進に際して)手のあげ方が少ない。他の者と調子が合わない」「態度が反抗的である」等の理由で、受刑者に対して職員が、殴る蹴るの暴行を加えていたことが問題になったことがあった。このことを国会の法務委員会においてとりあげた社会党の佐々木静子議員は、大阪刑務所出獄者に対するアンケート調査(大阪刑務所前にアルバイトの学生を待機させ、出獄者より事情聴取)の結果によると、暴行や人権侵害があったと答えた者一〇〇%、暴行や傷害について告訴しようとしたことがあると答えた者四五%、そして告訴の手続は許されたかとの質問に対しては、許された者はゼロであったと述べている(七五年一二月一六日、第七六国会参議院法務委員会議事録)。

獄中では「人権擁護委員会に提訴する」と言っただけで不穏当発言として懲罰にかけられることさえある(一六九頁参照)のだから、これら告訴しようとしてそれを許されなかった人びとは、告訴しようとしたこととそれ自体に対して、様々な報復弾圧を受けたであろうことは容易に想像できる。

八三年三月、でっちあげ懲罰弾圧に対して民事訴訟を提起するための認書を求めた府中刑務所の斉藤彰氏は、そのことに対して幹部職員より「お前が今やろうとしていることは国家への反抗であり、我々への挑戦だ。刑務所相手に一人で何ができると思っているのだ。国には何兆という予算があり、法務局には専門の検事がいて全てやってくれる。いくらやっても我々の腹が痛むわけではないから、訴訟でも告訴でも何でもどんどんやれ。(そのかわり)担当から嫌われ、係長から嫌われ、区長から嫌われ、これからどうするつもりなんだ。刑務所に対する訴訟は国家への反抗だ。それならそのように処置してやろうか。お前のような奴、工場にやるもんか。独居のままにしておく。仮釈もない」(西部区長)云々と恫喝され、さらにちょっとした法的知識がなかったのをとらえて「こいつは行政と民事の区別もつかないバカだ。バカだ。(「バカだ。バカだ」と七〜八回くり返す)」(取調係長)と罵られたという。

このようなイヤガラセ・恫喝にも屈せず提訴したとしても、その後、種々の弾圧が待ち受けている。これらの訴えを提起するとそれだけでどんなに「行状のよい」者であっても厳正独居の対象とされ(一七〇頁参照)、入所当時すでに訴訟等を提起している者は旭川刑務所の磯江氏のように一般処遇にしてもらいたかったら訴訟を取り下げるようにとの圧力がかかる(一五〇頁参照)。「精神障害者」とみなされた獄中者の場合は、「精神障害者」差別を利用して、「医療」が弾圧のためにフル動員される。病弱な獄中者に対しても同様である(九五〜一〇一頁、一一二〜一二一頁参照)。

このような弾圧も効きめがないと見ると、今度は、書類の発信をわざと遅らせたり、国会議員あての陳情書や請願書、人権擁護委員会への申立の場合は一部を抹消したり、参考資料の発送を禁止したりして妨害する。裁判所や検察庁に直接発送する書類に抹消・削除を加えることまでは、さすがの当局もまだやっていないが、右書類のコピーが必要な場合、獄外の友人等に頼んでコピーをとってもらおうと思っても、友人に届ける段階で抹消されたりするので、書証や副本の作成に苦労することになる。

とくに何人かで共同してこれらの訴えや申立を行なおうとすると、獄中者同士および獄中者と獄外者の団結が何より恐ろしい監獄当局の妨害は、いっそうすさまじくなる。「共同」という文字を目の敵にしてぬりつぶしたりして事前に共同提訴ができないように奔走し、それでも共同提訴、共同申立等を妨害できないとみると、こんどは共同原告、共同申立人間で訴状、申立書等を回覧しようとすればそれに抹消を加えて回覧を事実上不可能とする。そのため、共同訴状等を回覧しあって署名押印を集めることはできず、獄中の共同申立人は、文書作成の本人でなければ、自分が申立等の主体となっていても、申立書の内容を正確に知ることができなくされている。

民事行政訴訟の共同原告の場合は、民訴法第一五一条により訴訟記録の閲覧が権利として保障されているので、今のところ、東京拘置所では他の共同原告が裁判所に提出済みの訴訟書類の写しは、抹消なしに閲読できているが、旭川刑務所では、それさえ無視して、「あれは訴訟書類とは認めない」などと言って、共同原告が裁判所へ提出した民事訴訟の上申書を閲読不許可にしている。共同原告間の訴訟連絡のための手紙の発受信についてはさらに厳しい制限がある。府中刑務所の受刑者は、共同原告との訴訟連絡の発受信は、その内容の如何にかかわらず一切禁止されており、かろうじて発信が許可されるのは、裁判所に提出済の訴訟書類の控のみである。それさえも発信が許されたのは、裁判所に正本を提出してから一年も後だったりする。旭川刑務所では、共同原告間の訴訟連絡の発受信を一応認めているが、内容は厳しく制限されており、訴訟の内容や戦術についての実質的な打ちあわせができる状況とはいい難い。

訴訟妨害のきわめつけは、原告の出廷妨害である。獄中者が監獄当局の違法処分等に対して取消を求める行政訴訟や損害賠償を求める民事訴訟を提起しても、被告である監獄当局は、原告である獄中者を口頭弁論期日に出廷させないのである。東京拘置所では、七九年頃までは、第一回期日や判決期日は出廷を禁止しても第二回以降の期日には出廷させていたが、最近では証拠調べ期日をも含む全期日に出廷させなくなった。民訴法では当時者の一方が口頭弁論期日に出頭しなければ、相手方の主張に同意したとみなされるし、どんなに書面で自らの主張を展開しても、口頭弁論期日に公判廷においてそれを陳述しなければ、それらのことを主張したことにはならないことになっている（口頭弁論主義）ので、原告抜きで公判を開けば、被告や被告側証人は、原告からの反論や反対尋問を恐れることなく、どんなデタラメでも言いたい放題となる。

原告が、原告抜きの公判でどのような審理が行なわれたのかを知るために訴訟記録の閲覧申請をしても、被告である監獄当局がそのための出頭さえも禁止するので、原告は自分自身の裁判で何が行なわれたのかさえ知ることができない（公判調書謄本をとりよせることもできるが、大部分の獄中者は謄本代を支払えるほどの経済的余裕はない）。そのため、被告が何を言っているのか知ることもできないから、反論することもできない。反論できたとしても出廷できなければ、どんなことを言っても主張したことにはならない。裁判所は、このような被告の横暴に追随し、むしろこれ幸いとばかりに被告側の言い分のみを採用して判決を下す。証人尋問や本人尋問など原告ぬきではできないと考えた場合は、公開裁判の原則をふみにじって、監獄内密室で「裁判」をやる。このような監獄内「裁判」を強行するのであれば、監獄内に傍聴人を入れるよう要求してもそれも許可しない。やむをえず密室審理に応じ、密室審理の内容を手紙等で外の人に伝えようとすると、その手紙を抹消する。これでは裁判にはならない。

原告が憲法で保障された裁判を受ける権利は獄中者にはないのかと問えば、被告は「裁判を受ける権利とは、提訴する権利であって、実際に法廷で弁論活動などを行なう権利ではない」とうそぶいてはばからない。裁判所もこの被告の主張を一〇〇％鵜呑みにし、原告に対しては、判決期日さえ知らせずに不意打ち的に判決謄本を送りつけてきて訴訟を強引に終決させる。都合が悪くなれば、何年間でも一方的に裁判を停止してしまって、獄中者が息切れし、疲れはてるのを待つ。被告と裁判所は一体となって獄中者が民事行政訴訟を行なうのをつぶしにかかっているとしかいいようがない現状である。

獄中者の人権を尊重した「民主的で明るい監獄」を実現するというのであれば、まず監獄のこのような密室性をこそ打破しなければならないだろう。真に公明正大な運営が行なわれているのであれば、獄中者が外部の申立機関に獄中の問題を訴えることを恐れる必要は何もないからである。しかし、監獄の密室化は、年を追うごとに強まる一方であり、それに伴って獄中者に対する人権侵害、無益で不毛な規律の強制も強まる一方である。

あとがき

ミシェル・フーコーは『監獄の誕生』の中で「監獄は犯罪発生率を低下させない」として、その要因を次のように記しています。

一、拘禁が再犯を生み出すのであり、監獄を出たあとの人間のほうがその経験のない者よりもそこへまい戻る機会が多い。

二、そうなるのは、監獄が被拘禁者に行なわせている生活様式のせいである。それは「社会における人間についての思索」をないがしろにしておいて、「反自然的な、無益で危険な生活を創り出すこと」であり、自然の願いに逆らった作用を目的としているからである。被拘禁者に荒々しい強制を課し、その働き全体は権力の濫用の方法にもとづき展開される。

三、監獄においては、被拘禁者が相互に連帯し、階層秩序化され将来のあらゆる共謀関係にそなえる環境設定が可能となり、とくに初犯者への犯罪教育が行なわれる。

四、被拘禁者は釈放後に課せられる諸条件のせいでやむをえず再犯をおかす。その理由は、彼らは常に警察の監視下におかれ、居住を制限されるからである。仕事のみつけにくさ、住所不定が再犯を生み出す因子となっている。

五、監獄は、被拘禁者の家族をも貧困状態におとすために、家族も犯罪者とされる。

このことは、日本の監獄においても全く同一のことが言えます。しかし現実には、本書で明らかにしたように、日本の監獄はますます被拘禁者に「反自然的な無益で危険な生活を創り出す」ことにせっせと励んでいます。

本書ではほとんど触れることができませんでしたが、以上の点は、日本人受刑者よりもはるかに優遇されている外国人受刑者の証言からも指摘できます。あるフィリピン人受刑者は、行刑環境もだがそれ以上に獄中者を差別分断するきびしい人間関係、人間を人間として扱わない機構と諸規則そして実態は、おおきな苦痛だったと批判しています。また他の数人の外国人受刑者は、刑務所に入ってほんとうの日本社会の本質がわかったと語っています。

とにかく監獄においては、獄中者の〝権利要求〟はいっさい認めようとせず、食事・運動・入浴をはじめ日常生活すべてが「国家の恩恵」だと強弁しています。したがってすべてにわたって当局の恣意的判断による処遇がおこなわれており、「〜できない」という禁止事項のみ獄中者に通告し、「できる」ことになっている事項はいっさい告知しない実態がまかりとおっています。権利を知らずに当局に思い通りにさせられている獄中者がほとんどであることも、私たちはしっかりと捉えなければならないと思います。

監獄の中で起こっていることは、その国家権力の人民支配のやり方を正直に現わすものであり、その国の支配者たちの人間観の反映でもあります。したがって、監獄で起こっていることは、獄外の市民社会の集約的表現にすぎず、よく見てみると自分のまわりでも本質的に同じようなことが起きていることに気づかれると思います。獄外の市民社会における管理抑圧が強まっている今、獄中の実態を獄外のひとに知らせていく必要はますます大きくなっています。

しかし、その必要性が高まるのに反比例して、獄中実態を獄外に届けることは困難になる一方です。私たちが本書をまとめるにあたって資料としたアンケートや陳情書、その他の資料も、私たちの手元に届いた時点では大幅に抹消されていました。本来、当局が隠したがっている事実こそ多くの人びとに知らせる必要があるのですが、そのために私たち獄中者自身が知ることのできなかったことについては、本書の中ではほとんどふれていません。一部、どうしても抹消部分をも含まざるをえなかったところがあり、それについては獄外の「監獄法改悪を許さない全国連絡会議」の人に掘り起こしていただくことにしました。とにかく、もっともっとひどいことが監獄では日常的に行なわれており、ここに紹介したレポートは、ほんの氷山の一角を照らし出したにすぎないことを理解していただきたいと思います。

本書は、多くの獄中者、出獄者、獄外者の協力なしには生まれなかったものです。最後になりましたが、本書をまとめるにあたってご協力いただいた皆さんに深く感謝します。

一九八四年一〇月　記

原稿等の抹消処分に関する申立

申立補充書㈢

東京都葛飾区小菅一―三五―一　東京拘置所内
申立人　監獄法改悪とたたかう獄中者の会
右同所
被申立人　東京拘置所長

一九八四年一一月九日

東京弁護士会人権擁護委員会　御中

申立人は、本年二月一六日付をもって東京拘置所の「原稿」及び「陳情書」に関する抹消処分につき申立を行ないその後同年二月二三日付申立補充書㈠同年二月二八日付申立補充書㈡を提出し違法不当な抹消処分について人権侵犯救済を申立てている者ですが、その後新たに違法不当な抹消処分を受けたので、合わせて調査していただきたく、右申立に追加して左記のとおり人権侵害救済の申立を行ないます。

申立補充㈢の趣旨

一九八四年一〇月九日付で申立人が庄司宏弁護士宛発信した「監獄法改悪反対に関する申立書」の添付資料・全国獄中実態の抹消処分は違法不当であるから、調査のうえ厳重なる警告を発していただきたい。

申立事項

一、事実経過

㈠　一九八四年一〇月九日申立人は、庄司宏弁護士（申立人の刑事裁判の弁護人であり、東京弁護士会人権擁護委員会監獄部会の委員でもある）宛手紙を発信し、右手紙に日弁連及び東京の三弁護士会（東京弁護士会、第一東京弁護士会、第二東京弁護士会）の各人権擁護委員会あての監獄法改悪反対に関する申立書を同封して発信した。右申立の趣旨は「全国の獄中実態調査の資料を添付し、監獄法改悪の狙いを明らかにすると共に、刑事施設法案・留置施設法案の制定に反対されるよう申立します」というものであり、申立書及び全国獄中実態調査の添付資料は庄司弁護士の方でコピーをとって日弁連及び東京三弁護士会の各人権擁護委員会に提出してくれるよう依頼したものである。

㈡　右申立書及び添付資料コピーは、同年一一月二日、庄司弁護士より申立人に差入され、同月七日申立人に交付されたが、右コピーを見ると、発信段階で東京拘置所当局が別紙のとおりの抹消を行なっていることが明らかとなった。

二、本件処分の違法性

本件で抹消された文章は、いずれも東京拘置所の検閲をパスして申立人の手元に届いた信書やパンフを元にして、申立人がまとめたもので、申立人の創作による作文ではない。東京拘置所が「管理上支障をきたす」と判断して抹消した部分については、本件抹消箇所の「十」のように「ヌリツブシ」という形でしか表現されていない。そうであれば、この文章が「管理運営上支障をきたす」ということはありえないことである。まして、本件文書は、獄中者あてに発送されたものではなく、弁護士会人権擁護委員会宛の申立書の資料として弁護人にあてて発送されたものである。そうである以上いかなる理由があろうとも抹消は許されない。獄中者が獄中の実態について人権擁護委員会に報告し、救済を求めることをこのように拘置所当局が妨害することが許されるならば、獄中者に対する人権侵害は一切の歯止めを失うであろう。

本件処分が全く恣意的なものであることは、同じ文章を他の獄中者や獄外の友人に回覧した時は抹消されなかったのに、本件においては抹消されているという事実からも明らかである。

抹消箇所一、二は、本文書を庄司弁護士に送る以前の本年八月末頃、同じ東京拘置所に収容されている宇賀神寿一氏→T・H氏に回覧し申立人の方に戻ってきているが、その時は全く抹消されていなかった（申立人の手元にある控には東拘の検閲マークが五個ついており東拘内の検閲を何度もパスした証拠がある）。

また抹消箇所三、四、五、六は本年九月一四日獄外の友人である弥永健一氏に送りコピーをとってもらったあと差入で戻してもらったが、その際も抹消は全くなかった(中立人の手元にある控には、検閲マークが一個押されてあり、一度検閲をパスしていることがわかる。差入文書として戻ってきた際にはページ毎の検閲マークはなく「許可証」が添付されてくるが、当然ながら申立人の送った原文もそのコピーも許可されている)。

抹消箇所七〜十については本書を庄司弁護士に発信する以前に他の人に発信した事実はないが、いずれもすでに許可されているパンフレットやコピー類からの引用であり、抹消箇所十一については、本年二月一六日付で貴会に申立てた「陳情書」からの引用であって、「陳情書」として発信したときは、もっと詳しい報告が抹消なしにパスしていたものである。

以上のように本件は他の獄中者や獄外の一般市民の友人に送った時には抹消なしに通っていたものが、人権擁護委員会宛の申立書として弁護人に送ったところ抹消されたわけで、これは被告人・弁護人の秘密交通権や人権擁護委員会活動に対する重大なる侵害である。

以上

別紙

抹消された箇所(《 》内が抹消された部分)

一、五四ページ九行目より一一行目までの三行(本書七一頁——編集部、以下同じ)

(7) 《天皇を侮辱したり「折り紙で天皇を殺せるか」等、冗談にでも天皇殺害に関して話題にした時、その文章や絵(天皇が手錠をかけられて泣いている絵等)は抹消される(東京拘)。》

二、五八ページ一九行目より二〇行目までの一行半（本書七七頁）
……許可なく手話を使った
《として革手錠をかけて保安房にぶち込み、さらに懲罰攻撃を加えるといったことが起こった。》
三、七五ページ一一行目より一七行目までの六行半（本書九六〜九七頁）
……死因は「ガン性腹膜炎」と診断されたが、
《東京拘は高尾氏の死亡約一カ月前まで何の治療も施さなかったばかりか、歩行困難な高尾氏に対して集団リンチを加えて保安房にぶちこんだり、歩けないから舎房に往診に来てほしいとの訴え（車椅子の貸与すら許可されなかったため）にも獄医は「歩いて来い。」と強要し、歩いて診察室まで行けなかったことを理由に診察を拒否。面会者が来ても車椅子による連行を妨害して面会させないなどの虐待の限りをつくしていた。》
四、九七頁四行目（本書一二〇頁）
『バカモノッ、
《今度そんなこと（告訴）したら殺されるぞ》』
五、九七ページ七行目から一〇行目までの約三行（本書一二一頁）
私が本書で主張したいのは看守の暴行陵虐ではない。

《そんな暴行陵虐は、たかだか肋骨五、六本折られるか、腕・脚の一、二本を折られるぐらいのものので、運が悪いときに頭を割られるぐらいの、所詮は小さな次元の暴力でしかない。》
六、九八ページ八行目から二〇行目までの約一一行（本書一二二頁）

《私が城野に行ってすぐ断食したら、三日目に外に『ひっぱり』出され、官主《ママ》が四人位来て、靴でけられたり、ふまれたりされた上、城野に来て断食するなんて官主《ママ》を馬鹿にしている野郎だと云え《ママ》ながら私を他の患者から見えない治療室の中に入れ革手錠をかけました。

それから後のことわ《ママ》、何もわかりませんでした。

目がさめたときは、保護房の中でした。体が『しびれるよう』で『うごくこと』も出来ませんでした。五、六時間たって『いしき』がもどり、腕が病《ママ》むので見たら注射のあとがあったのでわかりました。この注射をされると『ヨダレ』をたらして口もきけなくなり、おとなしくなります。

官主《ママ》の言う事をきかない者に対しては、靴でけったり注射をしたりします。》一日三回……

七、一二五ページ最終行一字（本書一五一頁）

……（東京拘置所第《二》区係長の発言……）

八、一四八ページ最終行より一四九ページ一行目までの約半行（本書一七六頁）

……高尾氏が抗議したところ

《大勢の看守によって袋叩きにされ、》革手錠をかけられて……

九、一四九ページ七行目から一二行目までの五行半（本書一七七頁）

……「北舎では脱いでやっていた」と答えた

《ところ、管区室に連行され、両腕を押さえつけて首をしめるなどの暴行を受け、「貴様、ここをどこだと思っているのだ！」などとののしられた。それに対して高尾氏が足で反撃すると、よってたかって袋叩きにし、後手に革手錠をかけ、彼の腹部を数回膝蹴りした後、「保護」房に叩きこんだ。

高尾氏はこのあと腹部の激痛に一ヵ月以上苦しんだ。》

十、一四九ページ二二行目から二五行目まで四行（本書一七七頁）

……理由について看守に問い質したと

《ころ、管区に連行され、大勢の看守によって床にひき倒され、四肢を逆にねじあげられ、首をしめられ、胸、腹、背中を集中的に［ヌリツブシ］、ふみつけられた。このため高尾氏は激痛のあまり失神したが、看守らは高尾氏を医者に診せることもせず、「保護」》房にぶちこんだ。

十一、一五七ページ二八行目から一五八ページ二行目までの約三行（本書一八六頁）

……やるよ！』　等々の罵声をあびせられながら

《髪をつかんでひきずりまわす、首をしめる、顔を何度も床に叩きつける、腕を逆方向にねじりあげて逆海老責めにする、背中や顔を足で踏みつける等の暴行を受けました。》私が点検時……

以上

計一一ヵ所抹消あり。

◉本書でとりあげた施設及び獄中者（出獄者も含む）

〔施設名〕	〔被収容者〕
旭川刑務所	磯江洋一
函館少年刑務所	清水修一
札幌拘置支所	大森勝久
帯広刑務所	K・O
函館新川拘置支所	T・H
室蘭拘置支所	宮本信幸
青森柳町拘置支所	鎌田俊彦
宮城刑務所	T・Y、T・I
仙台拘置支所	赤堀政夫、佐藤誠、平沢貞通、斉藤幸夫、熊谷信幹
前橋刑務所	生田正美、A
宇都宮拘置支所	小山一四三号
浦和拘置支所	竹本信弘、村松誠一郎
松戸拘置支所	小野悦男
千葉刑務所	高宮重夫
東京拘置所	荒井政男、荒井まり子、飯田博久、片岡利明、黒川芳正、宇賀神寿一、大道寺将司、田村正、梶原利行、T・H、袴田巌、山田塊也、関口政安、S、G・S、増淵利行、永田洋子、富山常喜、K・O、鎌田俊彦、T・I、丸山明、高尾猶行、斉藤彰、T・O
府中刑務所	藤沢徹、斉藤彰、K・N、M・M、N′、F、H、N・T
府中刑務所拘置区	桜庭章司、A・A、大久保正昭、塩見孝也
横浜刑務所	K・M、前田道彦、A′
横浜拘置支所	永井啓之、宮田剛（仮名）
八王子医療刑務所	
甲府刑務所	中川憲一、成田三〇二一号
長野刑務所	高宮重夫、太田敏之

富山刑務所	M
金沢刑務所	M・M
新潟刑務所	鎌田克己
鳥取刑務所	G、近藤有司
岡山刑務所	鎌田俊彦
三重刑務所	
岐阜刑務所	遊佐和彦
滋賀刑務所	津田光太郎
名古屋刑務所	S・T、T・H′
名古屋拘置所	T・H、T・U、T・H′
大阪刑務所	S・T、山田契二
大阪拘置所	遊佐和彦、竹内毅、渡辺清、谷口繁義、川口喬、鈴木国男
城野医療刑務所	川口喬、T・T
福岡拘置支所	浜田武重、免田栄
京都拘置所	山田契二
栃木刑務所	中井友子（仮名）

（注）同一獄中者が複数の施設に掲げられているのは、施設を移監されたためである。（編集部）

〔注〕

(1)房内で何もせず号令がかかるまで安座の姿勢で待っていること。

(2)「新聞切抜」は、日刊紙一日分のどこかを切りとってある(多少大きさは問題とされるが)とパンフ扱いとされ、差入れられる。現在は一週間分を「合本」としてまとめ差入れているケースが多い。日刊紙の差入を認めず、形式的な「切抜」をさせているところに、監獄支配の官僚的な側面が現われている。

(3)「監獄法改悪反対に関する申立」(本書のこと)も、東京拘置所の荒井まり子さんが、東京弁護士会人権擁護委員会監獄部会の部会長であり、荒井さんの刑事裁判の弁護人でもある庄司宏弁護士に発信したところ、計一一カ所にわたって抹消された。

(4)念のため付言しておくと、裁判所の職権による精神鑑定に携わった高槻市の光愛病院の渡辺哲雄精神科医師は、川口氏の病気を認めていない。

(5)幹部職員と面接する時は、足型指定位置に直立不動の姿勢をとらせる。時には四、五人が顔面間近に大声で怒鳴りながら一方的に説教する。

(6)監獄法第六〇条2「受罰者ヲ罰室内ニ昼夜屏居セシメ」と規定し、固定独居房に離し、精神的孤立の痛苦を与える罰である。「屏居」とは、他の在監者から隔離し、昼夜を通じ、常に房の内に独居拘禁する。この懲罰は必ず他の懲罰と併科し、「運動、入浴、接見、教誨、診療」なども認められていない。屏禁罰は、二カ月以内罰室に屏居する軽屏禁と、七日以内暗室に臥具を与えず屏居する重屏禁とがあるが、後者は現在行なわれていない。

(7)監獄法第四条「主務大臣ハ少クトモ二年毎ニ一回官吏ヲシテ監獄ヲ巡閲セシム可シ」、第七条「在監者監獄ノ処置ニ対シ不服アルトキハ命令ノ定ムル所ニ依リ主務大臣又ハ巡閲官吏ニ情願ヲ為スコトヲ得」と現行監獄法は定めている。しかし、監獄当局の様々ないやがらせにより、真意を伝えることはなかなかむずかしい。

II

行刑の国際水準と日本型行刑の特質

解説にかえて

海渡　雄一（弁護士）

全国獄中実態調査報告を読了して、獄中のすさまじい人間破壊の実態にあらためて認識を新たにしているところである。

私は一九八二年四月に刑事施設法案、留置施設法案の拘禁二法案が国会に提出される直前から、同二法案に対して主に弁護士会の活動を中心に反対して来た者である。この間、第二東京弁護士会監獄法等対策特別委員会の活動の一環として日本の刑務所九カ所（川越少年刑務所、八王子医療刑務所、甲府刑務所、前橋刑務所、府中刑務所、千葉刑務所、黒羽刑務所喜連川支所、栃木女子刑務所、横須賀刑務支所）を見学し、刑務所の実態を知ろうとする努力をして来た私にとっても、本書の内容はやはり驚くべきものだった。

一　戦後監獄法「改正」作業の流れに沿って

1　意欲的だった戦後直後の改正作業

まず最初に、現在問題とされている監獄法「改正」案である刑事施設法案が、どのような経過で出されて来たものかを簡単に振り返ってみよう。

現行監獄法が施行されたのは一九〇八年である。以来七〇年以上が経過している。監獄法はその時代的制約から被収容者の人権の確保や社会復帰への援助という側面がほとんど顧慮されておらず、全体として管理的、権威主義的性格が濃厚である。戦前から全面改正の必要が指摘され、戦後だけでも改正作業は数次に上っている。

新憲法制定後の一九四七年八月二六日決議された司法省監獄法改正調査委員会の改正要綱の内容は、当時においてはかなり思い切った内容と評してよいだろう。すなわち改正要綱は「監獄法を未決拘禁の執行と自由刑のそれとに二分し」「代用監獄（警察留置場）制度は、これを廃止すること。但し経過的には現行制度を認めること」「作業の就業者に対し、一定の報酬の請求権を与え」「受刑者に帰休を許す規定を設ける」などとしている。

この改正要綱に基づき事務当局において起草された最終の草案である「第四次行刑法草案」は十章、一七二条から成る詳細なものである。草案はまず受刑者を個人として尊重する原則を正面に掲げている。その内容の一例をあげると、作業に就いた受刑者に対しては労働の対価として作業給与金が支払われ、危険作業・時間外作業に対しての割増作業給与金の制度や、刑務所の責に帰すべき事由による休業の場合の休業手当（作業給与金の最低額の百分の六十を下らない）の制度までが定められているのである。

一九五七年三月に法務省で作成された「監獄法改正要綱仮草案」も、監獄法を未決拘禁と行刑に二分すること、未決拘禁者の自由についての留意、防禦権保障のための特別措置を規定する一方、受刑者処遇の基調を人権擁護と教科的精神に置き、作業条件の法律化、刑務作業における労働保護、賃金制、外出制度などを定めている。

2　現状追認に堕した改正作業

ところが、一九六四年一一月に作成された「刑務所法仮要綱案」では、賃金制は採用しないとされ、改正作業は徐々に現状追認に堕していった。

今日の刑事施設法案に至る「改正」作業は、一九七六年三月法務大臣が法制審議会に対し「監獄法改正の骨子となる要綱を示されたい」との諮問をしたのをきっかけに始まった。法制審議会には、監獄法改正特別部会がつくられ、法務省は同部会に「監獄法改正の構想」と「構想細目」を審議資料として提出した。法務省はこの「構想」「構想細目」をたんに審議の一資料であり、決して審議を拘束するものではないとの名目で提出しながら、実質的には同省の改正要綱案だったのである。

法制審議会では、この政府案を中心に議論がすすめられ、これに対する弁護士会などの批判意見は、ほとんど多数決によって葬られてしまった。そもそも部会の構成自体が公平でなく、四〇名の委員の半数を法務省・警察庁・裁判所などの現職が占めていた。また、長期にわたる「改正」作業の過程で、実際に受刑生活を体験した者の意見が全く聞かれなかったことや、審議が秘密会で一切公開されなかったことも、この「改正」の基本的な姿勢をよくあらわしている。

3 「要綱」の危険な内容

このような法制審議会部会および総会での審議の結果、一九八〇年一一月法務大臣に答申されたのが、「監獄法改正の骨子となる要綱」（以下「要綱」という）である。

「要綱」は、右のような改正作業の経緯に照らせば代用監獄を漸減するとはしたもののなお存続を認め、賃金制を採用せず、第三者機関も設置せず、外出・外泊、外部通勤等も非常に制限的で全く不十分なものであった。更に規律秩序を偏重し、第三者に対する武器の使用、強制医療等、現行法にもない規定を新設し、外部交通を大幅に制限するなど、治安主義に傾く危険な内容となっている。

4　要綱すら無視した二法案の提出

一九八二年四月二八日政府は刑事施設法案と留置施設法案の二法案（合わせて「拘禁二法案」という）を国会に提出した。留置施設法案については本稿の範囲外なので詳説することができないが、要綱立案の過程で全く予定されていなかったものであり、警察庁が、自白と誤判の温床として一刻も早い廃止が望まれる代用監獄を永続化することを狙って提出した法案である。また刑事施設法案（以下単に「法案」という）は本来要綱に基づいて立案されるはずであった。ところが法務省の策定した法案はこの要綱すら実に一〇〇カ所以上の条項にわたって改悪しているのである。

改悪個所の逐一を指摘することは限られた紙数では困難であるが、法案では、被収容者の権利に関わる事柄についてはその権利性が不明確にされ、施設側の被収容者に対する規制の権限に対する実体的・手続的な限定はことごとく撤廃され、受刑者の処遇にあたってその自主性、意思を尊重する規定が全く削除されている。本書の全編に展開されたすさまじいまでの権力的抑圧、処遇の押し付けを、そのまま条文としたような法律案となっているのである。

要綱作成の段階で、所内生活への過剰な干渉を避け、受刑者の自主性を尊重する方向で努力された法制審議会監獄法部会長、平野龍一教授は「刑事施設法案の基本問題」（『法学協会百周年記念論文集第二巻』所収）と題する論文中で、法案が要綱に加えた変更は、「要綱」の基本的な性格を変更するものになりかねないものであり、刑事施設法案はもう一度全面的に見直す必要があるように思われると論じている。
ところが法務省は今もなお、法案は「要綱」を忠実に法文化したものだと主張している。このような法務省当局の姿勢は、法案の内容の是非を議論する以前の法律家としての最低限のモラルに欠けているもの、と言わざるをえないものである。

5 あくまで法案成立を図る法務省、警察庁

右の二法案は一九八三年一一月衆議院の解散とともに廃案となった。しかし法務省はなお法案成立の望みを捨てず、日本弁護士連合会との間で続けられて来た監獄法改正問題意見交換会を一九八四年一一月一九日の二二回をもって、一方的に打ち切った。そして政府は、先に提出した二法案に、弁護人との接見交通（面会）に関する部分などにほんのわずかの修正を加えただけで、一九八五年春の通常国会に提出する方針とされている。

本稿では、日本弁護士連合会の二法案に対する反対運動の経過、主張の内容については省略せざるをえなかったが、刑事施設法案を逐条的に検討し、これに対する日弁連の意見を法案の形で明らかにした「日弁連拘禁二法案対策本部試案」が公表されている。瀬戸英雄弁護士と筆者が共同で執筆した「試案」の解説が『ジュリスト』八五年二月一日号、『自由と正義』同年二月号に掲載されているので御参照願えると幸いである。

このような流れの中から提出された二法案の意味するものを考えるに当たっては、一旦、目を海外に移し、日本の行刑の現実を相対化して考察を進めるのが有効であると思う。

二　ヨーロッパの刑事施設を見て

今回の監獄法「改正」に当たって法務省の掲げたスローガンは「近代化・国際化・法律化」であった。行刑の国際化とは欧米諸国の水準に見合ったものにするということである。ここには、日本の行刑が国際水準に達していないという正しい認識が込められていた。

我々も「要綱」や法案を批判するに当たって、欧米諸国の行刑法規を引用して「国際化」を達成していないなどと言って来たわけであるが、法律の字面や法務省の官僚の形通りの見学記だけからはどうしても行刑の実態に迫るには限界があった。ならば、ヨーロッパ諸国の行刑の実態を自分達の目で確かめた方が早いと言うことになり、一九八四年六月、二週間の日程で第二東京弁護士会監獄法等対策特別委員会の委員ら一一名で、ヨーロッパ六カ国の刑事施設を訪問することになったのである。一行を二つのグループに分けたため、私自身が見ることの出来たのはイギリス、デンマーク、スウェーデン、フランスの四カ国であった。訪問施設は次のとおりである。

イ　ギ　リ　ス　フォード開放施設
　　　　　　　　ルイス閉鎖施設
デンマーク　ブリーズ・ルーセリレ閉鎖施設
スウェーデン　アスプトゥーナ開放施設
　　　　　　　フディンゲ閉鎖施設

フランス　ポワシー閉鎖施設

右以外に警察署や法務省（内務省）も訪問した。

もとより短い調査旅行であったが、そこで垣間見ることのできたヨーロッパの行刑の実態は、日本にあって想像していた以上に、日本のそれとは根本的に異なるように思われた。以下私が見聞できた範囲内で、本書中で展開されている日本の行刑と対比しながらその実態を見ていきたい。

1　施設の構造と受刑者の生活空間

イギリス、フランスの施設は建築された時期が古い（ルイス刑務所が一八五三年、ポワシー刑務所が一八二一年）こともあり、施設の構造に日本と異なった特徴はなかった。イギリスのルイス刑務所では短期収容者が独房に二名収容されており、過剰拘禁となっている。

デンマークで我々の訪問した閉鎖刑務所は、蔦のからまる古風な建物で一八五九年に完成したという。中は意外に明るい。受刑者のいる区画は以前は中央から一望できるようになっていたが、現在では各区画の入口に壁を作ったため一望監視はできなくなっている。両側に居室の並ぶ一区画の中は夜九時半までは自由に歩き回ることができる。広い廊下全体がリビングルームのような使い方がされており、ビリヤード、卓球などの設備や熱帯魚の水槽なども置かれていた。デンマークの刑務所は建築は古いが設備は近代的で、中央コントロールセンターには施設内の要所を監視できるようテレビ・モニターが設置されている。しかしこのようなテレビ設置の目的は逃亡の防止であり、監視する個所は屋外、特に塀であ

＊スウェーデンのアスプトゥーナ開放刑務所の居室棟。塀はなく，手前左の電話ボックスからは自由に外に電話できる。

り、日本でのように居室内での一挙手一投足を監視したりすることはない。受刑者のプライバシーが尊重されているのである。

スウェーデンは、刑務所建築の形式に非常に気をつかっている。刑務所を見てまず気付くのは小型化して、刑務所らしくないということである。フディンゲ刑務所の定員は四〇名である。大型の刑務所は次つぎに取り毀され、小型の施設に建て替えられている。我々の訪問したフディインゲ閉鎖施設では、高い塀、鉄格子の窓、石造りの建築にかわって、二重の金網のフェンス、鉄格子のない強化ガラスの窓、一般住宅と同じ建築様式が採用されている。

このような建築様式は「監獄」にまつわる暗いイメージを払拭することを目的としている。監獄を必要以上に堅固な建物とし、その塀を高くすることは、監獄の中と市民社会との心理的な距離感を強調するし、投獄が「市民社会からの排除」という象徴的機能を営むことを助けている。施設拘禁が社会復帰の出発点であるとするならば、まず建築様式から改革する必要があるのである。実際的にも施設の小型化は、刑務所を地方に分散し、家族、地域社会との関係を保つため、生活の本拠にできるだけ近いところで受刑させるために必要である。

2　施設内生活

(1)　食生活

食生活の水準は一般に非常に高い。スウェーデンのフディンゲ刑務所の食堂は壁一面にパステルカラーの壁画が描かれたカフェテラス風で、ここで職員も受刑者も同じ内容の食事を摂るということであった。

フランスのポワシー刑務所では、夕食を一五ないし二〇名ぐらいで一部屋に集まって摂る。夕食時間は一時間で、自由な語らいの時間である。私物として取り寄せられる副食品のリストが非常に豊富で、各人が作りつけの棚の中に沢山の副食品を貯えている。これはフランスだけであったが、一日二本のビールまで飲めるという。酒を飲み水代わりに飲む国民性にもよるのであろうが、やはり驚きであった。イスラム教徒や菜食主義者に特別の料理を提供する点も各国で共通であった。デンマークの刑務所では、ユダヤ人にはユダヤ式に屠殺した肉を、菜食主義者も二つに分け乳製品を摂るものと摂らないものにそれぞれ特別の料理を提供していると説明を受けた。受刑者一人一人の宗教、慣習、信条をとことんまで尊重しようという考え方が、ここにもうかがわれるのである。

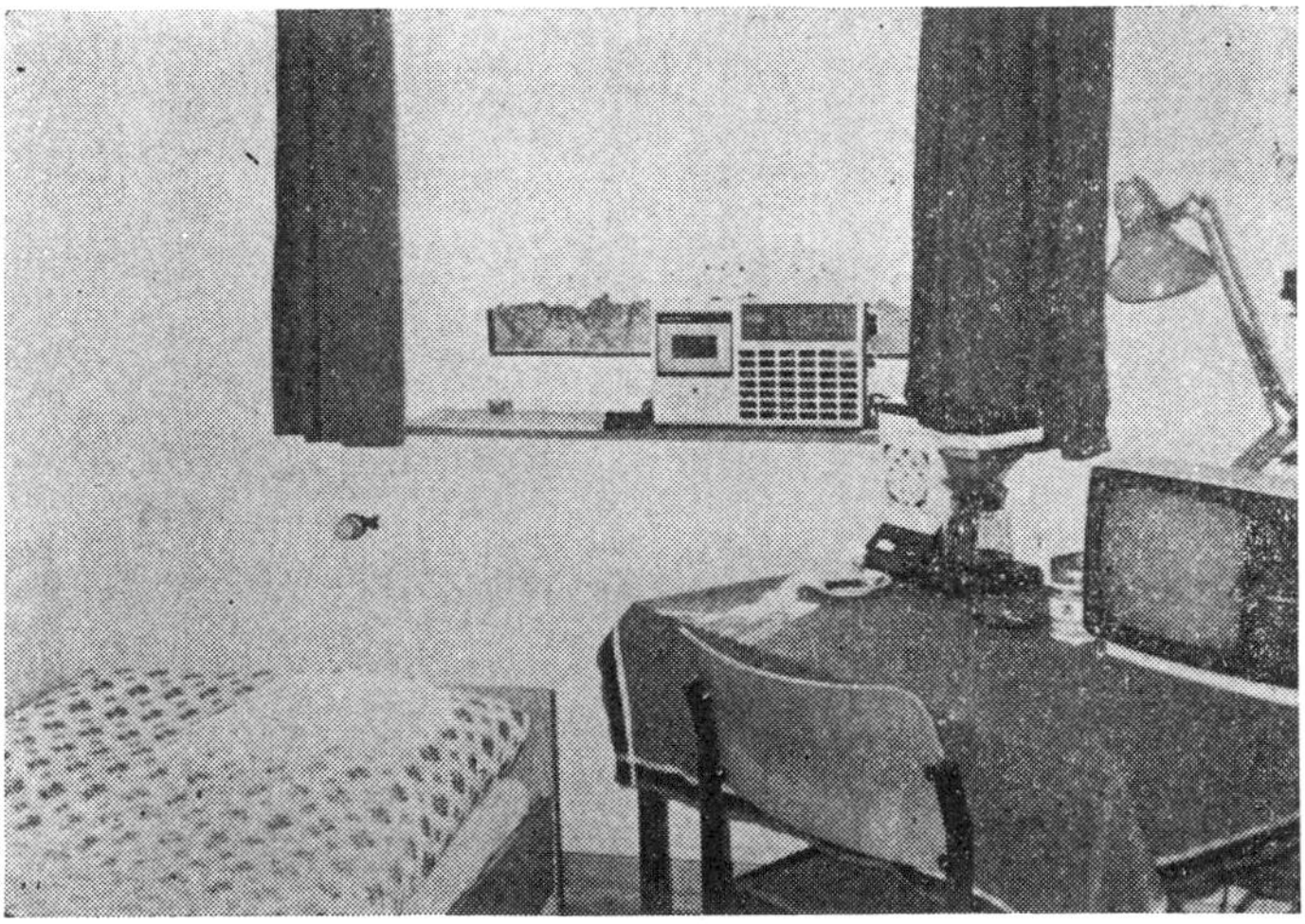

＊西ドイツのアッテンドーン開放刑務所の居房。テレビ・ラジオ等は全て私物。

(2) 衣料

日本のような灰色の囚人服を着せているところはなかった。

イギリスは制服であるが、ワイシャツとジーパンの上にジャケットをはおっている。ジャケットは何種類かある。フォード刑務所で見学中に我々が、ジャケットは何種類あるのかと尋ねたことがあった。我々を案内してくれた担当者が答えにつまっていると、かたわらで作業していた受刑者が「〇種類だよ」と言った口調で、口をはさんでくるのである。このような会話は日本では考えられないことであり、受刑者と職員の人間関係の質がよくわかった一コマだった。

デンマーク、フランスは完全に私服である。受刑者は外での服装と同じように全く思い思いの服装をしている。

スウェーデンでも受刑者は皆、色とりどりの服装をしていた。我々は当然私服だろうと思い、念のため確認したところ、案に相違してこれは官服だという返事が返って来た。つまり、当局がいろいろな色やデザインの服を買い集めて受刑者に配るという。選択できるわけではない。なおスウェーデンでは職員の制服も廃止されており、一目見ただけでは誰が受刑者で誰が職員か区別がつかないほどである。

(3) 居室

居室内を見た感じは日本とヨーロッパでは全く違っている。カーテンや机、ゴミ箱に至るまでカラフルで、日本の「灰色」の舎房とは趣きが異なっている。持ち込める調度品にはバラつきがあるが、本の冊数も多く、家族の写真、ヌードのピンナップ、室内のちょっとした装飾品などが目についた。テレビはあるところとないところがあったが、ラジオやカセットなどは必ずといってよいほど持ち込まれていた。このように持ち込めるものはイギリス、フランス、デンマークなどは私物中心であるが、スウェーデンではテレビやコーヒーメーカーまで官給品だった。

居室内の生活条件を考える時に重要なのは、短期よりも長期、開放より閉鎖の方が持ち込める物品の量が増えるのが各国共通の現象だったことである。過剰拘禁に悩むイギリスのルイス刑務所でも長期収容者は居室にギターや鳥かごまで持ち込める。スウェーデンのアスプトゥーナ開放施設は木造で室内の調度も質素であった。そこで我々は閉鎖施設に比べて不公平ではないかと尋ねたところ「ここには（閉鎖施設にはない）自由があるから」という答えが返ってきて「なるほど」と納得させられた。逃走の防止等の観点から拘禁の程度を厳しくする場合でも、それは苦痛を与えるためのものではないから、生活水準は他と比べて逆に高くすることが公平と考えられているのである。

日本では行刑累進処遇令の等級が進級するに従って拘禁の程度が緩和され、これに従ってテレビを見ることのできる回数、面会や手紙の回数、お菓子を買える量などまで増加していくやり方がされている（本書一三七頁参照）。法務省が日弁連との意見交換会の中で明らかにした「受刑者処遇の大綱（事務当局試案）」によれば、刑事施設法案の下でもこのような考え方は全く変わっていない。右大綱の処遇環境の類型の内、第一類型とされている類型では、拘禁の程度は厳格施錠、処遇上単独とした上で社会訓練も他律的、自弁も基本的物品に限定するとしている。あらゆる面で最低の生活条件にするということであろう。このような発想はおよそヨーロッパでは考えられない、非常に特殊な、日本固有のものといえるだろう。

3　受刑者と職員の人間関係

ヨーロッパの施設を見て、日本と根本的に異なっていると思われるのが職員と受刑者の人間関係であろう。受刑者と職員はお互いにファースト・ネームで呼び合うのが普通である。イギリスのフォード開放刑務所で、朝の作業を終えた受刑者が昼食のため居住区に帰って来るところに出会った。工場が退けたあとの労働者の群れと形容すればよいだろうか、文字通り受刑者が全くバラバラに帰ってくるのである。我々は愚かにも「(日本のように) 軍隊式に行進して帰るようなことはしないのですか」と聞いたところ、刑務所職員の方が驚いて、「ビクトリア王朝時代にはそういうことをやっていたと聞いたことがあるが」と答えた。

またイギリスでは、刑務職員の労働組合によるストライキが頻発しており、我々の訪問中にも、ストライキというわけではなかったようだが職員の配置ができないで一つの工場が休業し、受刑者はスポーツに興じていた。イギリスの刑務官が昼の休息をとるところは、施設内にある労働者のパブ風のところであり、そこでは職員がゲームに興じたりしている。職員自らが団結し、自らの人権を自覚しているからこそ、受刑者に対しても本当にフランクな人間と人間との対等な関係を作ることができるのではないだろうかと考えさせられた。ストライキ権はおろか、団結権すら認められていない日本の刑務職員が受刑者の人権を尊重することができるようにするには、まず自らの人権を確立する必要があるように思われる。

これがスウェーデンになると、またさらに様相が変わってくる。スウェーデンの刑務職員には制服もなく、ジーパンにTシャツで仕事をしている。一言で言えば社会福祉活動をしているボランティア青年のような感じなのである。職員と受刑者のトラブルは本当に稀だという。

4　処遇の展開

刑務所内の刑務作業に対して支払われる作業報酬は、北欧諸国を除けば一般には低い。イギリスで月平均八ポンド（約二四〇〇円）、フランスで月三〇〇ないし一五〇〇フラン（約九〇〇〇円から約四万五〇〇〇円）くらいである。

受刑者の処遇について日本と対照的な考え方をとっているスウェーデンの場合を少し詳しく見てみよう。スウェーデンの受刑者には開放施設に収容されている者だけでなく、閉鎖施設に収容されている者にも特に支障のない限り定期的な外出、外泊が認められている。一九八二―八三予算年度中に認められた外出、外泊の総件数は四万一九四五件で、同年度中に行刑施設に収容された一日平均人員が四〇二六人であるから、いかに広汎に外出、外泊が認められているかがわかる。当然事故も多く、全回数の約四%が時間通り帰着せず、約二%がアルコール、麻薬の濫用、犯罪などの事故を惹き起こしている。しかしスウェーデンの行刑当局の姿勢は、ほとんどの受刑者に外出、外泊を許す以上この程度の事故はあって当然というもので、むしろ満足すべき数字だという説明を受けた。一人の逃亡者が出ると大騒ぎになり、すぐ夜間の施錠まで復活させる(黒羽刑務所喜連川支所の例)日本の開放施設の実態とは全く異なっている。

受刑者はこの定期的な外出の機会を利用して、家族との関係の維持、就職先探し、住居探しなどの一身上の用件を処理することができる。スウェーデンのアスプトゥーナ開放施設では、外での仕事が見つかれば皆が外部の勤務先に出勤する。勤めを見つけるのは簡単ではないようであるが、新聞広告を見たり、職安の協力を得て、外出の機会に就職面接を受けて決めてくる。職員はその相談役になる。勤めが決まると毎朝出勤して夜八時までに刑務所に帰って来なければならない。通勤には自家用車(!)を使うものが多い。給与は受刑者がそのまま受け取ることができ、施設には一日二五クローナ(約七五〇円)を支払うだけでよい。

フディンゲ閉鎖施設は若年の者を多く収容しており、教育に力を注いでいる。午前中は原則として教育の時間である。施設内の学校には市の成人学校から教諭が派遣されてくる。作業は木工の家具作りが中心である。条件付釈放(刑期二年以下では刑期の半分で、二年をこえる時は概ね刑期の三分の二で釈放となる)の二、三カ月前になると、前述した定期的な外出の機会を利用して仕事を見つけた者には、閉鎖施設から毎日外部に通勤することが認められることがある。これは社会復帰のチャンスを生かすためで、最初から再就職先の決まっているようなお金と学問のある受刑者には、このような特典は認められないという。ハンディキャップを持つ者への援助・福祉の発想なのである。

身元引受人や帰住先がないと仮釈放すら認めない日本のやり方とは全く一八〇度発想が逆なわけで、これには私達も本当にショックを受け、何回も尋ね直してやっと納得したほどであった。

所内の作業には週二〇〇クローナ（約六〇〇〇円）が支払われる。教育についても、もちろん報酬が支払われる。これまで読み書きのできなかった者が熱心に教育を受けると平均の二倍以上の報酬が支払われるという。

スウェーデンでは一部の施設で実験的に税引き後の一般賃金に匹敵する作業報酬を支払う試みもなされている。

5　図書・レクリエーション

外部で自由に購入できる図書が施設内で制限されるようなことは、まず考えられない。日本の税関も通らないようなポルノ写真がボードにベタベタ貼られているような居房も珍しくない。また、外部の図書館を利用する権利が保障されている例も多かった。デンマークの刑務所内にはビデオ・クラブがあり、皆が金を出し合って外から取り寄せたポルノ等のビデオを楽しむことも許されている。フランスのポワシー刑務所にあった映画館は、シートの座り心地、スクリーンの大きさから言っても日本の超一流映画館並みのものであった。

＊イギリスのルイス刑務所兼拘置所の一般面会場。中央が立会人席で面会の仕切りはない。

6　面会・電話の利用

面会室に日本のようにプラスチックの仕切りがあり、個別に立会いがついて話の内容まで聴き取るような国はどこにもなかった。イギリス、フランスではテーブルをはさんで受刑者と面会人が話すことができ、手をにぎることはもとより、軽いキスぐらいは許されている。立会いの職員は遠くから見ているだけで、話の内容まで聞くようなことはしない。過去に麻薬を持ち込んだりしたような者だけが、プラスチックの仕切りのあるところで面会させられるが、この時も話の内容まで聞くようなことはない。

デンマーク、スウェーデンでは個室で立会いのない面会が許されている。面会室には中から鍵がかかり、ベッドとしても使えるソファが置かれている。一回の面会時間は二時間。妻や恋人とのセックスも可能である。スウェーデンの開放施設では面会室すらなく、面会の場所は自分の居室でも、庭の芝生の上でもいいということだった。

電話も利用されている。イギリスの開放施設では許可があれば電話を利用できる。スウェーデンでは閉鎖、開放とも自由に電話を利用できるということであった。

7 医療

(1) 一般医療

監獄医療の実態は一時的な訪問だけでは詳しいことはよくわからないが、例えばスウェーデンの場合、施設が小さいこともあり医師は週一回程度診療に来るだけのところが多く、代わりに看護婦が半日勤務で毎日勤務している。被収容者が急に病気になった場合には施設と契約している一般病院に診てもらいに行くということで、場合によっては単独で外出して専門医の診断を受けることもできるという。一口で言えば普通に自宅で生活している者が病気になった時の扱いと同じ扱いを受けるということであろう。

(2) 保護室

一般に閉鎖施設には保護室が設置されている。その構造は日本とほとんど変わらない。しかし、保護室が懲罰の代替手段として利用されるようなことはない。

例えばイギリスのルイス刑務所の保護室は医務区の中にあり、医務官の管理下に置かれている。担当の医務官は「保護室収容は最後の手段であり、必要がなくなった時はすぐ外に出す。所長の裁量で収容しておける最高限の時間は二四時間である。今、表で日なたぼっこをしているあの受刑者は昨晩は保護室に収容されていた。力による対応は反発を生むだけで無益だ。我々は保護室に収容された受刑者ともできる限り対話を続けるようにしている」と語った。

(3) 強制医療

強制医療を認めるか否かはヨーロッパでも立場が分かれている。イギリスでは一九七四年七月の政府決定以降、ハンスト者にも強制的栄養補給をせず、その結果政治犯待遇を求めてハンストに入ったＩＲＡのメンバーが次つぎに死亡するに至った。

西ドイツでは一九七六年行刑法制定の経過で大きな議論となり、切迫した生命の危険のある時には強制医療を認める立場を採ったが、最近になって強制医療を認めない方向で法律を改正する動きがあるという。

スウェーデン行刑法には、この点についての規定はなく、法務省で受けた説明によるとハンスト者が出た場合、施設外に移送し、一般の医師の判断に委ねるやり方をとっているとのことであった。

8 被収容者団体

イギリスでは年平均約三〇件の刑務所暴動が発生している。イギリスにはＰＲＯＰという受刑者の支援組織が結成されている。ＰＲＯＰは一九七二年に元受刑者を中心に結成された。ＰＲＯＰは監獄制度はブルジョワジーが階層秩序を維持し、社会的な矛盾を隠蔽するための機能を果たしていると主張している。ＰＲＯＰの活動の詳細については『囚人組合の出現』（マイク・フィッツジェラルド著、長谷川健三郎訳）を参照されたい。なお、右の書中で著者が、イギリスの左翼が伝統的に監獄問題を正しく位置付けないで、社会の「周辺」にいる人びとを無視または敵視して来たことに反省を促しているが、このことは日本の左翼にもそのままあてはまるといってよいだろう。

スウェーデンでは、各施設毎に被収容者の団体を結成し、自分達の処遇について施設管理者と交渉することが認められている（一九七四年行刑法三六条）。また、その全国同盟（ＦＦＣＯ）や獄外の一般市民が獄中の処遇改善のために結成したＫＲＵＭがあり、一九七四年の監獄法改正に際しては、これらの団体は活発に意見を発表し、新しい行刑法に大きな影響を与えた。このようなやり方の背景には民主主義を実践する中ではじめて自立した人格が形成されるという考えがある。

フディンゲ刑務所は男子と女子の受刑者が混合して収容されている。デンマークのリンゲ刑務所では既に男女交際が自由化されているが、ここでは昼間の作業、教育等が一緒で夜寝る所ははっきり分けられている。フディンゲの被収容者団体の最近の要求に、夏の日光浴時に女性がビキニ姿になることと男女交際の自由化が掲げられているが、当局は前者は認め、後者は拒否しているとのことであった。

このような態度は、受刑者の権利要求、改善要求自体を敵視する日本の刑務所当局とは全く対照的なものといってよいだろう。

9　隔離収容

イギリスでは過去にコントロール・ユニットという非常に拘禁性の高い房が存在したが今は廃止されている。刑務所は拘禁の程度によってＡ（ハイレベル――三〇〇人）、Ｂ（平均――五〇〇〇〜六〇〇〇人）、Ｃ（ワイヤーフェンスで緩和された拘禁――一万〜一万二〇〇〇人）、Ｄ（オープン――四五〇〇人）の四つのランクに分類されている。前述したようにハイレベルの者ほど私物等を沢山持つことができる。

スウェーデンでも全国で約二四人の受刑者が三カ所に分散して隔離収容されている。隔離は日本のように昼夜独居を意味せず、八時から一七時までは他の隔離収容者と雑居であり、最低限の社会生活は維持されている。

10 懲罰

イギリスでは逃走、暴力、酒の持ち込みなどの行為に対してとられる措置は、閉鎖施設への移送、レミッション（刑期の免除）の期間の短縮の二通りである。日本の軽屏禁にあたる懲罰は、行刑法には規定があるが一般には適用されていないようである。レミッションの期間の短縮は所長の裁量では二八日まで、訪問者委員会（第三者委員会）の決定では一八〇日までである。

スウェーデンでは未決拘禁者に対する懲罰制度は廃止されている。暴力行為など刑罰法規に触れる行為は警察の処理に委せるという。受刑者の逃走、暴力、酒・麻薬等の禁制品の持ち込みについては、閉鎖施設への移送、一〇日以内の日数の刑期不算入などの措置がとられる。刑期不算入の期間は、三カ月以上の刑期の者ではトータルで四五日を超えてはならないとされている。一九七四年行刑法には右以外に「七日以内の単独室拘禁」という懲罰が存在したが、一九七六年には廃止され、懲罰事案審理中に四日を超えない期間の隔離が認められているにすぎない。

11 不服申立

イギリスには訪問者委員会という第三者委員会があり、懲罰の審理、刑務所の随時訪問と記録検査、不服申立の処理などの仕事を行なっている。これ以外にも被収容者は、不満があれば所長や内務大臣への不服申立や、国会議員へ手紙を書いたり、弁護士を依頼したり様々な手段をとることが可能である。イギリスの内務省の担当官は不服申立の内容が行刑政策に重大な影響を与えていると語った。スウェーデンでも、不服のある被収容者は個人で、あるいは被収容者団体を通じて所長に申し出ることや矯正保護庁や国会オンブズマンへ訴えることも可能であると説明された。不服の内容は定期的な外出、外泊の制限に関するものが多いとのことである。

三　日本型行刑とヨーロッパ行刑の根本的な違い

1　人間の尊厳に対する尊敬

このようにヨーロッパ行刑は日本のそれとは全く質的に異なる面を持っている。このようなヨーロッパ行刑の基本となっている考え方はどんなものだろうか。我々の一行が各国の担当者に質問して得た回答をそのまま引用してみよう。

イギリス内務省のアシスタント・セクレタリーであるトーマス氏は、次のように語った。

「受刑者処遇について明確な哲学はないというのが正しい言い方である。再犯を防止するための唯一の有力な方法は存在していない。受刑者を人間的に、上品に（Decent）に扱うしかない。人間の改造ができるというような過大な期待を持ってはいけない。」

デンマーク法務省の矯正担当、レンツ氏の話――

「受刑者の処遇にあたっては人間的に扱うということが基本的な考え方だ。自由を奪うということは、どんなやり方でもその者に害を与える。施設の任務はその害をできるだけ少なくすることである。週末に家に帰れるようにするのも、心理的に社会復帰が困難になるのを防ぐためである。デンマークでは受刑者の取扱いがやさしすぎるという考えもあるが、まだ厳しすぎるという意見もある。矯正局の私たちは毎月何回も各地のクラブを回って、どうして受刑者を人間的に取扱うことが大切かを講演し、国民の理解が得られるよう努めている。」

スウェーデンの法務省で矯正担当をしているラーシュ・オーケ・ペーターソン氏はひげを蓄えた哲学的な風貌の持主であった。彼はこう語る。

「どんなに開放的な施設であっても、刑務所に収容することはその人間にとってはよくないことである。我国の行刑法が『被収容者は施設拘禁に伴う特別な困難に対する理解をもって処遇されなければならない』(九条) と定めているのもこのことを表わしている。硬直した規則は被収容者の過剰な反応をもたらすだけである。スウェーデンでは被収容者の暴力行為は非常に少ない。麻薬とアルコールの問題を除けば我々が最も力を入れているのは受刑者の釈放後の住居と仕事の確保である。」

一九七三年に改訂されたヨーロッパ被拘禁者処遇最低基準規則はその五条三項で「自由の剝奪は人間の尊厳に対する尊敬を確保する物質的ならびに精神的諸条件のもとで行なわなければならない」と定めている。

もちろんヨーロッパの行刑が理想の行刑であるわけはなく、様々な矛盾が内在していることも事実である。しかしヨーロッパ行刑は右の条項の意味するところを確実に実践しようとしていることだけは確かである。

2　人間としての誇りをはぎ取る日本型行刑

他方、日本の刑務所の中では、本書中で繰り返し明らかにされたように、日々「人間の尊厳に対する尊敬」が文字通り土足で踏みにじられている。受刑者の権利主張はすなわち監獄秩序に対する許されざる反抗とされる。刑事施設法案は国家処遇権の名の下に、受刑者の一挙手一投足まで、更にはその内心の自由までを監視＝支配しつくそうという宣言にほかならない。

このような監獄秩序の重圧の下で日々、受刑者は人間としての誇りをはぎとられ、自ら物事を考え、処理していく能力＝自律性を破壊され、敬礼と行進だけが得意で上からの命令には従順な人格に改造されていくのである。このような行刑が社会復帰どころか逆に再犯の原因を作り出していることは、本書の読者にはもう説明の必要もないであろう。

3　ジャパン・アズ・ナンバーワン行刑版

ところが何よりも救い難いことは、日本の行刑当局はこのような行刑が失敗していることを自覚し、これを改めるよう努力しないばかりか、逆に「日本の行刑は世界一だ」とばかりに自画自讃をはじめていることである。これは本当に驚くべきことである。少し長くなるが佐藤晴夫・小沢禧一著『刑務所』から引用してみよう。

「多くの受刑者はパーソナリティと環境の組み合わせから共同体の倫理（世間体、恥、恩義、義理人情、罪の意識）を見失ってしまったために犯罪に陥り、挙句の果てに刑務所に収容されることになったのであろう。」

「受刑者が罰を受けて因果応報の理を悟ることも、自由を奪われ、苦痛を味わって、『二度とこんなところに来るものではない』と感じることも、受刑者の倫理の覚醒につながるものであって、刑務所拘禁の持つ諸機能は決して相反することなく、それぞれ微妙に調和して働いているのである。」

ここには、「精神の自由」も「近代的個人」も存在しない。いつから日本は封建時代に逆戻りしたのかと問いたくなる。ここで原理的に問い直さなければならないことは、近代国家は個人の自由にどこまで介入することを許されているのかという命題である。監獄内であっても、国家が個人に一定の道徳観念を強制することが許されないことは近代の鉄則だったはずである。監獄内で、このような前近代的価値理念（換言すれば天皇制イデオロギーともいえる）を拒否して自らの精神の自由を守り抜くことが許されていないとすれば、監獄外の社会でも、そうしたものが体制イデオロギーとして強制されてくるということに他ならないのである。この監獄の状況は明日の我々の姿そのものである。

最近では次のような行刑官僚の自己正当化の論理も現われている。即ち矯正局参事官の長谷川永氏は『刑政』一九八四年五月号の「強者の自由」と題する論文中で米日曜誌『パレード』の記事を紹介して、「同記事は、府中刑務所で一八ケ月服役した後仮釈放された一米国人の日本の行刑に対する猛烈な悪口で始まる。

固くて狭いベッド、机を兼ねた流し、看守の許可なしには流せない水洗便所等の設備がまず槍玉に挙げられている。信書は検閲される、筆記具は禁止される、窓の外を見ることも他室の仲間と話すことも許されない、昼間はベッドに触れてもいけないが、午後九時の消灯後は就寝していないと懲罰を科せられる等々、処遇に対する非難が続く。

しかし、それでも『日本の刑務所の方がいい』―そのアメリカ人はいう。『厳しいが、公正で安全だ』というのがその理由である。」

「表面的には自由だが、常に生命の危険さえ感じていなければならない生活―このような生活が果たして真に権利・自由を保障された生活なのだろうか。」

と述べているのである。ここに示されている思想は国家によって庇護されるためには自らの自由を進んで差し出せという考え方である。このような考え方から、「国家が戦力を持って国民を守ってやっているのだから、国民は人権などとやかましく言うな。人権なんて言っているやつは国賊だ」という考え方へはもうあと一歩である。

4　抑圧行刑全面化の要因は？

このような抑圧行刑が全面化した要因はよく考えてみなければ結論の出せるものではないが、思いつく限りの要因を挙げてみよう。

まず現象的には獄中闘争が一定の前進を示し、当局がこれに危機感を持っていることがあるだろう。しかし諸外国では、これを前向きに受け止めて改革を図った例もあるのだから、これは決定的理由とはいえない。

また、行刑官僚の中から改革志向を持ったリベラリスト（例えば正木亮氏や中尾文策氏ら）が姿を消し、ネオ戒護第一主義者とも言うべき一群の行刑テクノクラートが誕生し、職員全体への締め付けを強化していることが挙げられる。しかし、これも原因というより、抑圧行刑の結果というべきだろう。

行刑の抑圧化の背景にはもっと大きな原因、すなわち社会的矛盾の深化と日本文化の特殊性があるように思われる。ある人間に対して国家が「犯罪者」というレッテルを貼って社会から排除し、一般国民の水準にくらべて著しく劣悪な生活水準でただ働きを強制し、さらには人格と内心の自由までを否定できる制度がこの社会に存在していることは、社会統制の手段として大きな意味があると思われるのである。それは「犯罪者」を対極として一般国民を国家に統合することによって、国家と社会が押しつける生活に疑問を感じ、これとは別の社会を目指す行動、そして思想そのものを異端化し、押さえ込んでいく機能を持っているのである。

このような刑罰の社会的機能は、原理的にはいつどの社会においても存在しているものである。アメリカで死刑判決が増加し、イギリスで死刑復活法案が提出（否決された）されるのもこのことを表わしている。しかし例えば高度成長期のように経済ナショナリズムという確固とした国民統合の軸のある時は、刑罰のこのような機能は後景に退くし、「個人の自由」の観念が社会的に強固に確立されているところでも権力的抑圧の全面化は妨げられる。七〇年代を通じて、かつての経済的ナショナリズムが崩壊し、国民統合の軸として「国家」が前面に再登場する時代となった。このような時代状況を反映して「犯罪者」の異端化を通じた刑罰の国民統合機能も再編・強化されているとみるべきだろう。そして、特に日本の場合に決定的だと考えられるのは、「お上」に対する権利主張、社会変革志向を根本から敵視する天皇制イデオロギーが、社会的にも完全に復活しつつあることである。「悪いことをしておいて偉そうな口をきくな」という社会意識が広汎に存在しており、獄中の人権に対する社会的防禦が非常に難しくなっている。これが、このような抑圧行刑が全面化してしまった真の理由だと考えられるのである。

5 今後の課題

このような意味で、監獄内の処遇の変化は、社会構造総体の治安的な再編の一つの環をなしている。従って獄内の人権を確立する闘いは、より幅広い社会意識のレベルで、個人の自由と主体性を確立していく一つの契機ともなりうるであろう。拘禁二法案（監獄法改悪）反対の闘いは単に法案に対する闘いには終わらないのである。

思い返してみれば、「犯罪」は我々の社会が日々生み出すものであり、我々自身の責任において解決することが可能だし、また解決しなければならないものだったはずである。犯罪対策を国家が独占したのは歴史的にもそう古いことではない。我々はこれまで国家の不当な刑罰権の行使（いわゆる弾圧事件や冤罪事件）に着目してこれに歯止めをかけようとしてきた。しかし、それだけでは不十分ではないだろうか。「国家刑罰権」、「国家処遇権」に対して我々が対置すべきスローガンは「犯罪現象の人民的解決」でなければならないと思う。すなわち近代の遺産である個人の尊厳の理念を生かしながら、いかなる行為を犯罪とするか、から問い直し、刑罰に代わる犯罪対策を構想したい。

(1) 行刑過程への市民的介入

今、一足飛びにそこまでは行けないとしても、すぐにも手のつけられる課題は山積している。思いつくままに挙げれば第一に獄中の非人間的処遇を改めさせ、また行刑のプロセスに人権擁護の角度から市民的に介入していくこと（とりあえず弁護士会への人権擁護申立の活用や施設外の者で構成される第三者委員会の設置など）である。また有罪事件における刑事弁護を充実させ、刑事裁判が社会復帰の出発点となりうるよう改革する努力も必要だ。具体的事件をめぐる攻防と拘禁二法案（監獄法改悪）反対の運動を相互に有機的に結びつける必要がある。

(2) 死刑の廃止

二番目は死刑の廃止である。隔離と応報の行刑の極点である死刑制度のあるところで、真の人間的処遇を目指した行刑の実現は困難である。ヨーロッパの行刑も死刑を早く廃止した国ほど改革が進んでいること（スウェーデンは一九二一年、イギリスは一九六五年、フランスは一九八一年）を実感した。

(3) 犯罪報道を匿名に

第三に犯罪報道を匿名とすることである。日本の犯罪報道は刑罰の先取りとして「犯罪者」に実名、写真入りでレッテルを貼りつけ、市民社会から追放してしまう機能を果たしている。しかし、ニュースの受け手にとっては実名は全く必要がない。スウェーデンなどでは犯罪報道は政治家の権力犯罪などを除いてすべて匿名である。刑罰が確定しても実名は公表しない。どんな「兇悪犯人」も我々の社会の一員であるという考え方がここでも貫かれている。犯罪報道の問題の詳細については浅野健一著『犯罪報道の犯罪』（学陽書房）を参照されたい。

私たちは決して私たちの社会の中に自由の凍りついてしまった空間が存在するのを許容してはならないと思う。私も本書の呼びかけに応えて、拘禁二法案（監獄法改悪）反対の闘いの一端に連らなりたいと思う。

（日弁連拘禁二法案対策本部事務局員、第二東京弁護士会監獄法等対策特別委員会委員）

Ⅲ 資料

〈資料1〉

獄中実態調査アンケート

実施＝監獄法改悪阻止獄中共闘会議

アンケート送付先
東京都港区新橋2―8―16　石田ビル
救援連絡センター気付
監獄法改悪を許さない全国連絡会議

監獄法改悪阻止獄中共闘会議では、拘禁二法制定（監獄法改悪）反対を広く訴えていくためには、獄中の実態をできるだけ多くの人々に知ってもらうことが必要であると考えています。代用監獄（警察留置場）の実態については、弁護士会も実態調査を行なっており、比較的反対の声も強いのですが、拘置所や刑務所とくに刑務所の実態については、ほとんど知られていないのが現実です。そこで今回は、拘置所と刑務所の実態にしぼって、アンケート調査をすることにしました。

アンケートにご協力して下さる方は、下記の欄に記入（または該当する箇所に〇印をつける）した上で、一九八三年一二月三一日までに「監獄法改悪を許さない全国連」宛に送って下さい。なお、複数の施設に収容されたことのある人は、最近の体験を中心としながらも、問題があり改革の必要性を感じた点については、できるだけ多くの施設での体験を記入して下さい。古い体験でもかまいません。複数の施設の実態について回答して下さる場合は、それぞれの回答が、いつ、どこの施設におけるものかも、わかるように書いて下さい。また、とくに最近、処遇が改悪されたような例がありましたなら、改悪の流れがわかるよう、いつごろ、どのように改悪されたのかをできるだけ詳しく書いて下さい。なお答えたくない点、よくわからない点については、白紙のままでもけっこうです。出獄者は、できるだけ受刑中の体験を中心に書いて下さい。

アンケート回答は獄中共闘会議で集約し、拘置所・刑務所の実態の一覧表を作成するための資料として活用させていただきます。一覧表は、弁護士会、国会、市民、労働団体、その他の団体や個人に、拘禁二法反対を訴えるための資料として配布していきたいと思っています。その際、訴えに説得力をもたせるために必要であれば、具体的事例を実名入りでとりあげることも考えられますので、匿名希望の方は匿名希望の項目に、必ずマル印をつけておいて下さい。

アンケート回答

氏名　（匿名希望）年齢　歳　性別（男・女）

現在　（拘置所・刑務所）に拘禁中

出獄している（保釈中・執行猶予中・仮釈中・刑期終了・その他）

事件名及び収容施設名、収容期間（別表参照）

同一事件内での移監（第一審→第二審、未決→既決等）の場合は、事件名は「同上」または「〃」と書いて下さい。被逮捕歴が沢山あって書き切れない場合は、アンケート回答に記入する施設内にいた時の分だけでけっこうです。

【未決被拘禁者、受刑者、死刑確定者共通】

1　居住環境

●雑居房（　名）●独居房（自殺房・TVカメラ付・一般独居房・その他）●房の広さ（　畳間位、床面積　平方メートル位）●房の方角（東、西、南、北）●日照（よい・わるい—目隠しフェンスの有無）●床の材質（畳・板目・ゴザ・コンクリート・その他）●換気（良・悪—どのように悪いか）●暖房（無・有—その期間、種類）

2　物品の給付（種類、品数・量、充分か否か、不充分とすれば何をどのように改善してほしいか）

	事件名	収容施設名	収容期間
ア		（未決・既決）	年　月～年　月
イ		（未決・既決）	年　月～年　月
ウ		（未決・既決）	年　月～年　月
エ		（未決・既決）	年　月～年　月
オ		（未決・既決）	年　月～年　月
カ		（未決・既決）	年　月～年　月
キ		（未決・既決）	年　月～年　月
ク		（未決・既決）	年　月～年　月
ケ		（未決・既決）	年　月～年　月

(1)貸与・支給

●衣類●寝具●日用品●糧食●文房具●室内装飾品●備品、その他

(2)自弁

●衣類●寝具●日用品●糧食●文房具●室内装飾品、その他

3　運動

●戸外運動—単独、複数（　名）、回数、時間、日祭日、用具、日照、運動時の規制、強制事項●室内運動—不許可・許可〔室内体操のラジオ放送時間のみ（回数、時間、その他）・いつでもできる〕

4　清潔・衛生（清潔・衛生上問題点がないかどうか）

●洗たく―回数、点数、種類、大きさ、その他●寝具―乾燥●居室●食事・配食・食器等

5　入浴

●回数●時間●その他

6　医療・健康診断（要求して拒否された場合を含めて経験の有無、問題点など）

●健康診断―回数、種類、健康診断を拒否できるか

●一般診察―回数、内容●救急時・特別診察●歯科診察・治療●眼科耳鼻科等●医療接見●自己の費用による診察・治療（薬の購入を含む）●獄外診察・治療●病舎収容●強制医療（有・無）●その他

7　介護・養護等

●「精神障害」「身体障害」病弱、老齢、妊娠等、介護、養護の必要性の有無とその内容●介護・養護等の有無●「障害」等による差別を受けたことがあるか、あればその内容

8　宗教

●礼拝等宗教上の行為が許されているか●宗教上の物品・器具等●教誨師との面接―受けていない・受けている（宗教名、回数、時間、形態、内容上の問題点等）●宗教上の強制を受けたことがあるか●その他

9　書籍・新聞・パンフ等の閲読

●新聞―官費による回覧（種類、閲読時間、態様等）、私費による購入（許可されている新聞の種類、閲読時間、その他）●官本―貸出冊数、期間、法律書の有無、その他●私本―房内所持冊数、閲読期間、雑誌・パンフの取扱い、購入に関する制限等、差入れに関する制限等、その他●外国語の書物・パンフ・新聞等●抹消、削除、閲読不許可

10　時事報道に接する機会

●ラジオ―時間、内容、その他●テレビ―時間、内容、観賞の態様●報道管制

11　領置、舎下（房内所持）、宅下

(1) 領置

●できるもの●できないもの●特別領置●没収廃棄等の強制

(2) 舎下

●できるもの●できないもの●回数点数制限●実際に手元に届くまでの期間●その他

(3) 宅下

12　差入
●できるもの●できないもの●回数点数制限●特別宅下●郵便宅下、宅配便宅下●宅下相手方●その他
●できるもの●できないもの●差入業者を通さねばならぬもの●差入人●郵送差入●回数点数●その他

13　購入（どんなものが買えるか、特に購入を許可してほしい品、購入に関する制限等）
●食糧●文房具・郵券●その他

14　規律、秩序（とくに問題と思われることについて書いて下さい）
●起居動作の制限●遵守事項●点検点呼（やり方、回数等）●その他

15　身体検査・捜検
(1)身体検査
●どんなとき、どのような検査をされるか●屈辱的な検査（裸体、肛門、性器等）●その他
(2)捜検
●回数、時間●内容●その他
(3)身体検査、捜検による摘発、没収の対象とされたもの

16　隔離拘禁、実力強制（暴行を含む）、戒具
(1)隔離
●回数●期間●理由●その他
(2)実力強制、暴行等
●いつ、回数●理由●相手方（人数、役職名）●場所●態様（どのような暴行、実力強制を受けたか）
●その他（負傷の有無等）
(3)戒具、警備用具（ピストル、警棒等）
●手錠・腰縄はどのようなとき使われるか（不当、屈辱的な使われ方をされたことはないか）●革手錠・防声具・拘束衣・拘束ベッドその他の戒具—回数と戒具の種類、使用期間、理由、場所、その他●警備用具・武器（いつ、どこで、何を、どんな理由で使われたか）

17　保安房（保護房）、鎮静房その他の特殊房
●入れられたことあるか、あれば回数●房の構造・設備●収容期間●理由●房内での処遇（戒具の有無も含む）●その他

18　災害（地震、火災等）
●災害時の避難訓練等の対策●災害によって処遇が変

わったりしたことがあるか◎その他

19　不服申立

(1)所長、課長、区長等への面接

◎申込回数、申込相手◎理由◎結果・内容◎妨害、不利益処遇の有無（申立をしたために不利益を受けたことの有無）◎その他

(2)法務大臣、巡閲官への情願

◎回数◎理由◎巡閲官情願の面接時間◎回答（いつ、内容）◎妨害、不利益処遇の有無◎その他

20　外部の公的機関への救済申立

(1)民事行政訴訟

◎経験の有無、回数、いつ◎理由◎代理人の有無◎法律扶助、訴訟救助◎訴訟活動妨害の有無とその内容◎結果（判決）◎不利益処遇の有無◎その他

(2)告訴告発（付審判請求、検察審査申立を含む）

◎回数◎理由◎捜査◎結果◎付審判請求・検察審査申立◎妨害、不利益処遇◎その他

(3)人権擁護委員会への申立

◎どこの人権委へ、いつ、何回◎理由◎調査◎結果◎妨害、不利益処遇◎その他

(4)その他の救済申立

【被勾留者（未決被拘禁者）】

21　動作時限、起居動作の制限（とくに問題ありと思われる点）

◎動作時限◎起居動作の制限

22　防禦権の保障、無罪推定の権利

◎刑事被告事件に関して侮辱的な取扱、不利益処遇を受けたことがあるか、あればその内容◎勾留中の行為、発言等が捜査に利用されたことがあるか、あればその内容◎防禦権の侵害の有無、その内容◎その他

23　面会

(1)弁護人、弁護人となろうとする者（弁護人等）との面会での問題点

(2)弁護人等以外の者との面会

◎回数、時間、相手方（面会人）等についての制限◎面会内容・方法等についての制限◎面会妨害・面会停止等のトラブルの有無とその内容◎その他

24　信書

(1)弁護人等との信書

●発信数、内容その他の制限の有無●抹消、削除、発信不許可等の妨害の有無とその内容

(2)弁護人等以外の者との信書

●回数●枚数・その他の制限●抹消、削除・発信不許可の有無とその内容●発受信は速やかに行なわれているか●その他

25 電報

●発信数●発信受付時間●妨害の有無・その他

26 懲罰

●受けたことがあるか、あればその回数、懲罰の種類、期間●理由●懲罰の内容（屏禁罰では何が禁止されるか等）●防御権行使のための配慮の有無、懲罰による防御権侵害の有無とその内容●その他

27 請求作業（請願作業）

●請求作業の経験の有無●作業内容、時間●報酬金●その他問題点

28 自己労作、著作、絵画等

●自己の収支における労作の経験の有無●著作・絵画等を外部に発表したことがあるか●その他問題点

【受刑者】

29 処遇計画・分類

●分類●進級●居房（雑居、夜間独居、厳正独居、その他）●その他

30 動作時限、起居動作

●動作時限、日課時間●起居動作の制限・強制●その他の強制・制限

31 作業

●作業内容●作業内容の選択にあたって本人の適性、意見等が考慮されているか●職業訓練の有無、技能習得、社会生活上の有用性等●作業時間●休憩時間・休日●作業環境、設備等は安全、衛生的なものか●その他

32 作業報酬

●全額●報酬の告知●釈放前使用●病弱等で作業につけない場合●その他

33 災害給付

●作業上の死亡・負傷・病気等の有無とその取扱い（同囚よりの見聞でもあれば書いて下さい）●補償金の有無、受けた場合はそのケガ・病気の程度と金額●

その他

34　外部通勤、作業
●施設外の作業所等での作業経験の有無とその内容●その他（条件、問題点等）

35　自己労作
●日課外における自己の収支における労作・著作・絵画等の作成の経験の有無とその内容●要求したが不許可とされたことの有無とその内容●その他

36　自治活動
●自治活動が許されていたか、いたとすればその内容●その他

37　余暇活動（有無、内容、回数、時間、その他問題点等）
●スポーツ●読書●自習●講話●テレビ●映画・演芸等●その他

38　教化指導・生活指導
●教化指導の有無とその内容●生活指導（カウンセリング・相談・助言等）の有無とその内容●その他

39　面会
●相手方●回数●時間●その他の制限・問題点

40　信書
●相手方●回数●便箋枚数、方法等に関する制限●内容上の制限●特別発信の許可条件（回数、相手方、内容等）●発信不許可、抹消、削除等の有無とその内容、回数、理由等●その他

41　懲罰
●経験の有無、あればその回数、種類、期間等●懲罰の理由●懲罰の内容（何が禁止され何を強制されるか等、具体的に）●その他

【死刑確定者】

42　再審
●再審請求の有無、回数、段階●再審活動に対する妨害の有無とその内容●その他

43　面会
●相手方、回数、時間、内容等の制限●再審弁護人との面会（立会の有無、回数、時間、内容等の制限の有無）●その他

44　信書
●相手方、回数、時間、内容等の制限●発信不許可、

抹消、削除等の有無とその回数、内容●その他

45　その他の制限、強制等（未決勾留者と比較してとくに問題と思われる点など）

【その他】

書ききれなかったこと、待遇上の問題点、拘禁二法についての意見、拘禁二法反対運動への提言、意見、希望等、なんでも書きたいことを書いて下さい。

ご協力ありがとうございました。

（注）アンケート実物は手書きファックス印刷、B4判七枚（趣旨説明、基礎回答事項一ページ、質問と解答一三ページ）横書きである。　（編集部）

〈資料2〉

監獄法改悪・獄中実態関係年表

年	監獄法をめぐる動向	獄中の実態
一八七二年	監獄則及図式→翌年施行中止	
一八七七年	集治監制度定める	
一八八一年	第一次監獄則（フランス式）	
一八八九年	第二次監獄則（ドイツ式）	
〈一九〇〇年代〉		
8年	**監獄法、同施行規則制定**（プロイセン監獄法を模範）	
16年		名古屋監獄全焼―囚人を抜剣の看守・警官、着剣の憲兵が厳重警戒
22年	司法省内に行刑制度調査委員会設置	
23年	「行刑制度調査答申表」、「監獄」の名称を刑務所と変更	
〃	監獄法改正調査委員任命	

24年　行刑法案・予防拘禁法案・未決拘禁法案を司法大臣に提出↓行刑局「刑務法案」を作成
27年　司法省に「刑務法案」調査委員会設置、発足と同時に「監獄法改正の綱領」を決議↓「修正刑務法案」を司法大臣に提出
〃　刑法並監獄法改正調査委員会設置↓40年まで事実上休会
33年　**行刑累進処遇令制定**
40年　監獄法改正調査委員会再開、ただし作業はすぐに中止
〈戦後〉
46年　財団法人刑務協会（民間機関）、「監獄法改正に関する建議要綱」
47年　司法省「監獄法改正調査委員会」設置、「監獄法改正要綱」決定
48年　第四次「行刑法案」
49年　成人矯正局法規係「監獄法を改正する法律案」（矯正施設法案）、54年まで作業中断
54年　法務省矯正局に法規室設置、作業再開
〃　「監獄法改正の諸問題」作成、矯正局「監獄法

29年　雑司ケ谷・豊多摩刑務所付属墓地で、市ケ谷・巣鴨・豊多摩三刑務所死亡受刑者四〇〇二人の合葬式挙行
43年　受刑者が軍需産業に動員され始める
45年　受刑者の空襲、原爆による犠牲多発
46年　大阪拘置所で受刑者千人の暴動、一一五人脱走
46〜47年　各地の刑務所で暴動、逃走事件続発
54年　大阪刑務所で、死刑囚孫斗八、三七項目の請求掲げ行政訴訟（受刑者行政訴訟として初めて）
〃　沖縄刑務所で五日間舎房占拠、四五人脱走の大暴動

改正要綱仮草案（試案）」

57年3月　54年試案を土台に矯正局「監獄法改正要綱仮草案」作成、法務当局〝理想的すぎる〟と批判。中野分類センター設置

58年　法務省、監獄法改正準備会設置（矯正局長の諮問機関）

64年11月　同準備会「刑務所法仮要綱案」「刑務所法案理由書」を作成。以降、作業中止

66年　監獄法施行規則大幅な変更

67年　監獄法改正準備会、再度設置

68年　矯正局法規室「刑事施設法案構想—素案」を準備会に提出

69年3月　救援連絡センター発足

11月　東京地裁、東京拘置所内での懲罰違法の申立てに対し、懲罰を適法とする決定

〈70年〉

5・12　「不当懲罰粉砕・監獄法撤廃」集会、東京拘置所へデモ。6月8日にも

1・13　東京拘置所女子房で、房内筆記と妊娠中の獄中者の保釈を要求しハンスト

3・31　東京拘置所、よど号ハイジャック関連記事全面ぬりつぶし、ラジオ放送ストップ、所内最大の報道管制

〈71年〉

10・28 **警察庁、国家公安委員会、「被疑者留置規則」を改悪**（12・1施行）、さるぐつわ、鎮静衣の使用合法化。差入れ制限など救援運動妨害・獄中弾圧強化すすむ

11・24 「被疑者留置規則」改悪に反対し、国家公安委員会と団交。同日、市民集会開催。12・24〜25、月島署に抗議行動中二人逮捕

〈72年〉

1・29 「留置規則粉砕・刑法改悪阻止」市民集会

2月 矯正局法規室「刑事施設法（第三次案）」——準備会の審議をまとめる

〃 受刑者分類規程（法務大臣訓令）

2・28 日本弁護士連合会、留置規則改悪規定に対し、廃止を決議

3・8 参議院予算委で佐々木静子議員、留置規則改悪を法務省、警察庁刑事局長に質問

5月 日本弁護士連合会、「よど号記事ぬりつぶし」は人権侵害、違憲性ありと法務大臣・東京拘置所長に警告

5・31 東京拘置所、5・30沖縄闘争に関する全ての記事をぬりつぶす報道管制

7・19 熊本北署、「拘束帯」を使用

〈73年〉

2月　改正作業をまとめるために、法務省に監獄法改正懇談会を設置

〈74年〉

6・22　長期勾留粉砕・長期接見禁止粉砕・自殺房粉砕集会

11・8　自殺房粉砕・土曜日の面会廃止策動粉砕をかかげ、対東京拘置所獄中弾圧粉砕秋期統一行動。この闘争をもって獄中者組合結成

11・21　対大阪拘置所獄中獄外統一行動

〈75年〉

2・19　衆議院法務委員会で稲葉誠一議員、刑務所・拘置所の処遇の悪化を追及

1月　東京拘置所在監永田洋子、自殺房（自殺防止特別房）に入れられる。以後、自殺房攻撃強まり、それへの闘いが訴えられる

3月　東京拘置所、「獄中者組合結成のアピール」ビラの差入れを不許可。以後、全国の刑務所で「獄中者組合」よびかけ文書の閲読不許可、抹消弾圧強まる

6月中旬　東京拘置所、「土曜日の面会、差入れについてのおねがい」掲示される。土曜日の面会・差入れ廃止策動。以降、たたかいによりこの策動粉砕

11・8　11・8闘争で獄中者七人に一〇～二五日間の懲罰弾圧

2・22　東京地裁、「闘争と弁護」閲読不許可取消訴訟で原告請求棄却の判決

3・3　獄中者組合・救援センター、法務省矯正局と刑務所待遇問題で交渉

5・7　獄中弾圧粉砕春期統一行動

9・20　日本弁護士連合会、「刑事拘禁法要綱」を発表する

10・21　東京地裁、「よど号記事ぬりつぶし」損害賠償請求を棄却

〈76年〉

3・27　**法務大臣**（**稲葉修**）、**法制審議会に「監獄法改正の構想」を諮問**。法制審は監獄法部会を設置、四月から審議開始決定

3・22　千葉刑務所に下獄中の泉水博、医療体制を糾弾して決起

1月　東京拘置所、獄中者組合機関誌「氾濫」一〇号差入れ不許可

2・16　鈴木国男、大阪拘置所保護房内で虐殺される

3月　東京拘置所で、一在監者に〝治療のために〟と電気ショックを加えていたことが明らかになる

4・1　波崎事件・富山常喜死刑判決確定——東京拘置所は死刑確定囚への接見・文通を禁止

4・17　東京拘置所、荒井まり子に看守が暴行、南三舎に隔離。その後5月にかけて江口良子、前林則子、浴田由紀子、大道寺あや子が相つぎ南三舎

4・26 荒井まり子、4・17暴行の看守二人を告訴
5・19 獄中獄外統一行動
5・27 監獄法連続講座（救援連絡会議主催）はじまる。以後10月まで六回開催
7・10 関西、獄中弾圧粉砕決起集会
11・8～13 鈴木国男虐殺糾弾連続闘争（横拘・東拘・大拘・法務省抗議、13日討論集会）
12・3 永田洋子の医療について法務省矯正局に抗議

〈77年〉

2・16 鈴木国男虐殺糾弾一周年対大阪拘闘争・集会
3・20 法務省、監獄法改「正」案を七八年度国会提出を決定
4・20 救援連絡センター、監獄法連続講座代表が法務省に面会、非公開審議糾弾(6・18＝二回目交渉)
6・17～18 全国刑務作業製品展示即売会が科学技術会館で開催。抗議闘争展開
7月 日弁連人権擁護委、東京拘置所の大道寺あや子、浴田由紀子、荒井まり子、永田洋子らの訴えをもとに懲罰・医療について法務大臣・矯正局・東拘所長あてに警告書を出す

に隔離。その時、浴田に四〇時間皮手錠
5・6 富山常喜、自殺房へら致、接見禁止に抗議の無期限ハンストに突入。26日ドクターストップで打ち切り
11月 札幌拘置所、大森勝久に〃態度がでかい〃と看守十数人で集団暴行
12月 東京拘置所、懲罰(軽屏禁文書図画閲読禁止)の際、六法全書を含む公判資料閲読も禁止になる
5・1 東京拘置所、「所内生活の心得」変わる。懲罰規定の比重高まる

8月　全国救援活動者会議は監獄法改悪攻撃と対決する運動創出を確認
9・26　法制審監獄法部会への闘いを取り組みはじめる
10・18　監獄法改悪阻止10・18統一行動。法務省抗議→集会デモ
10月　日本赤軍のダッカ闘争で、大道寺あや子、浴田由紀子、仁平映、泉水博、奥平純三、城崎勉が釈放される
11・10　監獄法改悪阻止実行委員会結成。以後、法制審開催時、抗議行動取り組む
11・29　獄中獄外統一行動
〈78年〉
1・25　監獄法改悪阻止関東総決起集会
2・16　鈴木国男虐殺糾弾対大拘闘争、14日対東拘闘争も闘わる
4・13　共同訴訟人の会、東京拘置所の不当懲罰を提訴
5・10　荒井まり子南三舎隔離粉砕対東京地検・法務省闘争。6・13東拘所長面会・要求行動
7・21～22　全国刑務作業製品展示即売会（第二〇回）が科学技術館で開催。抗議闘争貫徹

9月　大阪拘置所、池内正憲「戸外運動」の減少に抗議、入浴拒否闘争
10月　岐阜刑務所、「救援」差入れを妨害
12・23　東京拘置所、荒井まり子に看守が暴行、陵辱
6・1　黒川芳正（東拘）ぜんそく悪化、自殺房の湿気とほこりが主要原因→7月さらに悪化し発作死寸前となる
8・24　三里塚被告、千葉刑務所から東京拘置所に強行移送。関東管区から警備隊二千人動員、拳銃を携帯

8・5　監獄法改悪阻止討論集会
11・3　横浜刑務所「文化祭」に抗議
11・15　獄中獄外統一行動
〈79年〉
2・5　鈴木国男虐殺糾弾国賠訴訟を提訴（大阪）
2・24　最終答申粉砕関東総決起集会
5・11〜13　近畿矯正展へ関西で抗議闘争
6・1〜2　関西、獄中獄外統一行動
6・8　日弁連、荒井まり子の南三舎隔離に対して、東京拘置所に勧告
6・22〜23　全国刑務作業製品展示即売会（第二一回）へ抗議闘争
6・23　関西監獄法改悪阻止実行委員会結成集会
7・4　監獄法改正についての意見を聴く会（大阪）に対し抗議行動
7・15　日本の監獄を考えるつどい、アムネスティの川田泰代らを迎えて
7・29　千葉刑務所包囲（狭山）闘争
9・10　監獄法改正についての意見を聴く会（東京）に抗議

9月　東京拘置所、面会・差入れ時間を延長。「一四歳未満」の子どもの面会を妨害しはじめる。官給であった日用品目、量が減少す
2月　食事の中の異物を保健所に送ろうとしたところ送付禁止・発信妨害あいつぐ（東拘）
　監獄法改悪阻止私製ポスター、便箋の裏書発信妨害ほか（東拘）
4月　「訴訟代理人を選任するため」として弁護士に民事訴訟資料を送ろうとしたところ発信妨害（東拘）
6・11　横浜拘置所、「切り花」の窓口差入れ拒否
8月　大阪拘置所に特別隔離房新設される。川口喬、特別隔離房・保安房の往復を強いられる（81年9月までの二年間）

9・16　三里塚中央総行動で法務省にも請願行動
9・17　川口喬激励、大阪拘置所糾弾闘争
9・26　法務省・矯正局に面会・抗議（阻止実・全三救医療部会）
10・28　「フィリピン刑務所を訪れて」交流会
11・16　法制審議会監獄法部会、代用監獄の存続を強行採択
11・17　関西監獄法改悪阻止討論集会
11・19　獄中獄外統一行動
11・26　監獄法改悪を許さない全国連絡会議発足（五団体よびかけ）
12・7　法制審議会監獄法部会、「監獄法改正の骨子となる要綱案」まとめる

〈80年〉

2・28　監獄法改悪・法制審粉砕大阪集会
3・3　同関東討論集会
4・20　同全国総決起集会
5・19　法制審議会第一回総会（13日全国連、記者会見を行ない抗議表明）、以後総会抗議闘争展開
6・20〜21　全国刑務作業製品展示即売会（第二三回）

10月　東京拘置所、獄中者間の切手やカンパのやりとりを全面禁止（獄外者の手を介しても）
秋　ぬりつぶし範囲拡大する
12月　東京拘置所、特別発信を三通までと制限強化（これまでは制限なし）
1月　『囚人組合の出現』『さからみの人生』を閲読不許可処分
3月　荒井まり子、女区への奪還かちとる（丸四年南三舎に隔離）
4月　大阪拘置所、雑誌・パンフ類の特別領置後の舎下げを禁止

抗議闘争

6・23 獄中獄外統一行動

7・5 監獄法改悪阻止決起集会・デモ

8月 法制審議会総会が長びき、次期通常国会への上程は見送りと報道

8月 「獄中生活のてびき」閲読不許可処分取消等共同民事行政訴訟を提訴（原告二九人）

9月 中山千夏ら九人の呼びかけによる「監獄法改悪を許さない」署名活動、議員オルグ開始

10・24〜25 近畿矯正展抗議闘争

11・2 横浜刑務所「文化祭」抗議

11・16 最終答申粉砕全国総決起集会

11・25 **法制審議会総会、「監獄法改正の骨子となる要綱」を法務大臣（奥野誠亮）に最終答申**。この日、四千人の署名を大芝参事官と面会し手交する

〈81年〉

4・12 国会上程阻止討論集会

6・19〜20 全国刑務作業製品展示即売会（第二三回）粉砕闘争

7・4 つぶせ！監獄法改悪統一行動

5月 東京拘置所、外国語文書の閲読妨害開始（翻訳料を自己負担しない限り読ませない）。また週三回のひげそりが週一回に

6月 東京拘置所、「獄中生活のてびき」閲読不許可。7月には「呼び声は獄舎を越えて」も閲読不許可

9月 中野刑務所「救援」の閲読不許可、家族以外の交通権を一切しゃ断

4月 仙台拘置支所、所長が代わり管理強化。佐藤誠「スズラン」編集妨害される

5月頃 松戸拘置支所、房内・運動場見取図イラストの発信妨害

7・5　宮城刑務所糾弾闘争（赤堀闘争）
7・21　獄中獄外統一行動
9・26　つぶせ！監獄法連続講座はじまる
10・16　子ども面会学習会（大阪）
12・8　獄中獄外統一行動
〈82年〉
3・12　国会上程阻止大阪集会
3・14　国会上程阻止関東集会
3・31〜4・1　国会上程阻止獄外第一波ハンスト闘争
4・24〜28　国会上程阻止・五日間ハンスト闘争貫徹
4・28　**刑事施設法案・留置施設法案国会に上程さる**
5・28　監獄法改悪二法案粉砕―兵庫県民集会
6・6　国会上程弾劾集会
6・18〜19　全国刑務作業製品展示即売会（第二四回）
6・20　関西緊急行動委員会、集会・デモ
7月　監獄法改悪阻止獄中共闘委員会発足（監獄法改悪とたたかう獄中者の会の前身）
7・31　関東討論集会――署名活動を開始（第二次）
8・21　延長国会期限切れ、監獄法改悪二法案継続審議になる。同日、対東京拘置所闘争・デモ

7月　東京拘置所、手話学習書の閲読不許可処分―差入れは許可するが本人に交付せず
4月　府中刑務所、管理部長が小田勉になり、獄内の空気一変する。強権発動―管理強化される
5月　前橋刑務所で一人が獄死
5月　東京拘置所、ハンストに懲罰攻撃
6月　室蘭拘置所で、ゼンソク発作で一人死亡
6月　宮城刑務所、「精神障害者処遇研究会」発足
8・21　東京拘置所闘争のなかで、当局、集中面会を禁止
9月〜　福岡刑務所にはじまり、「たるみ刑務所」キャンペーンがはられる

10・25 監獄法改悪粉砕関東総決起集会
11・3 府中刑務所「文化祭」抗議闘争
11・18 拘禁二法・刑法百人委員会等全国総決起集会
11・28 監獄法改悪二法案強行成立阻止全国集会
12・27 対東京拘置所越冬要求行動

〈83年〉

2・24 法務省、日弁連「監獄法問題に関する意見交換会」を開始する（以後月一回のペースで行なっていく）
3・15 第二回意見交換会抗議闘争で宣伝カー運転手が道交法違反で逮捕、即日釈放
4・17 強行成立阻止全国総決起集会
5・13〜14 強行成立阻止、議員オルグ、対横浜拘置支所、東京拘置所闘争
5・20 鈴木国男虐殺糾弾国賠訴訟、大阪拘置所当局の過失を認める判決（大阪地裁、確定）
6・17〜18 全国刑務作業製品展示即売会（第二五回）抗議闘争
6・22 最高裁、七〇年よど号ハイジャック記事ぬりつぶし訴訟で、抹消合憲判決

2月 府中刑務所、八二年二月から「救援」閲読不許可、獄中者に告知せずにいたことが明らかになる。抗議し「撤回」かちとる
3月 中野刑務所閉鎖
4月 東京拘置所、聴覚障害者獄中者の面会時、手話使用妨害。許可なく手話を使い、指示違反で懲罰、保安房攻撃をかける。九―一一月「裁判における聴覚障害者の人権を守る会」と獄中者本人・弁護士が法務省・弁護士会人権擁護委に訴え、法務省「認識不足だった。手話のできる看守を養成する」との回答
4・29 新聞各紙、刑務作業（受注・販売）が法務省から矯正協会に管轄が変わると報道。宮城刑務所に製品の展示・即売所が特設される

8・31　「団体名」差入れ禁止弾劾・高尾猶行虐殺糾弾、対東拘闘争
11・26　衆議院解散。刑事施設法案、留置施設法案は自然廃案となる

〈84年〉

2月頃　第二東京弁護士会人権擁護委員会、府中刑在監の桜庭章司への不当処遇を調査
2・14　鈴木国男虐殺八カ年糾弾対東拘闘争、2・16対大阪拘置所闘争
3月　法務省、仮釈放の緩和方針うち出す（経費削減のため）
3・21　第一四回意見交換会。法務省、意見交換の打ち切りと法案の再上程を示唆
3・21〜27　監獄二法案上程阻止行動週間。二四日総決起集会・デモ（清水谷）、二六日東京拘置所への集中面会
5・9　高尾猶行虐殺糾弾一周年集会（渋谷勤労会館）
5・18　法務省・警察庁、監獄二法案の今国会への提出

7・13〜　東京拘置所、「団体名」での窓口差入れ受取り拒否。以降、攻防つづき一切拒否される
10・31　桜庭章司、東京拘置所から突然、府中刑務所に移監。連続懲罰攻撃かけられる
11月頃　東京拘置所、ジャーナリストの面会をいっさい禁止する暴挙
1〜2月　大阪拘置所、収容者同士の物の授受と書類の同封発信を厳禁
3月　仙台拘置支所、死刑確定囚への新規面会者の面会を禁止することを通告（以降、門前払い）
3・26　対東京拘置所闘争で五人が面会妨害
6・2　仙台拘置支所の死刑確定囚への新規面会禁止に対し交渉。一人が暴力的に排除・面会禁止処分

を見送ることを表明

5・22 意見交換会再開（第一五回）

6・5 美濃部亮吉参議院議員、東京拘置所の獄中医療・懲罰について内閣に質問（一九日回答）

7・24 新潟弁護士会、新潟刑務所の獄死について調査決定。二六日、中山千夏議員、法務委員会で質問

7・28 日弁連対策本部全体会議「対策本部試案」決定

8・8 東京地裁、東京拘置所の抹消に対する片岡利明の提訴に、抹消一部不当と認定

8月頃 法務省から刑務作業制度が独立採算に。矯正協会に移管

8・31 高尾猶行虐殺糾弾対東拘デモ。綾瀬署、亀有署、東拘一体の暴力的弾圧

9月 法務省、仮釈放促進方針見直しに

10・28 監獄法改悪二法案国会上程阻止集会（中央労政会館）

11・19 第二二回意見交換会。法務省この日で打ち切り宣言。次期通常国会への再上程を明言

になる。7〜8月、赤堀政夫への面会者に金属探知器使用

6月 宇都宮拘置所、在監者小山一四三号を保護房監禁八日間、革手錠三日間の獄中テロ、その上重懲罰

6・7〜12 新潟刑務所で獄中者四人が相ついで獄死。真相糾明に面会妨害、調査拒否の対応

7月 福岡拘置所、電報も発信制度（一日二通）のうちに含まれることとなる

8月 東京拘置所、合冊パンフのページ毎に丸印の済のマークが押されるようになる

（救援連絡センター作成）

〈資料3〉

全国刑務所・拘置所一覧

〔札幌矯正管区〕

札幌刑務所　札幌市東区東苗穂二—一—五—一
札幌拘置支所　札幌市東区東苗穂二—一—一—一
札幌刑務支所　札幌市東区東苗穂二—一—五—二
小樽拘置支所　小樽市緑一—九—二
岩見沢拘置支所　岩見沢市三—東四
室蘭拘置支所　室蘭市日の出町一—一八—二二
月形刑務所　樺戸郡月形町一〇二一
滝川拘置支所　滝川市新町二—六一
旭川刑務所　旭川市東鷹栖三線二〇—六二〇
名寄拘置支所　名寄市西四条南九
釧路刑務所　釧路市宮本二—二—五
帯広刑務所　帯広市別府町南一三線三三
網走刑務所　網走市字三眺
函館少年刑務所　函館市金堀町六—一一
新川拘置支所　函館市上新川町一—一三

〔仙台矯正管区〕

宮城刑務所　仙台市古城二—三—一
仙台拘置支所　仙台市古城二—二—一
古川拘置支所　古川市千手寺町二—二—一〇
石巻拘置支所　石巻市双葉町三—四八
福島刑務所　福島市南沢又字上原一
福島拘置支所　福島市御山町六五
郡山拘置支所　郡山市麓山一—二—三
白河拘置支所　白河市郭内一七九
会津若松拘置支所　会津若松市追手町六—二八

法務省資料「全国施設収容区分地図」

(昭和52年4月15日現在)

刑務所分類表記
W：女子
F：日本人と異なる処遇を必要とする外国人
I：禁錮に処せられた者
J：少年
L：執行刑期8年以上の者
Y：26歳未満の成人
A：犯罪傾向の進んでいない者
B：犯罪傾向の進んでいる者
M：精神障害者
P：身体上の疾患又は障害のある者
○ 施設
⊙ 分類センター指定施設
● 各矯正管区
札幌矯正管区
札幌(W・YB・B・M・P)
函館(I・JA・YA・A)
旭川(LB)
網走(B)
釧路(JB・YB)
帯広(B)
仙台矯正管区
青森(JB・YB・B)
盛岡(JA・YA・A)
秋田(B)
山形(I・YA・A)
宮城(LB・B・P)
福島(B)
東京矯正管区
新潟(B)
長野(B)
前橋(B)
栃木(W)
黒羽(YA・A)
水戸(YB)
府中(F・B)
川越(I・JA・YA)
東京拘(A)
千葉(LA)
市原(I・YA・A)
中野(I・A)
横浜(YB・B)
横須賀(F)
八王子(M・P)
甲府(YB)
松本(JB・YB)
静岡(A)
名古屋矯正管区
金沢(JB・YB・B)
岐阜(LB・YA・A・B)
富山(B)
福井(A)
笠松(W)
岡崎(M)
名古屋拘(A)
名古屋(I・B・P)
三重(JA・YA・A)
大阪矯正管区
京都拘(A)
加古川(I・A)
姫路(JB・YB)
京都(B)
和歌山(W)
神戸(YB・B)
神戸拘(A)
大阪(LA・B・M・P)
大阪拘(A)
滋賀(YA・A)
奈良(JA・YA)
広島矯正管区
松江(JB・YB・B)
広島(I・YB・A・B・P)
岩国(JA・YA)
山口(YA・A)
鳥取(B)
広島拘(A)
岡山(LA)
高松矯正管区
高松(B)
徳島(LB・B)
高知(JB・YB)
松山(I・JA・YA・A)
福岡矯正管区
小倉拘(A)
小倉(B)
福岡(B・P)
佐世保(JB・YB)
城野(M)
麓(W)
佐賀(JA・YA)
長崎(B)
熊本(LB・P)
大分(I・A)
宮崎(B)
鹿児島(B)
沖縄(F・I・YA・YB・A・B・M・P)

いわき拘置支所　いわき市平字八幡小路四一
山形刑務所　山形市あけぼの二ー一ー一
最上農場　最上郡真室川町内町字塩野一三五
大館拘置支所　大館市字扇田道下三九ー三
大曲拘置支所　大曲市日の出町一ー二〇ー九
横手拘置支所　横手市二葉町六ー二五
青森刑務所　青森市大字荒川字藤戸八八
柳町拘置支所　青森市長島一ー三ー八
弘前拘置支所　弘前市下白銀町七
八戸拘置支所　八戸市大字中居林字蒼前二八
盛岡少年刑務所　盛岡市上田字松屋敷一一ー一一
一関拘置支所　一関市城内三ー一

〔東京矯正管区〕

東京拘置所　葛飾区小菅一ー三五ー一
府中刑務所　府中市晴見町四ー一〇
八王子拘置支所　八王子市明神町四-二一-二合同庁舎
八王子医療刑務所　八王子市子安町三ー二六ー一
横浜刑務所　横浜市港南区港南四ー二ー二
横浜拘置支所　横浜市港南区港南四ー二ー三
小田原拘置支所　小田原市扇町一ー六ー四六
横須賀刑務所　横須賀市長瀬三ー一二ー三
千葉刑務所　千葉市貝塚町一九二
松戸拘置支所　松戸市岩瀬四四〇
八日市場拘置支所　八日市場市イ五一三
木更津拘置支所　木更津市新田二ー五ー一
市原刑務所　市原市磯ケ谷一一ー一
黒羽刑務所　那須郡黒羽町大字寒井一四六六ー二
宇都宮拘置支所　宇都宮市小幡一ー一ー九
大田原拘置支所　大田原市美原一ー一七ー三七
喜連川刑務支所　塩谷郡喜連川町大字喜連川五五四七
（喜連川農業土木学園）
足利拘置支所　足利市助戸三ー五三一
栃木刑務所　栃木市惣社町二四八四
前橋刑務所　前橋市南町一ー二三ー七
赤城農場　勢多郡宮城村苗ケ場
高崎拘置支所　高崎市高松町二六ー五
太田拘置支所　太田市飯田町六二五
静岡刑務所　静岡市東千代田三ー一ー一
沼津拘置支所　沼津市御幸町二二ー一
浜松拘置支所　浜松市鴨江三ー三三ー一

甲府刑務所	甲府市堀之内町五〇〇
長野刑務所	須坂市馬場町一二〇〇
長野拘置支所	長野市旭町四五
上田拘置支所	上田市中央西二―三―一五
新潟刑務所	新潟市山二ツ三八一―四
長岡拘置支所	長岡市三和三―九―一
上越拘置支所	上越市西城町二―九―二〇
佐渡拘置支所	佐渡郡佐和田町大字中原字寺畑三四一
川越少年刑務所	川越市大字南大塚一五〇八
浦和拘置支所	浦和市高砂三―一六―五八
熊谷拘置支所	熊谷市大字箱田七〇八―三
水戸少年刑務所	勝田市市毛八四七
水戸拘置支所	水戸市新原一―九―九
土浦拘置支所	土浦市国分町五―一
下妻拘置支所	下妻市三輪甲の六
松本少年刑務所	松本市桐三―九―四
上諏訪拘置支所	諏訪市湖岸通り五―一七―四
飯田拘置支所	飯田市大久保町二六三七

【名古屋矯正管区】

名古屋拘置所	名古屋市東区白壁一―一
一宮拘置支所	一宮市大和町苅安賀一四六九
半田拘置支所	半田市住吉町五―一
名古屋刑務所	西加茂郡三好町福谷下り松一―六
岡崎拘置支所	岡崎市明大寺字道城ケ入三四―一
豊橋刑務支所	豊橋市今橋町四
岡崎医療刑務所	岡崎市上池町小田ケ入一
三重刑務所	津市修成町一六―一
伊勢拘置支所	伊勢市岡本一―二―二
四日市拘置支所	四日市市阿倉川町二―五
岐阜刑務所	岐阜市長良福光二〇七〇
各務原作業場	各務原市金属団地一七三（青雲寮）
岐阜拘置支所	岐阜市鷺山中洙一七六九
御嵩拘置支所	可児郡御嵩町一一九〇―一
高山拘置支所	高山市八軒町一―七
福井刑務所	福井市一本木町五二
笠松刑務所	羽島郡笠松町中川町二三
金沢刑務所	金沢市田上町公一
七尾拘置支所	七尾市馬出町ハ部三二
富山刑務所	富山市西荒尾二八五―一

高岡拘置支所　高岡市中川本町一〇—二一

〔大阪矯正管区〕

大阪拘置所　大阪市都島区友渕町一—二—五
京都拘置所　京都市伏見区竹田向代町一三八
神戸拘置所　神戸市北区ひよどり北町二—一
尼崎拘置支所　尼崎市崇徳院一—五
大阪刑務所　堺市田出井町六—一
堺拘置支所　堺市南瓦町二—六〇
大阪医療刑務支所　堺市田出井町八—八〇
岸和田拘置支所　岸和田市上野町東二四—一
京都刑務所　京都市山科区東野井上町二〇
舞鶴拘置支所　舞鶴市字円満寺小字八丁一二六
神戸刑務所　明石市大久保町森田一二〇
豊岡拘置支所　豊岡市京町一二—九〇
洲本拘置支所　洲本市山手一—一—二三
加古川刑務所　加古川市加古川町大野一五三〇
滋賀刑務所　大津市大平一—一—一
彦根拘置支所　彦根市金尾町五—四一
和歌山刑務所　和歌山市加納三八三
丸の内拘置支所　和歌山市広瀬中之町二—一四
田辺拘置支所　田辺市新屋敷町五
新宮拘置支所　新宮市新宮六七七二
姫路少年刑務所　姫路市岩端町四二一八
姫路拘置支所　姫路市北条字中道二五〇
奈良少年刑務所　奈良市般若町一八
葛城拘置支所　大和高田市大中一一六

〔高松矯正管区〕

高松刑務所　高松市松福町二—一六—六三
丸亀拘置支所　丸亀市大手町三—四—三三
徳島刑務所　徳島市入田町大久二〇〇—一
高知刑務所　高知市布師田三六〇四—一
中村拘置支所　中村市丸の内二二
松山刑務所　温泉郡重信町大字見奈良一二四三—一
大井造船作業場　二
越智郡大西町
大洲拘置支所　大洲市三の丸八四五
西条刑務支所　西条市神拝八五
今治拘置支所　今治市宮下町一—一—三〇
宇和島拘置支所　宇和島市柿原一七〇

〔広島矯正管区〕

広島拘置所	広島市中区上八丁堀二—六
広島刑務所	広島市中区吉島町一三—一一四
呉刑務支所	呉市吉浦上城町六—一
竹原拘置支所	竹原市竹原町二九二
尾道刑務支所	尾道市防地町二三—二
有井作業場	御調郡向島町有井九九五四—五
福山拘置支所	福山市沖野上野五—一四—六
三次拘置支所	三次市三次町一六九一
山口刑務所	山口市松美町三—七五
徳山拘置支所	徳山市児玉町一—三
萩拘置支所	萩市大字土原字土原九一—二
下関刑務支所	下関市東神田町九—一四
宇部拘置支所	宇部市琴芝町二—二—四〇
岡山刑務所	岡山市牟佐七六五
津山拘置支所	津山市小田中六一—一
鳥取刑務所	鳥取市下味野七一九
米子拘置支所	米子市上後藤二六三
松江刑務所	松江市西川津町六七
浜田拘置支所	浜田市殿町九八〇
岩国少年刑務所	岩国市錦見六—一一—二九

〔福岡矯正管区〕

小倉拘置所	北九州市小倉北区金田一—七—二
福岡刑務所	粕屋郡宇美町大字宇美二四〇〇
福岡拘置支所	福岡市早良区百道二—一六—一〇
飯塚拘置支所	飯塚市新立岩六—五
久留米拘置支所	久留米市篠山町三一
大牟田拘置支所	大牟田市白金六九
田川拘置支所	田川市千代町五—一
厳原拘置支所	下県郡厳原町大字久田ヨサル渕五八七—二
小倉刑務所	北九州市小倉南区葉山町一—一—一
城野医療刑務所	北九州市小倉南区城野一—一三—一
麓刑務所	鳥栖市山浦町二六三五
長崎刑務所	諫早市原口町五〇八
長崎拘置支所	長崎市白鳥町八—二
島原拘置支所	島原市城内二—一二〇四
福江拘置支所	福江市栄町一—八
佐世保刑務所	佐世保市浦川内町一
大分刑務所	大分市大字畑中三〇三
中津拘置支所	中津市二の丁

熊本刑務所	熊本市渡鹿七—一二—一
京町拘置支所	熊本市京町一—一三—二
菊池医療刑務支所	菊池郡合志町栄三七九三—九
八代拘置支所	八代市西松江城町一一—五
天草拘置支所	本渡市諏訪町一六—三三
鹿児島刑務所	鹿児島市永吉町一三
大島拘置支所	名瀬市矢之脇町二一—一
宮崎刑務所	宮崎市大字糸原四六二三
都城拘置支所	都城市早鈴町三二一五
延岡拘置支所	延岡市桜小路三三八—七
沖縄刑務所	島尻郡知念村字具志堅三三〇
那覇拘置支所	那覇市樋川一—一四—二
宮古拘置支所	平良市字西里三四五—六
八重山刑務支所	石垣市字真栄里四一二
佐賀少年刑務所	佐賀市新生町二—一

付言

すでに明らかなように本書は、四弁護士会の人権擁護委員会へ宛てた「申立書」である。しかしまた、これは全国民へ提出された監獄実態報告書でもある。いいかえれば、通常の私信または一般的な原稿としてではなしに、公的書類として監獄から発せられて、はじめて陽の目をみたものである。すべてを獄中者が自力で完成させた本書刊行は、類書もなく、秘密のベールに覆われた監獄の歴史上でも初めてのできごとだと思う。

内容の主柱は刑務所・拘置所の実態調査アンケートであるが、この出発点から、多大な困難を負っていたことは多言を要しないだろう。まず、監獄当局から不利益や弾圧を受ける不安が、解答しようとする者の肩に重くのしかかった。次には、回答用紙が実施者へ返送される段階で、少なからず検閲によって塗りつぶされた。「申立書」として送付される段階で、さらに検閲により一一個所が塗りつぶされた。——抹消個所復元のため、面会・文通・ナマ資料の宅下げと、幾多の手数と努力を払った。背のびひとつ自由にできぬ房内、資料を手元に取り寄せるのに何日もかかる獄中で、大分の原稿をまとめる労苦とエネルギーは常識をはるかに超える。

文中に、実名とイニシャルと匿名・仮名とがある。伏せざるを得なかった人は、予測される獄中弾圧または社会的差別と排斥を配慮してのことである。いずれにしろ真相を証すため、人間性を尊重する監獄への改革のため、本書に登場したすべての人びとは勇気ある努力を払った。

申立日以降の日付でまとめられたデータが、文中に二、三ある。これは編著者と編集部とが協議し、読者のためにできるだけ最新のデータを提供したほうがよい、と判断したからである。申立書の趣旨をそこねてはいないと考える。また本書には、救援運動・裁判支援などの機関紙誌、パンフレット、集会へ向けたアピール、獄中から行なった民事行政訴訟書類、国会議員への陳情書、編著者たちがアンケート補充のために交わした膨大な手紙などが、たんねんに織りこんである。そういう意味では、アンケート調査結果を基本データとし、きわめて限られた人びとの間でしか知られていない事件・人・実態・体験などを、取材と調査によって書き下したものといえる。

人間としての基本的権利や市民としての自由が、絵に画いた餅でしかない世界――本書でえぐった現代日本の監獄像すら、その全体像にたいしては、氷山のうえにちょこんと載った氷の破片にすぎない、という編著者のことば。このような〃氷の檻《おり》〃は人間の名において、われわれの社会に絶対に存在させてはならぬだろう。

今の第一〇二通常国会へ、監獄二法案が上程されようとしている。法案の審議力がほとんど形骸化してしまっている国会へ、いったん上程されてしまえば、もう可決への危機的状況を迎えたと見なさねばならぬ。読者の中から、刑事施設法ならびに留置施設法上程反対の戦列に加わる人が、一人でも二人でも出てくることを願ってやまない。

〈編集委員会〉

拘禁二法案の問題点

海渡　雄一
日弁連拘禁二法案対策本部委員
第二東京弁護士会監獄法等対策特別委員会委員

一　拘禁二法案反対運動の現段階

1　拘禁二法案を二度にわたって廃案にさせたもの

『全国監獄実態』の増補版を刊行するにあたって、拘禁二法案をめぐる最新の状況と監獄における人権問題の今後の展望について小論をまとめるよう要請があった。

思い返してみると、拘禁二法案が初めて国会に提出されたのは一九八二年四月のことであった。私は当時弁護士一年生の駆け出しであった。警察拘禁施設法というとんでもない法律が国会に提出されるかも知れないという噂で、弁護士会は大騒ぎとなっていた。この法案が衆議院解散にともなって廃案となったのが一九八三年一一月であった。しかし、その後も日弁連と法務省・警察庁との意見交換会が続けられ、一九八七年四月この意見交換会を打ち切る形で、法案は一部修正の上、国会に再提出された。一九八八年五月には、法案は国会で審議入りし、成立は時間の問題という緊迫した状況を迎えた。当時の国会勢力は自民党が衆・参両議院で過半数を占め、とりわけ、衆議院は三〇〇議席を占めていた。普通の反対運動では、勝ち目はないように思われた(1)。

2　代用監獄を国際的な人権問題へ

このような状況で、このまま負けて引き下がるのは余りにもくやしい、何か方法はないものかといく人かの弁護士で話しあった。そうした中から、「代用監獄の問題を国際的人権問題とすることはできないだろうか。」というアイディアが出された。しかし、弁護士会全体で、国連に働きかけるような活動には、当初、非常に抵抗が強かった。人権問題を扱ってきた弁護士の間にも、「自分の国の恥を外国にまで出かけていって、吹聴するなんて。」という感覚が根強かったのである。

そこで、弁護士会とは別に市民団体を作って、国連・人権委員会に通報（一五〇三号決議に基づく）を行なったり、その年（一九八八年）の七月二〇日〜二二日開催の国連人権専門委員会第三三セッションにおいて市民的及び政治的権利に関する国際規約四〇条に基づく日本政府第二回報告書の検討会が開かれたが、この検討会に向けてロビー活動をおこなったりした。この検討会の中において、日本の代用監獄制度、被拘禁者の人権問題などについて国際人権規約B規約違反ではないかとの指摘と批判が行なわれた。(2)

3 パーカー・ジョデル・レポート

一九八八年の一一月には、アメリカのカレン・パーカー氏とフランスのエチエンヌ・ジョデル氏からなる国際人権調査団が日本を訪問し、国際人権法の観点から、日本の捜査段階の刑事手続、代用監獄への拘禁、弁護人の援助を受ける権利の実情について調査をおこなった。この調査には、日弁連も全面的に協力した。この年の一一月には、日弁連は、神戸で、国際人権シンポジウムを開催した。このシンポジウムでは、刑事手続と在日外国人の人権の問題について、国際人権規約の観点からの分析が行なわれた。(3)

翌一九八九年二月、パーカー・ジョデル報告書「警察留置所での拘禁——日本の代用監獄制度」が公表された。

その中味は、衝撃的なものであった。

日本の代用監獄制度は国際人権規約B規約九条三項に違反する。また、起訴前に国選弁護人の制度がなく、また弁護人の面会が厳しく制限され、立会いも認められない実態はB規約一四条三項bに違反する。また、日本の代用監獄では、広範に拷問、残虐、非人間的又は屈辱的な取扱いが行なわれており、B規約七条に違反している。また、権限を乱用して入手された自白の利用はB規約一四条三項cに違反する。起訴前の保釈の拒否はB規約九条三項に違反する。――このように、我々実務家がいつの間にか前提としてしまっていたような問題についても、国際人権の角度から、厳しく切り込んだのである。

一九八九年一月には、島田事件が再審無罪の判決を、四月には最高裁でひき逃げ死亡事故の遠藤事件が逆転無罪判決を勝ち取るなど、重要事件で無罪判決が続いた。

4　国連被拘禁者保護原則の採択

一九八八年一二月、国連総会は、「あらゆる形態の抑留・拘禁下にある人々を保護するための原則」を採択した。この原則は、国連人権委員会が一九七五年から各国の意見を聞きながら起草作業をしてきたものがまとめられたものである。日本の刑事手続と被拘禁者の人権保障の実情は多くの点でこの原則を充たしていない(4)。

とりわけ、捜査機関に対する司法的なコントロールの必要性（原則九）、自白強要のための拘禁状態の不当な利用の禁止（原則二一）、被疑者・被告人と弁護人の秘密交通権の完全な保障（原則一八）、起訴前の国選弁護人の保障（原則一七）、起訴前の保釈制度の保障（原則三九）などの点は、日本の刑事司法のあり方に根本的な再検討を迫る内容であった。

5 拘禁二法案、再度廃案に

このような、国際的な追い風が吹く中で、一九八九年の春の通常国会は消費税とリクルート問題で大荒れとなり、拘禁二法案の審議も完全にストップされた。そして、七月の参議院選挙では与野党逆転となり、法案成立の危機を脱することができたのである。一九九〇年一月には、国会の解散にともなって、二法案は再度廃案となったのである。

6 アムネスティ・レポート

一九九一年一月、国際的にも著名で最も権威あるNGOといわれるアムネスティ・インターナショナルが「日本の死刑廃止と被拘禁者の人権保障」について報告書を公表した。この報告書の中で、アムネスティ・インターナショナルは日本政府にたいして死刑の廃止とそれまでの間の死刑執行の停止とあわせて、「不当な取扱を受けたとする被拘禁者からの申立て事例を検証し、取調べ、拘禁に関する立法及び実務を見直すこと」「拷問禁止条約の批准、加入をすること」「被拘禁者の決定能力または判断能力をそこなう脅迫または取調べ方法を立法により禁止すること」、被疑者の弁護人との面会制限を国連被拘禁者保護原則の定める例外的な場合に限定し、また、すべての被疑者が逮捕後数日以内にすみやかに弁護人と接触すべきであること、「取調べ担当官と被拘禁者の拘禁と福祉を担当する当局者とを正式に分離し、その責任体制の分離が被拘禁者に確実に認識されるようにすること」、定期的に医師の診察が受けられるよう規定を置くこと、不服申立の制度を整備すること、取調べ記録の権利としての利用ができるようにすることなどを要請している。

この報告書は、三年の期間を費やし、慎重な調査と日本政府とのやり取りをへて完成されたものである。アムネスティ・インターナショナルは、国際赤十字と並んで国連NGOの代表にあげられる存在である。会員数は、世界一五〇ケ国に七〇万人といわれる。世界最大で、財政的にも自立しており、国連もその見解は、最も尊重されている。

このように、報告書は、パーカー・ジョデル報告書に比べれば、穏健で、常識的なものと評価できるが、明らかに二法案の見直しを迫る内容ともなっている。逆に、現実的な提案だけに、政府は従来のように一民間機関の意見であるなどとして無視することは、許されなくなったと言わなければならない。(5)

7　拘禁二法案、三たび国会提出へ

法務省・警察庁は、一九九一年四月一日、通常国会に拘禁二法案（刑事施設法案、留置施設法案）を従来の法案と全く同じ内容で再提出した。四月二三日、東京高等裁判所は、昭和四九年八月に発生した松戸OL殺人事件について、無罪判決を下した。

判決は、被告人の自白について、捜査員が留置業務にあたり、実質的にも留置業務が捜査の一環として行われたものであって、留置業務には、独立性がなく、捜査に不当に利用されたといえるとした上で、長期間にわたって厳しい取調べをうけ、精神的にも肉体的にも、厳しい状態に追い込まれていたとして、代用監獄に身柄を拘束して自白を強要したものとの誹りを免れず、被告人の自白が任意にされたものでない疑いがあると判示している。またしても、代用監獄で冤罪につながる自白の強要が行なわれていることが明らかとなったのである。この判決の翌日、日弁連は九段会館において拘禁二法案の反対市民集会を開催し、約千名が参加した。翌二五日には全国から結集した弁護士二〇〇名以上が国会への統一要請行動を行なった。国会の会期満了によって同法案は継続審議となった。ところが左藤法務大臣はこの会期満了直前の五月七日の閣議の終了後の記者会見において、代用監獄制度について「将来的にはなくさなければならないだろうと思う。」と述べた。このような発言の意味するものは何か、慎重に考えてみる必要があろう。

従来、政府自民党は、形式的に法案を提出するだけで、法案審議はあえて求めない姿勢を示していた。ところが法務委員会における自民党理事の強行姿勢からみて、今後の情勢は予断を許さないものとなってきていた。統一地方選挙での自民党の復調と、野党とりわけ社会党の退潮という政治状況の激変が、今後の二法案の取扱いに与える影響はまだ未知数である。法務大臣の発言は、この間の相次ぐ無罪判決や代用監獄の廃止を求める内外の声が反映しているものと見ることができるだろう。しかし、他方で法務大臣の発言には問題を代用監獄問題だけに集約し、被拘禁者全体の人権の問題に発展するのを未然に防ぐため、代用監獄問題での遠い将来における廃止を認めることによって、法案成立に反対している野党の一角にくさびを打ち込み、公明党や民社党の同意を取りつけようという意図もあるように考えられるのである。

法務委員会では二法案のほか、借地借家法の改正案が審議の予定であるが、今後の政治状況の推移によっては一九九一年秋の臨時国会以降には拘禁二法案の審議入りという最悪の事態も想定した運動の強化が必要である。その際になによりも重要なことは、問題を代用監獄だけに限定させないで、この間の運動によって代用監獄の問題で政府を追い込んできた地平を踏まえて、被拘禁者の人権全体について社会の関心をよび起こしていくことではないだろうか。

二　監獄における人権問題と拘禁二法案

マスコミなどで拘禁二法案が取り上げられるのは、ほとんどの場合、代用監獄の問題であり、監獄本体の問題が批判的に取り上げられることは非常に少ない。しかし、人権問題としての重要性は、どちらの問題も優劣はつけられない。日弁連が拘禁二法案に反対しているのも、代用監獄の問題だけではないのである。

この点については、「行刑の国際水準と日本型行刑の特質」の中でもまとめたことであるが、ここでは、最近の日弁連の動きと、いくつかの特徴的な人権侵害の実態についてまとめてみたい。

1　新拘禁法検討小委員会の設置と刑事立法研究会の刑事拘禁法要綱試案

一九九一年一月、日弁連は拘禁二法案対策本部の中に新拘禁法案検討小委員会を設置した。この作業は一九八四年八月にまとめられた「監獄法改正に関する対策本部試案」において会内で意見のまとまらなかった部分の意見を一本化し、同時に、国連の人権諸基準やヨーロッパ地域の人権基準、ヨーロッパ人権裁判所の判例、諸外国の最新の立法例や立法改正の動向などを参照して、試案を更にアップ・トゥ・デートなものに作り替えることを目的としている。

従来、拘禁二法案に対する対案は、弁護士会では様々なものが作られてきたが、刑事法学界においても、ようやく対案が作成・公表された。刑事立法研究会の刑事拘禁法要綱試案がそれである。(6) 同研究会のこれまでの研究成果の一部は、法律時報一九八八年三月号『特集 刑事・留置施設法案の研究』、法学セミナー増刊『監獄の現在』にもまとめられている。

同要綱試案は、国際人権規約B規約、国連被拘禁者処遇最低基準規則(一九五五年)、国連被拘禁者保護原則(一九八八年)、ヨーロッパ刑事施設規則(一九八七年)などをもとにまとめられたものである。日弁連の試案が法案に対する現実的な対案を目ざしたため、多分に妥協的な内容となっているのに対して、この要綱試案は、人権保障の原則を徹底して貫き、まず刑罰の内容としての自由剝奪を超える強制的契機を排除し、受刑者に対する処遇はその同意を前提とする原則を明らかにしている。また、未決被拘禁者に対する人権制限は拘禁目的の確保と共同生活上のルールに対する重大な障害のある場合に限定し、代用監獄を廃止し、取調べを外部交通の一つであることを明示するほか、未決拘禁施設の取扱いに対する裁判官への救済申立制度を設けるなど、相当思い切った内容となっている。また、第三者機関の設置、被収容者の自治活動の保障、刑事施設職員の団結権の保障、ソーシャル・ワーカー、カウンセラーなどの専門家の養成など、日本の行刑の停滞の原因ともなっている、いくつかの根本的な問題点も指摘されている。

一九九一年五月、同志社大学で開催された日本刑法学会第六九回大会では、共同研究の分科会のひとつとして「刑事拘禁法の諸問題」と題してこの要綱試案をめぐる活発な議論がなされた。刑事法学者約二〇〇名と法務省の関係者、日弁連からの参加者も含めたオープンな場で刑事拘禁法について議論がなされたことは、今後のこの問題についての、エポック・メイキングな出来事であるといってよいであろう。今後日弁連ではこのような学会との交流を深め、研究会の試案なども参考に、国際水準から見て遜色のない対案を作り上げる作業に取組みたい。

2 人権水準の具体的な中味——書籍の閲覧

我々は、国際的な人権水準という言葉をよく使うのだが、一般の読者にはその中味がなかなか具体的に理解しにくいのではないだろうか。

個々の処遇の場面で、人権水準がどのような意味を持つのか、例をとって説明してみたい。刑務所の中でどのような本がよめるのかという例で説明しよう。

まず、現在国会に提案されている刑事施設法案の三二条は次の三つの場合に書籍等の閲覧を禁止できるとした。

「一、刑事施設の規律及び秩序を害する結果を生ずるおそれがあるとき。二、受刑者にあっては第四八条二項に規定する矯正処遇の適切な実施に支障を生ずるおそれがあるとき。三、被勾留者にあっては、罪証の隠滅の結果を生ずるおそれがあるとき。」

一読して、極めて広範な制限が企図されていることがわかる。

新聞の閲読の自由に関する最高裁大法廷の一九八三年六月二二日の判決では、未決拘禁者の閲読の自由は、逃亡と罪証隠滅の防止という勾留の目的のためのほか、監獄内の規律及び秩序の維持のため必要とされる場合にも一定の制限を受けるものとされ、右制限が許されるためには、規律及び秩序が害される一般的、抽象的なおそれがあるというだけでは足りず、規律及び秩序の維持上放置することのできない程度の障害が生ずる相当の蓋然性が認められることが必要であるとされている。法案の制限の要件はこの最高裁の判決の水準すら満たしていないものと評価できるのである。

これに対して、日弁連が一九八四年に公表している対策本部試案では、制限の要件について、「刑事施設の安全上明らかな危険が生ずると認められるとき」に限定している。受刑者に対する処遇上の理由からの制限や被勾留者に対する罪証隠滅の防止上の制限は、いずれも認めない趣旨である。一般社会においで自由に閲覧できるものに制限を加えて外的な刺激を隔絶したところで真の社会復帰行刑は行なえないとの立場なのである。

同じ問題について、刑事立法研究会の要綱試案はより徹底した立場をとり、規律秩序上の制限も一切認めない立場を鮮明にしている。このように法案や試案は一見無味乾燥なもののように見えるが、その表現のちょっとした違いによって獄中の人権状況は根本的に変わってくるのである。

3　人権水準の具体的な中味——受刑者への処遇の強制

これ以外にも、受刑者に対する処遇をどこまで強制できるのかという問題なども極めて重大な問題で、考え方も大きく分かれている。刑事施設法案は刑務作業・教科指導だけでなく生活指導（この中には、軍隊式の行進なども含まれると考えられている。）までが強制でき、指示に従わないときには懲罰が課される危険性すらあるような中味となっている。

これに対して日弁連の試案では作業と未成年者に対する教科指導は強制できるものとしたが、成人に対する教科指導や身体障害者に対する治療的処遇については本人の意思に反してはできないことを明らかにしている。生活指導については、相談・助言や援助に限定することとしたが、本人の意思に反してもできるかどうかについては遂に意見がまとまらず両論併記となっている。

この問題についての刑事立法研究会の要綱試案は、実にスッキリしている。現行刑法のもとでは、懲役受刑者の刑務作業の強制だけは認めるものの、これ以外のあらゆる処遇について本人の拒否権を認めたのである。そして、刑法についても、懲役刑、禁錮刑の区別を撤廃し、作業についても希望に従って実施すべきだとしているのである。あらゆる処遇は本人の自発的な意思に基づかなければ何の効果も上げることはできないし、その人間的な尊厳の尊重と処遇の強制は相いれないという見解が貫かれているのである。

次に、筆者が実際に担当した二つのケースを例にとって、日本の監獄の実態、裁判所の考え方、国際人権の立場から見た問題点を指摘することとしたい。

三　厳正独居拘禁の問題点

1　厳正独居とは

ここでは、刑務所における厳正独居の問題点を例にとって日本の具体的な刑務所のあり方を考えてみ

たい。(7、8)

厳正独居処遇とは、受刑者を工場に出役させず、刑務作業も独居房の中で行なう処遇のことである。昼間工場に出る夜間独居と対比して昼夜間独居ともいう。作業以外の運動・入浴なども一人で行ない、所内行事への出席は全く認められない。作業中はもとより、日課外であっても、独居房の中で安座姿勢が強制され、壁によりかかったり、脚の屈伸、たて膝なども許されないという厳しい行動制限が加えられている。この制限に反すると看守の指示を受け、指示に従わないと懲罰を受けることとなる。運動は扇形フェンスで囲まれた短冊状の運動場で、一日、三〇分間とされているが、土曜日、日曜日、週二回の入浴日、雨天の日には運動は実施されず、実際の運動は平均して週一、二回が実状である。毎日、一回、一時間の運動を保障している国連の被拘禁者処遇最低基準（一九五五年）に明らかに違反する実態だ。

全国でどのくらいの受刑者が厳正独居処遇とされているのか、詳細は不明であるが、日本社会党政策審議会の文書による質問に対し、矯正局保安課が一九八六年一一月に行なった回答によると、その当時府中刑務所一六七名（一九四四名中）、秋田刑務所三九名、山口刑務所六名とされており、他の刑務所は未回答となっている。

全国で約四万人の受刑者の内一〇〇〇名ないし二〇〇〇名程度の受刑者がこの厳正独居処遇を受けていると推定される。

2　心身に著しい悪影響

厳正独居処遇による不利益は、一つには肉体的苦痛が大きく、長期に及ぶときはほぼ例外なく腰痛症を訴えていることが挙げられる。仮に厳正独居の必要性のある場合にも、作業は別室で椅子に座って行なうこととし、無意味な行動制限を撤廃して、一日一回は運動を実施することで、このような肉体的苦痛は相当軽減できるはずである。厳正独居処遇の二つめの問題点は、他の受刑者との心理的交通を断ってしまうため、精神的苦痛が大きく、長期にわたるときは拘禁性精神病の原因ともなることである。刑罰自体が受刑者の人間性を破壊し、その社会復帰を困難にしていく点で厳正独居処遇は処遇の自己否定であるというべきである。

3 分かれる判例の考え方

長期にわたる厳正独居処遇の適法性について判例の考え方は分かれている。鳥取刑務所で通算一八三三日間もの間、厳正独居生活を強いられたK氏の場合、一審の鳥取地方裁判所判決(昭和六〇年三月二五日、公刊物未登載)は次のような判断を示し処遇を違法としている。「同じ独居拘禁形式の処遇においても、昼夜間をとおしてのそれと、夜間のみのそれとを比較すると、前者が受刑者に人間本来のあり方とはほど遠い、閉鎖的で不自然な生活を強制し、これが長期にわたるときは、受刑者に苦痛を与えるとともに、ひいてはその社会適応上弊害を生ずる過酷な処遇となることがあるのに対し、後者の方はむしろ(中略)通常の社会生活に近い状態となり、その社会適応を促進させる効果があって、両者は質的に全く異なる処遇と言える。」とし、厳正独居処遇に付するか否かは刑務所長の裁量としつつも、「その処遇に関する決定、殊に右処遇期間の長期にわたる更新については、とくに慎重を期すべきもので、この点に関する刑務所長の判断については、期間が長期にわたるに従い、独居拘禁の弊害の増大の危険性があるので、その裁量幅が狭められる。」として、裁量に厳しい制約を加えている。そしてこのような考え方に基づいて、一一回の更新の内五回目以降の更新は同様の抽象的な理由で更新を繰り返したにすぎないから違法であると断定した。この理由中で、獄中の待遇について訴訟を提起したことを「好訴癖」と決め付けるのは著しく妥当性を欠くものと述べている点も注目される。

この事件は一審は松本光寿弁護士が担当されたが、二審は本人訴訟となった。控訴審ではK氏は一回しか出廷を許されず、判決では原判決を破棄し、原告の請求を棄却した。この広島高裁松江支部判決(昭和六一年一二月二四日、公刊物未登載)は次のように判示する。

「戒護のため、隔離の必要がある場合において、在監者の独居拘禁およびその更新の要否に関する刑務所長の判断が、合理的な基礎を欠きあるいは不当な配慮のもとに行われるなど、著しくその妥当性に欠くものでない限り、在監者を独居拘禁に付し、かつ、これを継続した刑務所長の措置は違法とはならない。」

右判決は、原告が多数の獄中訴訟を提起していたことを厳正独居継続の理由の一つとした刑務所側の主張を追認している点で裁判所の人権感覚のなさを端的に示している。

筆者は他の二人の弁護士と共にこの事件の上告審の代理人となったが、口頭弁論も開かないまま、最高裁は一九八九年七月一三日、わずか七行の判断で上告を棄却してしまった。

4 明らかな国際人権規約違反

厳正独居に類似した処遇は、諸外国においても全く見られないものではないが、その処遇の内容には他に見られない特徴を指摘することができる。最大の特徴は房内での行動が制限され、特定の姿勢が強制されていることで、このような例は世界中にも例がないと考えられる。房内での所持品や居房の広さなどについて何ら特別の保障がなされていないこと、戸外運動時間が著しく不足していること、拘禁の隔離性が高く、心身の健康がむしばまれていることなども重要な問題である。

また手続的にも長期の厳正独居については刑務所長の権限だけでなく、上部機関の承認や裁判所の許可を必要としている国も多い。日本のように刑務所長の権限だけで何年間にもわたって独居を続けることができるというのは、あまりにも乱用の危険が大きいと言わなければならない。

このような厳正独居の実態は、拷問または、残虐な、非人道的な、もしくは品位を傷つける取扱いを禁止している国際人権規約B規約第七条、自由を奪われたすべての者に対して、人道的にかつ人間の固有の尊厳を尊重した取扱いを保障した同規約一〇条に違反したものというほかないのである。

四　子供との面会

1　子供と面会できない被拘禁者

日本の拘置所・刑務所では一四歳未満の者と被拘禁者との面会は規則の文言上は原則として禁止されている（監獄法施行規則一二〇条）。しかし、規則一二四条により「処遇上其他必要アリト認ムルトキ」は面会させることができるとされている。

この訴訟の原告のM氏は、連続企業爆破事件で逮捕・起訴され、一、二審で死刑判決を受け、本件提訴時は未決拘禁者の立場にあったが、昭和六二年三月二四日最高裁の上告棄却により現在は死刑確定者として東京拘置所に拘置されている。M氏は、昭和五八年四月当時一〇歳であった長女AをもつBの母親であるCと養子縁組の届出をした。つまりM氏とAはおじとめいの関係になったわけである。M氏とB・Cは東京拘置所で何回となく面会することができ、またM氏とAは文通により交流をしてきた。そうしたなかで、M氏はめいのAとの面会を希望するようになり、B、Cも更にはA自身もM氏とAの面会を望むようになった。そこで、M氏は昭和五九年四月東京拘置所長に対し面会許可の申請をしたが、同所長は不許可とした。そこで、右の不許可処分の違法を理由に国家賠償を請求したのが本件訴訟である。

2　一審二審で勝訴判決

本件訴訟は、一審の東京地方裁判所（昭和六一年九月二五日、判例時報一二〇九号九頁）、二審の東京高等裁判所（昭和六二年一一月二五日判例時報一二六五号六七頁）のいずれもが原告の請求を認め本件不許可処分を違法とし、国に損害賠償の支払いを命じた（認容額は一審が五万円であったが、二審は付帯控訴が容れられ、弁護費用一万円を加算して六万円となった）。

このケースの立証で原告側が努力したポイントは、一つには、M氏とAの交流を求める真情を手紙や証言によってできる限り詳細に立証したことである。また二つには、一九七八年以前には東京拘置所においても相当広汎に子供の面会がみとめられていたことを当時の在監者の陳述書などを基に立証したことである。三つめは、M氏本人の発案によるものであるが、諸外国の法務当局へのアンケート調査によって、幼年者と在監者との面会を原則的に禁止しているような国はないということを立証したことである。五〇ヶ国の法務当局に英文でアンケートを発送し、内一八ヶ国からの回答があった。一弁護士の質問にも誠意をもって答えてくれた国がこんなに沢山あったということ自体が驚きであった。このアンケートの結果、家族が同意している時に家族である子供との面会を原則として許さないという取扱いは一八ヶ国のどこにも見当らないことが明らかとなったのである。

二審判決は規則一二〇条の趣旨について、「幼年者の在監者との接見が常に幼年者の心情を害する具体的な危険を招来するものでないことは容易に考えられるところである（例えば、実子ないしこれに準ずる者に対する教育上・成育上の必要が肯定される場合も多いであろう）から同条は少なくとも、幼年者と刑事被告人との接見については、幼年者の心情を害する具体的な危険を避けるために、その範囲で、これを制限しているものと解釈されるべきである（控訴人の主張するように、幼年者の心情を害すべき抽象的・一般的な危険があるから原則的に接見を禁ずることができるものと解釈することは、前記の法の趣旨に反することとなるのである。）」と判示している。そして本件のM氏とAとの面会について、Aの「心情を害する具体的な危険を避けるため面会を拒否すべき事情があるとは到底解し難いし、（右事情を認むべき証拠はない。）又面会を認めると、勾留の目的または東京拘置所の正常な管理運営保持の目的に何らかの支障をきたすとも解し難い。」などとして、本件不許可処分には規則一二〇条、一二四条の解釈適用を誤り、裁量権の範囲を逸脱または濫用した違法があるとしたのである。

この判決について、国は上告していたが、上告から三年あまりを経過して最高裁は、上告審では異例の口頭弁論を九一年六月四日に開催した。通常最高裁が口頭弁論を開くのは、二審の結論を覆す場合と考えられており、最高裁で逆転敗訴の結論が下される可能性が強まっている。判決は七月九日の予定である。

3　国際人権規約上このような制限は正当化できない

しかし、国際的な人権の諸基準から見ても幼年者との面会を原則として認めない規則一二〇条は到底正当化できない。この問題を例にとって国際人権法の解釈を試みてみることとしよう。

国際人権規約B規約一七条は、

「1、何人も、その私生活、家族、住居もしくは通信に対して、恣意的に若しくは不法に干渉され又は名誉および信用を不法に攻撃されない。

2、すべての者は、1の干渉又は攻撃に対する法律の保護を受ける権利を有する。」

と定めている。

規約人権委員会は、B規約の解釈基準を示すため、規約の各条項について、順次「一般的意見」を公表している。一七条についての一般的意見は、この規約の解釈について、次のような判断を示している。まず、「恣意的な干渉（arbitrary interference）」について、「法に規定された干渉をも含むものである。法によって規定された干渉であってさえも、本規約の規定、目的および目標に合致しなければならないし、かつまた、どんなことがあろうとも、特定の状況のもとで、合理的な干渉でなければならないということを保障しようとして、〝恣意的〟という概念を導入したものである。」と説明されている。本件で問題となっている、規則一二〇条が幼年者との面会を一律に禁止していることに何ら合理性がないことは、一審、二審の判決も明確に認めていたところであって、世界各国に同様の規制をしている国が全くないこともこのことを裏付けている。

次に、「家族（family）」の概念について、「一七条の目的にとって、関係する各締約国内の社会通念として、〝家族〟として含まれる全てのものを含むように、この語句は広く解釈されるべきであるということが、本規約の諸目標に合致する。」としている。

従って、本件のような、養子縁組みによって発生した家族関係が、B規約の保護のもとにおかれるべきこともまた、明らかなところである。

また、B規約一〇条は、自由を奪われたものと被告人の処遇についての一般原則を次のように定める。

「自由を奪われたすべての者は、人道的にかつ人間固有の尊厳を尊重して、取り扱われる。

2、a　被告人は、例外的な事情がある場合を除くほか有罪の判決を受けた者とは分離されるものとし、有罪の判決を受けていない者としての地位に相応する別個の取扱いを受ける。」

この一〇条1項はすべての非人道的な、品位を傷つける取扱いを禁止する規約七条を被拘禁者について補完するものである。また「自由を奪われたすべての者の人道的取扱い及び尊厳性の尊重は、物的資源に全面的に依存するはずのない普遍的な適用可能性のある基本的な基準である」（一九八二年七月二七日採択の一般的意見）。この規約一〇条は、自由を奪われた者にたいしても、この規約が保障する基本的人権が等しく保障されることを明らかにしている。

このように、規約人権委員会の一般的意見からみても、規則一二〇条と、これを機械的に運用する東京拘置所の現在の運用は、家族関係に対する恣意的な干渉として、規約一〇条と結合して理解される規約一七条（以下、単に規約一七条と言うことがある）に違反する。

4　国連被拘禁者保護原則からも人権規約違反は裏付けられる

B規約についての解釈は、B規約の文言自体からだけでなく、関連する国際人権文書と総合して行なうことによって、より確実なものとすることができる。以下、このような観点から、関連国際人権文書の内容を見てみることとする。

国連被拘禁者保護原則は家族との面会の権利を保障している。

一九八八年一二月、国連総会は、「あらゆる形態の拘禁・受刑のための収容状態にある人を保護するための諸原則」（いわゆる国連被拘禁者保護原則）を全会一致で採択した。

この原則は、国連人権委員会における一〇年以上にわたる作業の結果採択に至ったものであり、国際人権規約B規約の解釈基準ともなるものである。

この原則一九は、次のように定めている。

「拘禁された者または受刑者は、外部の者特にその家族と面会、通信する権利を有し、外部社会とコミュニケートする十分な機会を与えられる。但し、法又は法に従った規則により、定められた合理的な規則及び制限には従う。」

この合理的な制限とは、面会などの回数、時間、場所、一定の場合の立会いなど、施設の安全上や管理運営上の制限を指すものであって、未成年者との面会を一律に禁止する規則一二〇条は、この原則に言う合理的な制限とは到底言えないものである。

5　ヨーロッパ人権条約とヨーロッパ人権裁判所の判例から見た子供の面会

ヨーロッパ人権条約（人権および基本的自由の保護のための条約―一九五〇年）は、ヨーロッパ人権裁判所、ヨーロッパ人権委員会という、実施機関を持ち、ヨーロッパ地域だけでなく、その先例は、国際人権規約B規約の対応する条項の解釈についても重要な先例価値を有するものと考えられるにいたっている。

同条約は、その第八条において、B規約一七条に対応する次のような規定をおいている。

「1、すべての者は、その私生活および家族生活、住居並びに通信の尊重を受ける権利を有する。

2、この権利の行使については、法律に基づき、かつ、国の安全、公共の安全若しくは国の経済的福利のため、また、無秩序若しくは犯罪の防止のため、健康若しくは道徳の保護のため、又は、他の者の権利および自由の保護のため民主社会において必要なもの以外のいかなる公の機関による干渉もあってはならない。」

この第二項は、B規約の〃恣意的〃という概念をより具体化したものと考えることができる。

この規定によれば、拘置所において許される家族関係に対する干渉は、極めて限定された理由に基づいてしか許されないことが明らかである。公共の安全の観点からの、面会に対する一定の場合の監視や遮蔽板の使用、他のものの権利・自由の保護のため必要な、面会の時間、回数などの制限は許されるであろう。しかし、拘禁施設が、在監者の未成年の家族の心情の保護を理由に、その未成年者の親の判断にも優越して、その面会を拒否することは、公共の安全ともかかわりがないし、健康と道徳の保護とも関係がないし、他の者の権利と自由の保護のため民主社会において必要なものとも到底考えられず、条約八条に照らして、このような干渉はあってはならないものである。

このような解釈は、ヨーロッパ人権条約の実施機関であるヨーロッパ人権裁判所の次のような判決からも正当なものであることが明らかである。

まず第一の例がゴールダー対英国事件である。

このケースはイギリスの刑務所に受刑中であったゴールダーが刑務官に対する民事訴訟の手続きを取ろうとし、弁護士に連絡を取ろうとしたのに対し、内務大臣が通信の許可を与えなかったという事件である。ヨーロッパ人権裁判所はこのような不許可はヨーロッパ人権条約の六条一項と八条に違反すると判決している（一九七五年二月二一日判決）。

第二のケースはキャンベル・アンド・フェル対英国事件である。この事件の論点は多岐にわたっているが、ヨーロッパ人権裁判所はこの判決の中で、弁護士との秘密交通権が否定された点、二人の修道女との通信が許されなかったことがそれぞれヨーロッパ人権条約の八条に違反するとの主張にたいして、前者の点は同条約の六条一項に、後者の点は同条約の八条に違反すると判決している（一九八四年六月二八日判決）。

このように、ヨーロッパ人権条約の八条が刑務所・拘置所などの刑事拘禁施設が被拘禁者の外部交通権を侵害した場合に適用される規定であること、そしてその適用にあたっては人権擁護の観点から、厳格な判断が示されていることは明らかである。

そして、このような解釈は、国際人権規約B規約一七条についてもそのまま当てはまるものと考えることができる。

6 国際的な人権の水準を示すヨーロッパ刑事施設規則

一九八七年、ヨーロッパ人権条約の批准国で構成するヨーロッパ会議が「ヨーロッパ刑事施設規則」を採択した。この規則は、一九七三年に採択されたヨーロッパ被拘禁者最低基準規則を全面的に改正したものであり、ヨーロッパ地域の行刑政策の指針として、ヨーロッパ人権条約の解釈の基準ともなり、世界の人権保障の動向を端的に示す国際人権文書である。

同規則第九二、一項は未決拘禁者にたいして「家族、友人および未決拘禁者が接触するための合法的な利益を有する個人と交通することができるためのすべての必要な便宜」を与えなければならないとしている。

また、同二項は「未決拘禁者は上記の者らと人間的条件のもとで面会を許されなければならない。但し司法執行の利益を守るため、又は施設の安全と秩序を維持するため必要がある場合を除く。」と規定する。

ここで規定されていることは、家族友人などの面会については仕切り板などのない個室で、立会いも行わないなどの人間的な条件を保障することを求めているのである。そして、司法執行の利益(出頭の確保と罪証隠滅の防止)を守るため、施設の安全と秩序の維持のために必要な場合にかぎって人間的な条件での面会でない面会(日本では一般的な、仕切り板のある面会室だったり、立会い人が付いたりする)にすることができるにすぎないのである。ましてや、その家族が面会を求めているときに、幼年者との面会を禁止するような非人間的措置はおよそありえないことなのである。

なお、本件は未決拘禁者の場合であるから直接関連しないが、同規則第六五、c項は、受刑者の処遇のいくつかの目的の一つとして、受刑者と家族の関係について次のように定めている。

「被拘禁者及びその家族の最善の利益を促進することになる、被拘禁者とその家族及び一般社会との結びつきを維持し強めること」

このようにヨーロッパにおける行刑の方向性は被拘禁者と家族の関係をより強め、また、より人間的な条件での自然な面会を実現する方向に向かっているのである。このような発想からは、囚人となった家族を幼年者に面会させることが、幼年者の心情を害するから、禁止しようなどという考えは絶対生まれようがないのである。もし、面会が幼年者の心情を傷つけるようなことがもし万一にもあるとすれば、どのようにすれば、心情を傷つけない面会を実現するか、そのために必要な設備や施設関係者の研修の課題は何かと考えを進めていくのが前向きの行刑ではないだろうか。

〔注〕
(1) 拘禁二法案反対運動のこれまでの経過をまとめた文献として、日弁連拘禁二法案対策本部『拘禁二法案をめぐる八年——拘禁二法案反対運動小史』
(2) 「国連が審議した日本の人権」自由人権協会
「国際人権規約第四〇条に基づく条約当事国の報告書の審議(仮訳)」(部落解放研究六六—六七号)
日弁連『拘禁二法案の焦点』所収　拙稿「国連における日本の被拘禁者処遇についての審議状況」
(3) 日弁連第三一回人権擁護大会シンポジウム第一分科会基調報告書「人権の国際的保障　国際人権規約の日本

国内における実施状況」
(4) 永野貫太郎「被拘禁者の処遇と国際準則」(判例タイムス五五四号)
日弁連拘禁二法案対策本部「国連被拘禁者人権原則と拘禁二法案」
同「日本の刑事制度は国連被拘禁者人権原則を充足しているか」
(5) 戸塚悦朗「代用監獄・弁護人接見交通権と国際人権法」(法律時報一九九一年四月号)
(6) 刑事立法研究会「刑事拘禁法要綱試案」(法律時報一九九一年五月号)
(7) 堀和幸「厳正独居」法学セミナー増刊『監獄の現在』
(8) 甲藤厳正独居訴訟弁護団「監獄の中の監獄」

増補新装版に寄せて

監獄法改悪とたたかう獄中者の会

見えない日本の監獄

『全国監獄実態』が出版されてから十年が経過した。この間、日本の監獄はどのように変わり、改善されてきたのか。結論から先にいってしまえば、本質的には何も変わっていない。むしろ管理強化が進んでいるといえるのではないだろうか。高い塀の内側では、過去の遺物ともいうべき明治四十一年施行の監獄法が現行法として未だ生きているのであり、その監獄法すら遵守されていないのが、十年前と変わることのない日本の監獄の現実である。

十年前、朝日新聞紙上に岡山大学名誉教授の森下忠が本書について、爆弾事件や連合赤軍などのいわゆる過激派といわれる人たちによって書かれたもので「事実無根、誇張、歪曲された多くの取り扱いぶりを収録したものであり」「食事の中にネズミの糞などが混入していたら、被収容者が一騒動起こすはずである」「ほこり、ちりなどが入りえないようになっている」と書いていたが、私たちの体験でも、糞、紙屑、石、鉄片、ひも、虫の死骸、それにスポンジやゴムの切れ端などの異物が食事の中に日常的に混入していたのは紛れもない事実であり、森下の本書に対する批判は、受刑者がどんなに不当かつ横暴な目にあわされようと「一騒動起こす」ことは到底できないほど管理され、法律に基づいた「不服申立」すらできない状態に置かれている監獄の現実を見ることをせず、国の主張を鵜呑みにした無責任極まりない批判にすぎない。

そして、十年後の今年、『ＪＣＣＤ』（「犯罪と非行に関する全国協議会」機関誌）が刑務所の処遇について元受刑者から聞いた話を掲載したところ、掲載者が中央大学名誉教授の八木國之から、事実ではないことを掲載し、「名誉毀損」にも抵触するものだと批判されたことがある。

他にも、中央大学法学部の学生から「この間、法学セミナーで元受刑者の文章を見ました。中大の刑事政策の藤本教授は『そんな事実はない！』と言いはって、私の意見と正面衝突してしまいましたが、アムネスティでも報告されているし、現に体験された方もたくさんいらっしゃるのにどうして大学教授は見て見ぬふりをするのでしょうか?!」と書かれた手紙を受け取ったことがある。

『JCCD』誌上で問題とされたのは、府中刑務所の元管理部長・小田勉が、横浜刑務所時代に受刑者を鎮静させるために電気ショックを用いて受刑者を死に至らしめたことがあるということと、小田がその後、受刑者の恨みをかって府中刑務所の工場内視察中、受刑者からハンマーで頭部を一撃され、それが原因で亡くなったという受刑者の証言である。八木名誉教授はこれに対して、小田は生きており、電気ショックによる殺人などありえないと反論したのである（岡山大、中央大両名誉教授の話では、受刑者の話は嘘ばかりということになってしまう）。ちなみに小田勉が受刑者からハンマーの一撃を加えられたことによって死亡したということは受刑者の世界では定説となっており、また、横浜刑務所で電気ショックが行われていたことは、本書にも記載されていることであり、当時は全国紙でも報道された。

数年前に起きた刑務官の暴行による傷害致死事件が内部告発によって最近明らかにされた城野医療刑務所では、電気ショックが頻繁に行われていた頃、ロボトミー（脳機能の一部を破壊し無気力化させる）手術が行われていたという元刑務所職員の証言（明治大学菊田研究室の調査で収録）もあり、獄中処遇の問題に学者として関わる両法学部名誉教授も監獄の実態については何もわかっていない。

日本の監獄の最大の特徴は「秘密密行主義に貫かれている」ということである。前述、府中刑務所管理部長（小田勉）襲撃事件も、この当時、他の施設で起きた福岡刑務所銃密造事件（暴力団関係の受刑者が金属工場で銃を密造していた）や新潟刑務所連続病死事件、最近では京都刑務所の受刑者連続暴行事件などは、多くのケースでいえることであるが、出所者がマスコミに通報することによって、初めて明るみにでた「氷山の一角」ともいえる一例にすぎず、何かことが起きれば箝口令をしき外部には一切漏らさず内部処理をするのが監獄の常識である。監獄当局は、外国の人権ＮＧＯ、学者、弁護士会、それに国政調査権を有する国会議員に対してすら実態調査を認めないし、処遇に関する法務省通達すら、弁護士会や学者に対しても情報開示しない。日本の監獄の実態を知るには、受刑体験者から聞くしかないのである。

また、ある外国人ジャーナリストが、東京近郊のいくつかの刑務所を見学し「受刑者とは一切接することができず、彼らは顔や目すら上げることができない規則に縛られ、ロボットのような状態で働かされていた」と語るように、秘密密行主義は外部に対するだけではなく監獄内部でも徹底している。

受刑者は雑居房内や工場内食堂など決められた場所と決められた時間以外自由に話をすることはできず、所内通行中は他の受刑者や見学者と顔を合わせないように、一方が通り過ぎるまで刑務官の監視下、壁に向かって気をつけの姿勢で立っていなければいけない。厳正独居収容者は、入浴も運動もひとりだけで行うため刑務官以外の人と接することがない。手紙やノートに所内で起こったことについて書くこともできない。これは「管理運営上」といった理由で厳守されている。

そのため、受刑体験者であってもすべてのことについて正確なことを知りうる立場ではなく伝聞も多い。小田が受刑者に殺されたということや元受刑者からよく耳にする小田の家族が出所者から襲われたという話は、受刑者の願望であり、根拠のある事実ではないかも知れない。しかし、もしそうだとしても、受刑者に刑務所幹部の殺人や家族にまで暴行を加えるといった憎しみの願望を抱かせるような処遇と秘密密行主義こそが、まず問われなければいけないのではないだろうか。

受刑者の社会性を奪い取る処遇

「どんなに処遇が厳しくても外部交通があれば希望が持てる」と語ったのは何回か刑務所の入出を繰り返している身寄りのない受刑者である。八年の刑に服し外部交通のなかった受刑者は「外のことがまったくわからないのだから出所後のことなど何も考えられなかった」という。受刑者の最大の課題は「社会復帰」であり、外部交通の有無とは、自らが帰るべき社会とのつながりの有無でもある。しかし、出所者というハンディを背負い、社会とのつながりがない状態で「社会復帰」がうまくできるだろうか。

監獄法によれば面会時間は三十分以内とされているが、私たちの最近の体験では、東京拘置所で平均五分、横浜拘置所で約八分であり、浜松市から東京拘置所へ面会に来なければいけなかった人は、前もって被収容者に「五分間の面会では話ができないので面会日前に面会時間の延長を願い出ておいて下さい」との手紙を書いたが、面会時間は延長されず、やむをえず東京に一泊し、次の日の朝、再び五分間の面会をしなければならなかった。

また、日本社会の国際化に伴い外国人の収容者も急増しているが、日本語のみの使用、外国語使用は不許可で、拘置所や入管収容所とも五分から最長十分程度の面会時間である。無罪の推定のもとに処遇されなければいけないとされている拘置所においてもである。東京拘置所の面会待合室で面会の順番を待っていると「バカにしやがって一時間待たされてわずか五分だよ」「あっという間だから何も話ができない。これから話をしようと思ったら（立会い看守が）もう時間だというのだから」などと面会時間の短さについての不満をよく耳にすることがある。しかし、「悪いことをやってはいっているのだからしょうがないわね」といったオチを聞くこともあり、面会時間の短さが面会へ来る人に対する人権侵害であるといったことは聞いたことがない。

ある元受刑者は面会について次のように語る。「家族とは交通がありましたが、刑期が三年間と短かったこともあり、受刑中、面会には一度も来てもらいませんでした。プラスティック越しにわずか十分間の面会のために仕事を休み（面会は平日の決められた時間内だけである）、交通費をかけて一日がかりで来なければいけないでしょう。申し訳なくて面会が終わったあと苦しくなるくらいですよ。それにこちらは坊主頭の懲役服姿でしょ。そんな姿は見られたくないしね」。

とくに刑確定後、例えば東京から鹿児島、熊本、長崎、宮崎、広島、旭川、網走といった遠方の刑務所へ移送された場合、仮に親族がいたとしても面会は困難なものとなり、「社会復帰」にも支障をきたすし、受刑者本人のみならず受刑者を支えていかなければならない家族にまで重い負担を強いることになる。こうしたことから、とくに刑期八年以上の長期刑務所出所者に特徴的に多く見られるケースであるが、出所しても頼れる人間関係といえば元受刑者だけといった偏った関係になってしまうのである。

最近のオウム真理教事件で出家信者の子どもの保護について、児童福祉相談所や子どもを親元に返すことを求めた人身保護請求に対して裁判所は、「外部から隔離し、社会との関係を奪いとることは児童虐待に当たる」との判断を下しているが、児童と成人といった違いこそあれ、隔離拘禁し、さらに「管理の都合上」の理由だけで面会、文通、差入などの外部交通を困難にさせることは、受刑者の社会性を奪い取る虐待的な行為にもなるのではないだろうか。社会性の確保といった問題点だけではなく、外部とのつながりがまったくない受刑者ほど刑務官から不当な扱いをされることが多いといわれている。

欧米などでは「受刑者はいずれ社会に戻るのだから、そのときのことを考えて、施設内処遇はできうる限り社会に近づける」といった処遇思想から、外部ボランティアの施設内活動や受刑者の外部への電話、それに夫婦間のセックスまで認められている施設もある。

なぜ、管理強化されてきたのか

前述した小田勉は受刑者の世界で最も名の知られた伝説的ともいうことができる刑務官である。一九七〇年代後半から始まった監獄の管理強化は小田の陣頭指揮によって行われた。小田の存在は現場の刑務官にも恐れられていた。府中刑務所ではこんなエピソードが残されている。「(夏) 運動グランドから工場へ戻ってきたとき、すぐに工場内で整列しなければいけないのだけれど、二~三の人が手洗いのところへ行きさっと水を飲んでしまったのですね。それを丁度視察にきた小田が遠くから見た。小田はいま水を飲んだ者は前に出ろといったけれど誰も出なかった。そこで小田は『悪いことをやって前へ出ろといっても出たくないのは当たり前だ』といった後、担当看守に向かってこう怒鳴りましたよ。『お前たちは張り子の虎か。懲役が看守の目を盗むのは当たり前のことだ。それを見張るのがお前たちの役目だということがわかっているのか。それでもプロか』と。懲役の目の前で怒鳴られるのだから看守もたまったものじゃありません」。まず現場の刑務官を締め上げること。それが小田の管理強化策であったようである。

では、なぜこうまでして管理強化を計ったのか。一九七〇年代は、日本の敗戦後、悲惨な戦争体験を経て刑務官として中途採用された人たちが大量に退職する時期にあたっていた。敗戦後の時代、焦土と化した日本社会は誰もが失意のどん底で喘ぎ、受刑者であれ刑務官であれ、多くの日本人がその時代を共有していたといえるのではないだろうか。監獄も、物質的には極貧の状態であったにせよ、今のような懲罰の乱発や軍隊行進はなく、本書中にも記されているように死刑確定囚は確定後も未決に準じる外部交通が認められ、ときには一〜二時間の面会もできたように、今よりも受刑者と刑務官の人間関係が一定程度保たれた中で緩やかな処遇が実現されていたのである。

しかし、それから三十年近い歳月が経過し、刑務官も戦後世代との交代の時期に差しかかり、社会体験にも人生体験にも乏しい若い新卒者にこれまで通りの処遇を望むことが困難になってきたことからくる危機意識が、管理強化へと突き進んでいった理由だといわれている。

つまり、世代交替により適正能力のない者を刑務官に採用し、適正な教育をしないという機構上の問題が管理強化に転嫁されたのである。「受刑者の更正といった社会的な意義に燃えて刑務官になった人はすぐ挫折します。辞める人も少なくない。受刑者を規則で縛りつけるだけで更正とはほど遠い世界だからです。それに刑務官自身も受刑者と同じく規則で縛られ、命令には絶対服従しなければいけないし、自分の考えなど言える世界ではない。若い刑務官なんか何も勉強なんてしていません。漫画本読んでいる人ばかりです。まあ、今のような不況の時代では国家公務員として身分が安定するといったことから刑務官になる人が多いのではないでしょうか」（東京拘置所刑務官）という状態であり、獄中の劣悪な処遇と刑務官の能力及び職業に対する社会的評価の低さは表裏一体的なものである。

さらに管理強化の背景として、七〇年代前後に全共闘運動で逮捕された学生らが東京拘置所など一部の施設に多数収容されたということもある。「当時、私は保安課にいたのだけれど、ひとりが大声を出すと全部の房で大声を上げて騒ぎだす。ドアはどんどん蹴るし収拾がつかなくなる。パニック状態になったのは私たち職員の方です。精神的な過労でノイローゼとなり、寝込んでしまったこともあります」（元東京拘置所刑務官）という証言があるほどに、全共闘運動が獄中者による処遇改善闘争の原動力となったのである。しかし運動の衰えとともに、その反動としての管理強化がはかられたという側面である。

本書は東京拘置所在監の未決獄中者によって書かれたものであるが、著者は「あの時代だから出せた。こうした本を出すチャンスは今しかないと思った」という。本書が出版された十年前は、まだ、全共闘運動に関わってきた獄中者が全国の拘置所や刑務所に多数在監しており、獄外の支援者や弁護団などに支えられ、様々な形での獄中闘争を繰り広げていたのである。「あのときは、東京じゃ学生たちが監獄の中でも闘っているというのにお前たちは何をやっているんだ。看守なんかにペコペコするなと檄を飛ばしたこともありますよ」（元関西系暴力団幹部）といった話もある。

現在も、獄中獄外が結びついて活動している統一獄中者組合や日本死刑囚会議・麦の会なども、当時の獄中者によって作られたものであり、今ある死刑制度廃止運動や監獄の人権などに関わる運動の出発点であったといえるだろう。この時代、獄中者運動が獲得した多くの処遇改善のひとつに面会時間があり、当時、公安関係の獄中者に対してはほぼ三十分間の面会時間が認められており、逆に十分以下の面会など考えられないものであったが、時代は変わり、当時獲得した処遇改善は、もとの状態に戻されつつあるといってもよいだろう。

処遇の変化

• 手紙の発信回数や発信枚数の制限――施設によって異なる。
• コピー文書や雑誌（学術的なものも含まれる）の宅下不許可。
• 新聞紙の差入不許可――この件は裁判で争われたが原告（獄中者）の完全敗訴。裁判の途中、原告が「なぜ、ソープランドの情報誌やアダルトビデオの情報誌は差入できるのに新聞紙は不許可なのか」と主張し、東京拘置所が差入、閲読を許可した同誌を証拠として提出している。管理をしやすくするために性欲の捌け口だけは見逃すといわんばかりある。
• 法学雑誌『ジュリスト』掲載の死刑の問題に関して言及した判例が閲読不許可となった例もある。提訴したが「施設の長の裁量権の範囲内」と言うことで完全敗訴。
• 厳正独居を除き独居房にもカラーテレビがはいるようになった。しかし、これは刑務官の週休二日制に合わせての合理化のためであり、その分、集会などの所内行事数が減っていて、その変わりに房内でテレビやビデオを見せるということである。「工場へ出ても今日は何が見れるだとかテレビが話題の中心になっています。そのため、読み書きする機会がなくなり刑務所でも活字離れが起こっています」（府中刑務所出所者の話）「房内にとじこめられテレビばかり見ているから、手紙に書いてくることといえばテレビ番組のことばかり」。合理化のためのテレビ漬である。しかし、番組の選択は当局が行い報道など社会的な番組は見ることができず、ほとんどが娯楽番組である。

・例えば府中刑務所など老朽化した施設では全面的な建て直しが行われ、居房内については新しくなった反面、管理がさらに強化され、「食堂内でも自分の座る位置が決められており、休憩のときも自由に歩くことができなくなり、決められた位置にずっと座ってなければいけなくなった」「全裸検身場も各工場内に作ったから、もう他の工場の人と接するということもできなくなった」。

・懲罰について法務省は「弁解の機会を与えるようにした」といわれているが、出所者からの聞き取り調査（明治大学法学部菊田研究室が一九九四年六月から約一年間の間に七五名の出所者と面接調査したもの）によると旧態依然である。

・本書に記されている旭川刑務所在監の磯江洋一氏は本年十月、入所以来約十三年ぶりに厳正独居から工場出役となった。磯江氏本人が厳正独居処遇の不当性について裁判で争っていることや、磯江氏を獄外で支える旭川弁護士会や支援者の粘り強い闘いの成果であるが、支援者の話によると、一九九四年七月、日本の監獄で人権の国際基準が遵守されているかを調査にきたアメリカのＮＧＯ「ヒューマンライツウオッチ」が磯江氏の長期厳正独居収容問題を国連人権委員会にはたらきかけた影響が大きいのではないかという。しかし、支援組織のある磯江氏は例外的なケースであり、出所者や元刑務官の証言によると旭川刑務所では三十年以上、岐阜刑務所では二十年以上、城野医療刑務所では約二十八年、厳正独居に収容され続けている無期懲役囚がいるとのことである。

•札幌拘置所では、裁判の支援を求めていた未決被告人が獄外の人権問題に関わる活動家と交流をもったところ、拘置所当局が「過激派」と交流をもっているという報告書を裁判所へ提出したため、裁判に不利になるとあわてた弁護士が交流を止めさせたという報告もある。

•「苦役懲戒主義の囚人工場は朝が早い。午前七時四〇分にはもう始業させられている。作業上でも許可を得ぬわき見は懲罰、作業上でも許可を得ぬ離席は懲罰、作業上でも許可を得ぬ交談は懲罰、一切の許可を得ぬ行動は懲罰、黙々と手元凝視(原文のママ)で作業する囚人の群れ」。「朝夕の土下座点検、裸踊検身等々四六時中、一挙手一投足、声、視線等々排泄までも鋳型にはめられて一寸の隙間も無いばかりか、それぞれに残酷無残な罰則が付きまとう檻の中」「日々、トヨタ車の部品を組み立てている。その部品組み立て作業に励むあまりに同役への作業上のひと言ふた言が『不正交談』だとして懲罰にかけられる」「トヨタ車の部品組み立ての強制労働に屈従し、怨みと苦しみの汗をトヨタ車の部品に染み込ませて憂さを晴らしている」。今年、ある刑務所の長期在監者が獄中の様子について書いたもののごく一部である。このトヨタ車の部品組立作業を強制されている受刑者の作業賞与金は一カ月休まず仕事に励んでも三〇〇〇円にすぎない。

監獄の問題とは何か

アメリカの薬物依存症者治療施設でカウンセリングに携わってきた人が、来日した際、もっとも驚いたことのひとつが日本には薬物依存症者専門の公的治療施設が皆無だったことである。WHOではかなり前から「薬物依存者は治療が必要な病者である」との見解を明らかにしているが、日本では、検察も、裁判所も、刑務所も、保護観察所も薬物は本人の意思の問題であるというだけであり、カウンセリング的な治療は何も行われていない。

結婚式直前の娘を通り魔に殺された父親は、犯人が少年時代からいきずりの若い女性に対してのみ傷害事件を起こしていたことを知り、「ただ刑務所の中に閉じ込め応報的な罰を与えるというのではなく、なぜ、そうした犯罪を少年時代から繰り返すのか。本人を犯行に駆り立てている深層心理を解明し、カウンセリング的な内面治療によって歪んだ心の問題を本人に自覚させるような処遇を行わない限り、また、若い女性が犠牲となる悲惨な事件を繰り返すことになるでしょう」と被害者遺族の立場から法務大臣や検察庁へ直訴したが、この父親が予期した通り、それから十八年後の出所直後、再び前回同様の通り魔殺人を犯している。徹底した秘密密行主義、非人間的な規則に縛られていること（受刑者は息することと寝る自由しかないといわれている）、刑務官への絶対服従などの他、日本の監獄の特徴はカウンセリング的なことがまったく行われていないということである。

刑務所内で模範囚になるには、自分を殺し非人間的な規則と刑務官に絶対服従することである。そして模範囚となり、表彰までされ、何回かの審査を受けた後、仮出所し保護観察下に置かれている出所者が、なぜ、再犯に走ってしまうのか、なぜ、死刑事件まで起こしてしまうのか、真剣に考えられたことがあるのだろうか。

受刑者の最大の課題である社会復帰にとって、出所後の保護の問題は大きい。しかし、覚醒剤使用の常習として広島刑務所に収容されていた受刑者は、今度こそ立ち直ろうと決意し、余暇時間には点字のボランティアを行い、仮出所の審査までこぎつけたが、「覚醒剤常習者は再犯を起こしやすい」ということで、刑務所当局が交渉した保護会のすべてが受け入れを断ったために「帰住先のない満期出所」となった。刑務所は帰住先がなくても満期になれば追い出すだけである。窃盗で一年の刑期となったある知的障害者のケースでは、帰住先のないまま真冬の新潟刑務所をわずか七〇〇〇円程度の作業賞与金で出所させられている。ちなみにある元受刑者が府中刑務所出所後に偶然再会することができた元受刑者四人は、いずれも新宿などのホームレスであり、府中出所後も再犯を繰り返しているという。

数年前の『犯罪白書』で「高齢犯罪者の増加」が特集されたことがある。通常、高齢になるに従い犯罪率は減少していくものだが、そこに示されていた資料によると諸外国と比較し、日本のみ高齢犯罪者が増加している。結局、ホームレスになるか刑務所に戻るしかないからである。保護会の問題でいえば、青森では新しい保護会施設の計画が住民の反対運動で潰れてしまい、埼玉でも保護会施設の拡張が住民の反対運動で実現できなかったといわれており、現状のままでは、保護や社会福祉の貧しさから刑務所が社会復帰困難な出所者の再収容施設になってしまうという恐れもあるだろう。

獄中処遇は、それが行われている社会の民度や人権意識のバロメーターであるといわれているが、受刑者の最大の目的である社会復帰は刑務所だけでできる問題ではない。社会全体で負担していかなければいけない問題である。しかしながら、高度経済成長が終焉し、バブル崩壊後の不況下に直面している現在においては、監獄の実態と監獄を取り巻く諸問題は十年前よりも悪い状況に置かれているのではないだろうか。

新受刑者処遇法は刑務所を変えるか

弁護士　海渡雄一

はじめに

遂に新受刑者処遇法が成立した。私は、弁護士登録の翌年である一九八二年から実に二〇年以上に渡って、弁護士会の監獄法改正に関わる活動に携わってきた。まさに半生を掛けた作業であった。また、一九九五年には監獄内の人権状況の改善を求めるNGOである監獄人権センターを設立し、その事務局長として多くの具体的な監獄内の人権事件を担当してきた。

一九九八年には、規約人権委員会による政府報告書審査の場にも立会い、我が国の刑務所制度の持つ具体的な問題点を指摘した最終見解を勝ち取ることができた。

現在の行刑改革に至る大きな改革の流れを作ったのが、二〇〇一〜二〇〇二年にかけて起きた名古屋刑務所暴行事件と大量の不審死亡事件の公表をきっかけに設置された行刑改革会議であった。

法律はできたが、関連する政省令は未制定であり、未決拘禁制度の改革は未完である。現時点で評価を下すのは早計かも知れない。しかし、このような改革のプロセスの始まりにおいて、何が問題とされ、提言はその核心においてどのような改革を目指したのかを再確認しておくことは十分意義のあることであろう。

行刑改革会議の思想は、その調査の方法自体に現れていた。短期間のうちに、受刑者と刑務官・刑務所の医師に対するアンケートを実施し、国内と海外の施設調査を精力的に実施された。委員の皆さんの討論は、誠に熱心で真剣であった。このような事実把握のための討議と努力の成果が報告の随所に生かされている。

この提言は、受刑者処遇の基本的なあり方として、受刑者の人間性の尊重、自発的で自律的な改善更生の意欲を持たせる処遇を求めている。行刑改革によって、受刑者の人権を保障し、これにかかわる刑務官の労働条件も向上させることは、受刑者の社会復帰と更生の実をあげることによって犯罪発生の減少にも貢献し、ひいては国民全体の利益につながることを強く打ち出している。そして、行刑の透明性を確保し、社会との接点を格段に増加させるため、刑事施設視察委員会を作り、外部交通の範囲を拡大したのである。

これまで、刑務所の規律と受刑者の人権保障は対立するものというとらえ方がなされがちであった。行刑改革会議提言の最も注目すべき考え方は、受刑者と刑務官の双方の人権を保障することによって、刑務所内の環境が社会復帰に向けた前向きのものになることが、施設内の規律の維持にとっても有効であるということを示唆した点にある。提言が指し示すこのような基本的な方向性を共有することによって、法務省と日弁連は長年の対立を解き、共通の議論の土俵を得たのであった。

第一　受刑者処遇法案の国会提出と可決・成立

二〇〇五年三月「刑事施設及び受刑者の処遇等に関する法律」案が閣議決定され（一一日）国会に提出された（一四日）。四月に衆議院法務委員会で修正議決され、附帯決議が採択（八日）、本会議でも全会派の賛成で可決された（一四日）。五月には、参議院法務委員会で可決、附帯決議が採択され（一七日）、本会議でも全会派の賛成で可決・成立した（一八日）。

一九八二年の拘禁二法案の提案から、長くこの政府案について、人権保障の上で不十分であることを理由として反対してきた、日弁連は、この法案について二〇〇五年三月一八日に意見書を発表し、いくつかの限界を指摘したが、法案の成立を求める姿勢を明確にした。二〇〇五年五月一八日には、法律成立にあたってこれを基本的に歓迎する日弁連会長声明を発表した。

第二　受刑者処遇法について前向きに評価できる点

1　法の枠組みに対する概括的評価

この新法は行刑改革会議提言を大筋において実現したものと評価することができ、また、私たちがその抜本的修正を求めてきた刑事施設法案と比べれば、第三者機関が実現されること、外部交通権の範囲がかなりの程度拡大されること、規律秩序の偏重を是正しようとする姿勢が見られること、社会一般水準の医療を保障するものであることなど、我々が求めてきた刑事施設法案の問題点について数多くの点で克服が図られているものと評価できる。

2　立法形式と名称

監獄法を廃止し、新法として制定されることとなり、新法の名称は「刑事施設及び受刑者の処遇等に関する法律」とされた。単なる「刑事施設法」という施設に着目した名称に比べて、人の処遇に目を向けたよい名称である。

3　刑事施設視察委員会という第三者機関が設置される

提言は、施設運営の透明化のために、一般市民からなる刑事施設視察委員会の創設を求めている。視察委員会の設置は日弁連の年来の要望であり、イギリスの独立監視委員会、ドイツの施設審議会等に倣った市民参加の機関であるが、検閲なしのメールボックスの設置や受刑者との立会いのない面会なども規定されており、市民社会と施設との架け橋となることが期待される。行刑改革会議提言の中でも特に高く評価することができる提案である。

この提言を受けて、新法では刑事施設視察委員会が、会議体として設置されることとなった（七一一〇条）。構成・権限についても、提言の趣旨に沿った規定が設けられた。とりわけ、委員会の調査の権限についても制約は設けないこととされた。施設当局から独立した第三者機関を作る制度的基盤ができたものと評価することができる。

4　職員に対する人権教育

職員に対して、「被収容者の人権に関する理解を認めさせ、並びに被収容者の処遇を適正かつ効果的に行うために必要な知識及び技能を習得させ、及び向上させるために必要な研修及び訓練」を実施することが国会段階での修正によって法律に盛り込まれた（一三条）。

5　物品の自弁範囲の拡大

受刑者の自弁について、権利性は認められなかったが、「その者の改善更生に資することとなる場合」という要件を「その者の処遇上適当な場合」と変え、その認められる場合をわずかではあるが、拡大したものと評価できる（一八条）。また、メガネなどの補正器具、自己契約作業を行うのに必要な物品等については権利性が付与された。

6　社会一般の水準の保健衛生及び医療を保障する

行刑改革会議の提言では、「国は、基本的に、一般社会の医療水準と同程度の医療を提供する義務を負い」と明記していた。法案は医療の水準として、「社会一般における水準に照らして適切な」という表現とすることを認めた（三三条）。

このような規定は、社会一般の病院・診療所に求められている医療水準を下回るような医療上の措置を許さないことを明確化したものであり、前進と評価できる。

7　規律・秩序の維持

(1)　原則から「厳正」を削除する

刑事施設法案第三七条は「刑事施設の規律及び秩序は、厳正に維持されなければならない」としていた。この規定は規律偏重の行刑のシンボル的規定である。法案は、結果として、「厳」という文字のイメージが過度に厳格なものを連想させ、行刑改革会議の提言の趣旨も踏まえ、「適正に」という表現であっても、規定の意味が変わらないと考えられるとして、「適正に」という表現に変更することを認めた（五〇条）。同条二項が規律秩序維持のためにとられる措置のすべてについて、比例原則の適用を拡大したことと相まって、行刑施設の規律秩序の偏重の是正のために前進があったものと評価できる。

(2) 隔離についての医師の意見聴取

隔離規定は、現状の昼夜間独居処遇を法制度化するものである。昼夜間独居拘禁は、弁護士会への人権救済申し立ての件数も多く、極めて重要な人権制約措置である。提言はその使用を厳しく制限することを求めていた。すなわち、「長期間に及んだ場合に受刑者の心身に与える影響を考慮すると、必要最小限の期間にとどめるよう努めるべきであり、また、受刑者の心身への悪影響を可能な限り防ぐことが必要である」（一七頁）としている。そして、弊害を除くため、提言においては、「保安上の必要から昼夜間独居拘禁にした場合には、当該受刑者について、定期的に精神科医等の診断を実施し、医学的見地からの意見を聴く仕組みを設けるべきである」（一七頁）とされている。

新法は、刑事施設法案と比較して、三月に一回以上定期的に、受刑者の健康状態について、刑事施設の職員である医師の意見を聴くことが付け加わっていることは、提言を現実のものとしたものと評価できる（五三条）。

(3) 防声具・革手錠・拘束台の廃止

刑事施設法案に規定されていた防声具については、実際には刑事施設では使用がなされておらず、我々は、刑事施設法案の提案の当初から窒息の危険性があるとしてその廃止を求めてきた。法務省はその危険性と保護房が整備されたことを踏まえ、今回の新法においては、使用できないこととした（五五条）。ただし、警察留置場についての問題が残されており、この点は後に詳述する。

最近まで使用されており、刑事施設法案で認められていた革手錠については、名古屋刑務所事件後は運用上、その使用を認めないこととされていた。新法においても、第二種手錠という手首だけを固定する布製の手錠の使用は予定されているが、革手錠の使用は認めないこととされた（五五条）。

刑事施設法案に規定されていた拘束台は、実施例もなく、新たな提案であったが、法務省は、使用が困難なものであること、他方で、安全性を確保できる拘束衣が開発されていることから、今回の新法においては、拘束台の使用はできないこととし、拘束衣を使用できるものとした（五五条）。

拘束衣については、現在試作段階であるということであり、設計と現物が示された段階でなければ意見を述べることはできない。

8　受刑者処遇の通則

(1)　受刑者処遇の基本原則から「収容の確保」を削除

新法からは、刑事施設法案に定められていた「その収容を確保しつつ」との文言が削除された。このような修正も受刑者処遇の原則がその自主性の尊重、改善更生と社会復帰にあることを端的に示した前進として評価できる（一四条）。

(2)　処遇要領の制定に本人の意見を反映

社会復帰のための処遇が効果を上げるためには、受刑者本人の自発的な意思に基づくことが基本である。

刑事施設法案においては、処遇要領に従って矯正処遇を実施するため必要があるときに、受刑者の希望を参酌するものとしていた（第五九条）。新法では、その趣旨を更に進め、処遇要領の作成・変更の段階から、受刑者の希望を参酌するものと規定された（六一条四項）。

(3)　保安担当だけでなく、技官など専門職の専門的知識を活用して処遇にあたる

提言では、これまでの保安職員中心の担当制を改め、「心理技官や民間のボランティア等を積極的に処遇に関与させ担当職員をサポートさせ」るとしている（一九頁）。このような提言を受けて、新法においては、矯正処遇は、必要に応じて、医学、心理学、教育学、社会学その他の専門的知識及び技術を活用して行うものと規定した（六一条五項）。これにより、専門的知識を有している技官などが処遇に当たることとなると説明されている。

9　教育指導

(1)　教育指導を作業と同レベルで実施する

提言において、教科指導等の処遇がその改善更生等を図る上で有効な場合も多いことから、必要に応じて刑務作業の時間を短縮するなどしてその充実を図るべきとされた（一三頁）。また、薬物依存者に対

する特別な教育プログラムの採用も提案された（一五頁）。

これを受けて、新法においては、受刑者処遇における教育的な対応の重要性を踏まえ、教科指導及び改善指導を、作業と同様に、矯正処遇の一類型と位置付けている（八二条）。また、薬物依存への対応、暴力団からの離脱などのため、必要な指導を行うことも規定された（八二条二項）。

(2) 専門家によるカウンセリングなどの措置を重視する

処遇困難者の処遇にあたっては、治療と並んで専門家によるカウンセリングについて重視すべきであるとされた（一五頁）。

新法においては、矯正処遇の一類型として改善指導を位置付けた上、矯正処遇は、医学、心理学、教育学、社会学その他の専門的知識技術を活用して行うこととしており（六一条五項）、これらの規定に基づいて専門的知識を有する職員によるカウンセリングをおこなうことができる。さらに、受刑者処遇に当たり必要があると認めるときは、親族、民間の篤志家、関係行政機関その他の者に対し協力を求めるものとするとされており、この規定に基づいて必要に応じて施設外の専門家の協力を求めることもできることとなっている（六七条一項）。

(3) 薬物対策のための指導を法律に盛り込む

提言において、薬物依存者について刑事政策的観点から処遇の在り方を検討すべきとされた（一六頁）。新法においては、改善指導を矯正処遇の一類型として規定し、さらに、薬物に対する依存があるため改善更生等に支障がある受刑者に対して改善指導を行うに当たっては、薬物依存の改善に資するよう配慮することも明記された（八二条二項）。

(4) 民間ＮＧＯとの協力を法律に盛り込む

提言において、専門的知識・技能等を有する民間人の活用を積極的に図るべきであるとされた（一九頁）。新法においては、受刑者の処遇については、必要があるときは、親族、民間の篤志家、関係行政機関その他の者に対し協力を求めるものとすることを明記することとされた（六七条一項）。運用としても、民間ボランティア等の協力を得ながらその実現を図ることとされている。

10 外部交通（面会・信書・電話）

(1) 外部交通が改善更生と社会復帰に資するものであることを明記する

提言は、「自由刑は、受刑者の改善更生及び円滑な社会復帰を図ることをも目的としており、行刑施設に入所した後に、面会や信書の発受等の外部交通を通じて、健全な社会との良好な関係を維持することは、その改善更生や円滑な社会復帰に寄与するものであることは言うまでもない」と明記している（二二頁）。この指摘は、提言の最も重要な考え方の一つであり、今後の矯正における外部交通のあり方を、様々な不祥事を恐れて制限的に運用するのではなく、外部交通を活発にすることそのものが改善更生と社会復帰にとって有効であることを指示している。

新法においては、「これを行うことを許し、又はこれを禁止・制限等するに当たっては、適正な外部交通が受刑者の改善更生等に資するものであることに留意しなければならない」旨の規定を設けることとされた（八八条）。

こうした規定を設けることにより、例えば、受刑者全般について外部交通の回数を設定したり、個々のケースにおいて、刑事施設の規律及び秩序の維持を害する結果を生ずるおそれや管理運営上の支障の有無を理由に制限するに当たっては、外部交通が改善更生等に資することに十分配慮した判断がなされることとなり、外部交通の制限を制約する原理として働くことが期待できる。

(2) 友人との面会を特に支障のない場合に認める

提言においては、受刑者の改善更生等を促進するため有益な場合に、友人知人との外部交通を認めるべきであるとされた（二三頁）。

これを受けて、新法では、外部交通の意義にかんがみ、交友関係の維持のため面会が必要な場合には、矯正処遇の適切な実施に支障を生ずるおそれがないと認めるときは、許すことができるとされた（八九条二項）。

さらに、交友関係の維持のため面会が必要な場合でなくとも、面会を必要とする事情がある場合にも、交友関係の維持のための場合と同様に、支障がないかぎり、面会を認めることができるようにすることとされた（八九条二項）。

これは我々が友人知人との面会の実現を強く求めてきたところに沿ったものであると評価することができる。

(3)　面会の立会いと信書の検査を原則とせず、必要な場合に限定する

ヨーロッパ諸国の刑務所の面会施設では、ほぼ例外なく面会の立会いはきわめて例外的な場合に限定され、大部屋での面会内容を聞かない形態での面会が実現している。

刑事施設法案では、原則として立会いを行い、立会いをしない積極的な意義がある場合に立会いをしないことができるものとしていた。

提言においては、親族及び法律上の重大な利害に係る用務の処理のための弁護士との面会について必要に応じて立会いを緩和したり、人権救済のための信書の発受についてはその旨を確認するにとどめるべきとされた。

新法においては、立会いが被収容者及び面会の相手方に及ぼす影響を考慮し、必要がある場合に立会いを行うこととされた。また、信書の検査についても、必要がある場合に検査を行うこととされた（九〇条、九四条）。

この法律の下における実務の取り扱いがどのようなものに発展していくかは、未知数ではあるが、少なくとも法制的にはヨーロッパ諸国におけるような実務的取り扱いを可能にするものとなったと評価することができる。

(4)　弁護士との面会の立会い・信書の検査の排除

受刑者と弁護士との面会の立会い、検査を原則として廃止することは、我々の重要な要求であった。

しかし、刑事施設法案では、この点の対応はなされていなかった。

提言においては、法律上の重大な利害に係る用務の処理のための面会について必要に応じて立会いをしないなどの配慮が必要であり、かつ、受刑者が人権救済のために弁護士に信書を発信することを求める場合には、その旨を確認するにとどめるべきとされた。

新法においては、受刑者が、自己の処遇に関し弁護士と面会する場合には原則として立会いをせず、自己の処遇に関し弁護士との間で発受する信書については、原則として、その旨の確認をする限度で検査を行うこととされた（九〇条二号、九四条二項）。

これは一定の進歩ではあるが、なお、後述するように問題がある。

(5) 面会・信書の最低保障を増やす

刑事施設法案では、刑事施設の長が面会の回数・信書の通数について、特段の限定なく制限できることとされていた。

新法においては、外部交通の意義にかんがみ、面会の回数・信書の通数について、累進処遇令上の最低基準である月各一回より多い面会月二回・信書月四通を、最低保障として規定した（九二条二項、九七条二項）。なお、面会月二回、信書月四回という最低保障回数は、最低ランクの優遇措置を受けている受刑者にも保障される回数であり、優遇措置の中等ランクはこれよりも回数、通数が増える見込みである。

(6)　電話については開放処遇を受けている者に限定しないで実施可能

刑事施設法案は電話の利用については何の規定も置いていなかった。電話による通信について、提言において、相手方を確認することが困難であるという問題性を踏まえ、まず開放処遇を受けている者から認めるなど、一定の基準の下に行えるよう検討すべきとされた（二三〜二四頁）。

新法においては、「開放的施設において処遇を受けていることその他の省令で定める事由に該当する場合」に電話による連絡を認めることができるとした（一〇一条一項）。これは、開放処遇を受けている者に限定するものではなく、今後の拡大の余地がある規定となっている。

なお、「電話その他政令で定める電気通信の方法によ」る通信という表現は、法律を改正しなくとも、電報、電話、ファックスだけでなく、将来においては、Eメールによる通信にも拡大できる規定となっている点は評価できる（一〇一条一項）。

11　賞罰

(1)　遵守事項と懲罰手続き具体的に定める。

日弁連は刑事施設法案の問題点として、懲罰手続きが適正なものとなっていないことを強く指摘し、刑事処遇法案の中で、懲罰理由の書面告知、弁護人選任、証人尋問などを認めるよう求めてきた。

これらの内、弁護士の代理人選任、証人尋問などは提言が認めるところとならなかったが、提言においては、懲罰の手続を法律に明記すべきとされた。

これを受け、新法においては、遵守事項について一般条項だけでなく五一条九項における具体的な遵守事項を定めた。

そして、刑事施設の長の指名した三名以上の職員に対して弁解する機会を与え、受刑者を補佐すべき者を職員のうちから指名することとするだけではなく、受刑者に対し、あらかじめ、書面で、懲罰の原因となった事実の要旨を通知することを規定することとされた（一一〇条）。

補佐すべき職員が刑務所の職員とされている点については、実効性に疑問はあるが、書面による告知と弁解の機会が法定されたことは、一定の前進である。

12 不服申立て

(1) 不服審査会の新設

これまで、監獄法上の救済手段としては所長への面接（監獄法施行規則九条）、巡閲官への情願、法務大臣への情願（監獄法七条）などの手段が規定されていた。これらはいずれも行刑当局内部の手続であり、法的な応答義務がなく、到底実効性のある制度とは言いがたいものであった。

新法では、権利救済のための制度が整備された。法務大臣に対する再審査請求を棄却する場合にはその意見を聴取するとされた不服審査会も法定の制度ではないが、設置されることが決まっており、二〇〇六年一月から会議が設置されその審議が始まっている。不服審査会は情願制度の現状と比較すれば、第三者の意見が採り入れられるという点で評価ができる。

不服審査についても申し立てについての最終的審査権限のある、法務省から独立した人権救済機関として設置されなかったことは残念であるが、提言が、「公権力による人権侵害等を対象とした独立性を有する人権救済機関が可及的速やかに設置されるべきである」としていることは銘記される必要がある。

(2) 事実の申告手続きを新たに設ける

暴行、戒具使用、保護室への収容という事実行為について「事実の申告手続き」があらたに作られた(一一八条)。これは提言が暴行、戒具の使用などについて救済措置が必要としていることに対応したものである(三三頁)。

(3) 不服審査の審理期間を限定する

現状では、情願などの手続きに対する回答にかなりの時間を要している例が見られる。提言においては、標準的な処理期間を定めるなど、迅速な処理を確保するために必要な手続を整備すべきとされた(三五頁)。新法においては、審査の申請及び再審査の申請並びに事実の申告について、九〇日以内に処理するよう努めるものとするとされた(一一六条一項)。このような規定は努力目標ではあるが、一定の前進と評価できる。

(4) 不服審査、苦情申し出手続きの秘密性を保障する

不服申立の作成について秘密を保障すること、監査官に対する苦情申出の手続きにおいても、刑事施設職員の立会いを認めない措置は、不服審査手続きの実効性を確保する上で不可欠なものである。新法

は不服審査書類の秘密性を確保し、また、監査官に対する苦情申出にあたっても、刑事施設の職員の立会いを例外的にも認めないとした（一二四条）。申立の秘密性は完全に確保されたものと評価することができる。

(5) 結論

不服審査会を含めて、不服申立と事実の申告制度の現実のパフォーマンスがどのようなものとなっていくか、期待を持って見守りたい。

第三　法案について弁護士会が問題にした点と国会審議における結果

このように、新法は被拘禁者の人権保障の観点、社会復帰のための処遇の充実の観点から見て、一定の前向きの評価を与えることのできるものとなったが、なお法案には行刑改革会議の提言や確立した国際人権基準に照らして、いくつかの深刻な疑問を提起せざるを得ない問題点があった。新受刑者処遇法案について、弁護士会が提起した問題と国会での修正の有無や付帯決議などの結果などについて簡単に報告したい。

1　刑事施設視察委員会の名称を復活させた

刑事施設視察委員会として提案されていた、第三者機関の名称が法案提出の直前の段階で「刑事施設運営協議会」とされる案が示された。

このようなネーミングの変更は第三者機関の位置づけそのものにかかわる重要問題であるとして、日弁連は視察委員会の名称を堅持するよう主張した。二月二日開催の行刑改革推進委員会顧問会議においては、出席した顧問から名称の変更提案について異論が相次いだ。後藤田正晴顧問は「運営協議会では印象として中の機関、グルの機関である。」とされた。滝鼻貞雄委員も「視察という言葉は外部から目を光らせているという趣旨で入れたもので、視察という言葉は残すべき。」とされた。宮澤弘顧問も「運営協議会ではPTAや農協を思い起こす。ウォッチングのための機関なら運営協議会ではまずいとされた。」

顧問の大勢がこのような意見を述べている状況を踏まえて、「視察委員会」の名称は結果として維持された。また、国会審議の段階での法案の修正により視察委員会の意見だけでなく、これに対応して執られた所長の措置についても公表されることとなった(一〇条)。

2 警察留置場に関する規定を必要最小限のものにするべきである

法案の末尾(一四六条~一五一条)に警察留置場(代用監獄)に収容されている受刑者の処遇等に関する規定が設けられている。これらの規定には、分離に関する一部規定、視察委員会に関する規定、刑務官の規定を適用しないこと、適用に関する読替規定を置くこと、警察庁長官の指定するものによる留置場に対する巡視の規定、留置場における受刑者の処遇において、多くの規定(矯正処遇の実施の全部、賞罰の全部、保健衛生の一部など多数の規定)を適用しないこととしているほか、適用される条項の読替規定を置いている。さらに、警察留置場における防声具の使用に関して規定が設けられている。

これらの詳細な規定の必要性そのものが疑問である。警察留置場内の処遇のあり方については、今後の議論に持ち越すことが今次改正の前提事項である。このような詳細な規定を置けば、それが一部の受刑者に関する規定であるとしても、結局は今後議論する未決被拘禁者の処遇を先取りするものとなるおそれがある。とりわけ、防声具に関する新たな規定を設けることには大きな疑問がある。今回の立法では、刑務所における防声具は廃止されることとなった。ところが、警察は保護房が未整備な施設があることを根拠に、警察留置場に関する防声具の使用の継続を認めるよう求めている。しかし、防声具については最近も死亡例の報告がある（二〇〇四年四月二一日和歌山東警察署）。

警察留置場を含めて防声具は使用しないことを求めるのが監獄人権センターの基本的立場であるが、すくなくとも、この点は未決被拘禁者の処遇を議論する次の段階で代替案を含めて検討することが不可欠である。法案は、防声具の存置の方向を先取りしようとしたものとして、批判は免れない。結論としては「警察留置場における受刑者の処遇については、本法の制定後もなお従前の例による。」という趣旨の規定を置けば、実務上も何の問題もなく、未決被拘禁者に関する議論を中立的にはじめられる。この点の法案の是正を強く求めたが、残念ながら、この点は是正されなかった。

3　面会、信書、書籍閲覧などの権利制約の要件を限定するべきである

刑事施設法案における面会、信書、書籍閲覧などの権利制約の要件についての「刑事施設の規律及び秩序の維持その他管理運営上支障を生ずるおそれがある場合」というような制限事由が法案にはそのま

ま残されている。このような制限事由は確立した最高裁判例の述べる「監獄の規律及び秩序の維持上、放置することのできない程度の障害を生ずる相当の蓋然性があると認められる場合」（大法廷昭和五八年六月二二日判決）という権利制約原理を逸脱するものといわざるを得ない。

このような文言をできるだけ排し、例えば、「受刑者には、保安の維持のため、又は、施設の規律への重大な障害を防止するために不可欠な制限のみを課すことができる。」（ドイツ行刑法第四条）というような、より限定的な制限条項にすべきである。この点については、法務省は「刑事施設の規律及び秩序を害する（結果を生ずる）おそれがあるとき」に該当するためには、刑事施設の長において、単に抽象的な懸念を抱いているという程度では足りない。個々のケースの事情に即して、根拠をもって、合理的に具体的な「おそれがある」と認められなければならないと説明した。

また、法務省は、新法においては、「（規律秩序を維持するため）執る措置は、被収容者の収容を確保し、並びにその処遇のための適切な環境及びその安全かつ平穏な共同生活を維持するため必要な限度を超えてはならない」とする比例原則を明記しており、これによって、不必要な制約が行われないように配慮していると説明した。

しかし、これらの説明がそのまま裁判所の判断となる保障はなく、この点についての、我々の危惧は払拭されていない。この点はかなり強く主張したが、付帯決議にも盛り込むことができなかった。

4　一日一時間の運動時間を法律上保障するべきである

提言は、運動スペースと職員配置の問題を解決した上で一日一時間の運動時間を確保するよう努力することを求めていた（二六頁）。しかし、この点は法案に盛り込まれなかった。理由は、運動スペースと職員配置の問題が解決できないためとされている。しかし、運動スペースではなくても、所内の散歩でも戸外の運動になるのであり、運動スペースの問題は提言を実施できないことの理由とならない。一日一時間の戸外で過ごす時間を保障することは法案に明記するべきであると主張したが、法案に盛り込むことはできず、国会の付帯決議で言及された。

5　申出のあったときの速やかな診療義務を法律上定めるべきである

原則として申出のあった場合には診察することとすべきである。本人が医療を求めているのに、医師でない職員が仮病であると即断して医療を受けさせず、死亡に至ったケースが、法務省矯正局死亡帳調査班の報告書にも指摘されている。行刑改革会議による受刑者に対するアンケートでは「『診察を受けるまで時間が掛かった』とするものや『医師の診察を受けられなかった』とするものも全体の二割程度を占めており、被収容者の医療需要に十分応じられていない場合があることが認められる」（三六頁）とされており、「被収容者が医師による診療を望んだ場合には、合理的な時間内にこれを提供する責任を負う」（三六頁）という提言の文言は、このような反省を踏まえているのであり、この点は提言の中で法律化が予定されていた部分であると言わなければならない。提言には准看護師によるスクリーニングを是認する記載もあるが、現状は保安スタッフが願箋を受け付けないケースすら報告されている。このような扱いをなくすためにも、日弁連・刑事処遇法案第三八条は被収容者本人が申し出たときには医療を提供することにしている。

この点は、多数の不審死亡事件の発覚に端を発して刑務所医療の抜本的な改革を目指した今次行刑改革の重大なポイントであり、少なくとも医療の必要性は医師ないし看護師が判断し、明らかに必要性のない場合を除いて、診療の申し出のあった場合には必ず診療を行うべきことを明記するべきであると主張したが、例外的な場合を除いて原則として診療を行うという趣旨の国会答弁がなされるにとどまった。

6 隔離収容についての期間の長期を六ヵ月に限定するべきである

隔離収容についての期間の最長期限の限定を行うことは、今回の改正にあたっての、監獄人権センターとしての悲願であった。提言は、最長期限は決めていないが、隔離を「必要最小限の期間にとどめる」としていた（一七頁）。日弁連も更新を繰り返した際の最長の期間も六ヵ月程度に定め、この期間が経過したときは、少なくともいったんは集団処遇を試みることとすべきであることを主張し、隔離の措置が長期に及ぶことを避け、必要最小限の期間にとどめるという提言の趣旨を明確にするよう求めた。これに対して、法務省は、隔離の期間制限については、隔離の必要性が継続する以上、隔離を継続することはやむを得ないものであり、法律上、その期間の上限を設けることはできないとした。しかし、数十年にも及ぶような長期の独居拘禁を避けるためには、六ヵ月という期限を設けていったんは集団処遇に戻すことを原則として定めるべきことを強く主張したが、残念ながらこの点は期限を設けることはできなかった。

7　単独室原則を法律上の原則として堅持するべきである

刑事施設法案においては、「受刑者の居室は、その者の矯正処遇の実施上共同室を適当とする場合その他の法務省令で定める場合を除き単独室とする。」とされた（五六条）。提言も、「プライバシーの意識が高まっている現代において、他の受刑者から悪影響を受けることを防止しつつも社会性を涵養するためには、昼間は集団処遇をし、夜間は独居とする形態が理想的である」としていた（二二五〜二二六頁）。単独室収容が原則形態でありことは、被拘禁者処遇最低基準規則九でも確認されている。

ところが、新法では、刑事施設法案に規定されていた単独室原則を維持できなくなったとして、刑事施設法案五六条のような規定をおかないとの説明があった。法務省の説明は、過剰拘禁の現状においては、単独室原則を実現することは不可能であるからと言うものである。法務省も、夜間独居が理想であると考えているところであり、今後とも、施設整備に努めるとしている。しかし、法案に原則規定がなくなれば今後の施設整備の根拠も欠くこととなりかねない。法案五六条に言及する法務省令において、施設の設備の限界がある場合は個室収容できない場合があることを明記すれば、このような規定を置くことになんら法律上問題はないはずである。我々は、法案の修正を強く求めたが、この点は国会の付帯決議に言及されるにとどまった。

8　改善指導のプログラムの策定は、本人の自発的な意思に基づいてなされるべきである

新法は、受刑者の処遇の原則について「その者の資質及び環境に応じ、その自覚に訴え、改善更生の

意欲の喚起及び社会生活に適応する能力の育成を図ることを旨として行う」とされており（一四条）、また、処遇要領の策定については、「必要に応じ、受刑者の希望を斟酌して定める」ものとされている（六一条四項）。

したがって、処遇プログラムの中に改善指導のプログラムを盛り込むに際しては、本人の自発的な意思に基づくことが要請されていると理解する。

新法は、遵守事項において、この改善指導などのプログラムを拒否できないことを定めており、定められた改善指導を受けないことは懲罰事由を構成することとされている。しかし、これは、本人が納得し策定された改善指導のプログラムは一日八時間の処遇プログラムの一部であり、作業と同様これを拒否できないことを規定しているものと理解する。したがって、このような法案の仕組みは、本人の明確な意思に反して、処遇のプログラムが策定され、これを受けないことが懲罰の対象とされるような場合を想定したものでないと理解する。

もとより、薬物対策や暴力団離脱のための指導、性犯罪の再発防止のための指導などはいずれも極めて重要なものであり、受刑者がこのような指導を受けることに消極的な場合も、施設当局側において指導を受けるようにねばり強く働きかけることは必要かつ有益である。しかし、本人の納得のないところで、指導を行っても、効果がないだけでなく、反発を招いて逆効果をもたらす可能性すら考えられる。改善指導が作業と同レベルの矯正処遇の一環として位置づけられた以上、いったん策定されたプログラムを拒否できないとする制度そのものに反対するものではないが、改善指導のプログラムの策定の段階では、本人の自発的な意思に基づいてプログラムの策定がなされるべきである。この点を、国会審議の過程で明らかにされるよう求めることから、国会においては、極力本人の同意と納得の上で教育を実施するよう配慮するとの国会答弁がなされるに至った。

9　土曜、日曜、夜間の面会を可能にするべきである

現在の実務においては、例外的な場合を除いて、土曜、日曜、夜間の面会は認められてこなかった。刑事施設法案においては、面会の日、時限について制限できるものとされており（九三条）、このような制限を踏襲するものと理解されていた。

提言においては、土曜、日曜の面会について、親族との面会に関し職員配置のための体制が整うことを前提として、これをできるよう配慮していくべきとされた（二二三頁）。

これを受けて、法務省は土曜、日曜及び夜間については、職員配置の問題があり、やむを得ない場合に認める運用については検討していきたいと考えているが、現状では、原則として認める取扱いまではできないとした。この点は、法案の国会審議の段階でできる限り土曜、日曜、夜間の面会の実現に努力する方向性を確認し、その趣旨を付帯決議に盛り込むことを求めたが、土曜、日曜にも一定の範囲で面会を実施することが答弁された。

10　弁護士の面会立会いと信書について検査をしない範囲を拡大するべきである

弁護士との面会、信書の発受については、原則として立会い・検査しないとされたことは歓迎するが、「受刑者が自己に対する刑事施設の長の措置その他自己が受けた処遇に関」する業務に限定されている

（九〇条二号）。提言では、「法律上の重要な用務の処理のための弁護士の面会について立会いしないなどの配慮」を求めていた。このような提言の趣旨に従い、「弁護士法第三条一項に規定する職務を行う弁護士」については面会の立会いと信書の検査は原則としてしないことを法律上明記することを求めたが、この点は残念ながら認められなかった。

なお、弁護士との面会、信書についても、「規律及び秩序を害する結果を生ずるおそれがあると認めるべき特別の事情がある場合」には、立会い、検査を認める内容となっている（九〇条本文但書）。要件としては限定的な文言となっているが、濫用されることのないよう、運用状況の厳しく見守る必要がある。

11　外部通勤と外出・外泊について「仮釈放を許すことのできる期間を経過した」との要件は削除すべきである

外部通勤や外出・外泊は、刑務所長の実務的な裁量に基づいて実施されるべきものであり、裁量に付加する「開放処遇の場合」「仮釈放を許すことのできる期間を経過した」と言った要件は本来不必要な加重要件である（七五条一項、八五条一項）。

法務省は、開放処遇を受けていることについては、これを絶対の要件とするものではなく、法務省令において定める場合に拡大できるとしたが、仮釈放を許すために必要な期間を経過したという要件を設けることは、自由刑執行の範囲内にあるものとして許容され、一般国民感情の承認を得るために必要な条件と考えられるのであって、刑事施設の長の裁量だけで実施可能な制度とすることは不適当であると説明された。

施設長の裁量に係る措置であるとしても、制度の導入にあたって、将来にわたるこのような厳格な制約を設けることは、制度の今後の発展の阻害要因になると考えられるのであり、すくなくとも「仮釈放を許すことのできる期間を経過した」との要件は削除すべきであると主張したが、この点は残念ながら認められなかった。

12　附則に五年後の見直しを規定させた

この法案には、電話の導入や外部通勤・外出外泊などはじめて導入された制度がある。また、長年運用されてきた累進処遇制度に代わって導入される優遇制度の運用についても、明確でない部分がある。提言に含まれていた措置の中で、見送られた単独室原則の問題や一時間の運動時間の保障などの問題も、過剰拘禁と施設予算に関係している。

国会としてこの法案の運用状況をチェックし、必要に応じて改正していく国会の姿勢を明確にするためにも、法案附則に五年後をめどに見直しの規定を設けることは、必要なことであり、また、有益なことであると主張したところ、この点は国会の審議の中で「政府は、施行日から五年以内に、この法律の施行の状況について検討を加え、必要があると認めるときは、その結果に基づいて所要の措置を講ずるものとする」と修正された（附則四一条）。

第四　結論

近年の刑罰制度をめぐる動向は、犯罪の成立を前倒しにし（共謀罪の提案）、その範囲を押し広げ、刑罰を厳罰化する（各種の組織犯罪対策立法、刑法の法定刑の引き上げ）傾向が目立っている。このような動向には強い懸念を持たざるを得ない。市民の犯罪恐怖、これを煽り立てるマスコミ、ポピュリズムの走る政治の悪循環の中で、犯罪者の社会からの隔離が進んでいる。

このような犯罪者に対する排外的な空気の高まる動向の中で、犯罪者を社会の一員として認め、その社会復帰を進めること、その前提として受刑者の人権保障を確立し、行刑運営の透明性を確保することを内容とする提言がまとめられ、新受刑者処遇法という法制度の改正に結実したことは、名古屋刑務所事件や大量の不審死事件などの痛ましい犠牲の結果ではあるが、奇跡と言ってよい快挙であった。

もとより、これから始まろうとしている改革の道のりは平坦ではないであろう。長く規律優先の行刑をたたき込まれてきた行刑の現場が新受刑者処遇法の精神を理解して実施に移すことは容易ではないであろう。現に、刑務所の実情の中には、改善すべき問題点が山積している。残念ながら改革の流れを快く思わず、これに抵抗するような傾向も一部には見られる。二〇〇五年一二月には我々は宮城刑務所における受刑者に対する看守による連続暴行事件について、国家賠償請求訴訟を提起せざるをえなかった。

しかし、改革は始まったのである。

この改革によって、設けられた諸制度が二〇〇六年春には始動する。日本の刑事施設が、受刑者にとって人間性を取り戻し、社会復帰の出発点となり、刑務官にとって真に働きがいのある職場となり、社会にとって犯罪を減少させていく上で意味のある制度となるように、我々はたゆまぬ努力を続けなければならない。

第五　参考資料

●受刑者処遇法案衆議院付帯決議（二〇〇五年四月八日）

刑事施設及び受刑者の処遇等に関する法律案に対する附帯決議

政府は、本法の施行に当たり、次の事項について格段の配慮をすべきである。

一　刑事施設における過剰収容状況を早期に解消し、単独室原則を考慮した居室環境や一日一時間を目標とした運動環境の検討を含め、被収容者の生活環境の一層の改善を図るとともに、刑事施設職員の苛酷な執務環境を改善するため、必要かつ十分な予算を確保し、刑事施設の人的・物的整備に努めること。

二　刑事施設における十分な医師等を確保し、地域医療との連携を更に強化し、矯正医療体制の充実に努めること。また、医療上の措置を必要とする受刑者に対しては、できるだけ受刑者本人の診療希望に配慮すること。

三　外部通勤及び外出・外泊制度等については、本制度が導入された趣旨を踏まえ、対象者の選定などにおいて、適切な運用に努めること。

四　刑事施設視察委員会は、幅広く各界各層から委員を選任することとし、委員会が刑事施設の長に述べた意見は、本制度が導入された趣旨にかんがみ、十分尊重すること。

五　薬物犯罪者や性犯罪者を含む受刑者の再犯を防止するため、適切な処遇プログラムの策定、専門的知識を有する民間人の活用、社会の支援体制の強化など、矯正処遇及び社会内処遇を強化する施策を講じること。

六　受刑者の生活及び行動に対する制限については、隔離、保護室への収容、懲罰の執行中の行動制限などが合理的な限度を超えることがないよう、適切な運用に努めること。

七　代用監獄制度のあり方を含め、未決拘禁者等の処遇等については、日本弁護士連合会との協議を迅速に進め、早期の法整備の実現に努めること。

●受刑者処遇法参議院付帯決議（二〇〇五年五月一七日）

刑事施設及び受刑者の処遇等に関する法律案に対する附帯決議

政府は、本法の施行に当たり、次の事項について格段の配慮をすべきである。

一　刑事施設における過剰収容状況を早期に解消し、単独室原則を考慮した居室環境や一日一時間を目標とした運動環境の検討を含め、被収容者の生活環境の一層の改善を図るとともに、刑事施設職員の過酷な執務環境を改善するため、必要かつ十分な予算を確保し、刑事施設の人的・物的整備に努めること。

二　刑事施設における医療充実のため、関係省庁とも連携し、十分な医師等を確保するとともに、地域医療との連携の更なる強化に努めること。また、医療上の措置を必要とする受刑者に対しては、できるだけ受刑者本人の診療希望に配慮すること。併せて、精神医療については、出所後も引き続き必要な医療が確保されるよう、体制の整備を検討すること。

三　受刑者が社会と良好な関係を維持することが、その改善更生及び社会復帰に不可欠であることにかんがみ、親族との面会については、土曜・休日及び夜間の面会を可能にするための体制整備に努めるとともに、弁護士との面会については、受刑者の権利行使を阻害することのないよう配慮すること。また、外部通勤及び外出・外泊制度等については、本制度が導入された趣旨を踏まえ、対象者の選定などにおいて、適切な運用に努めること。

四　刑事施設視察委員会は、弁護士等の法律実務家を始め、幅広く各界各層から委員を選任することとし、委員会が刑事施設の長に述べた意見は、本制度が導入された趣旨にかんがみ、行刑に十分反映させるよう努めるとともに、刑事施設への国民の理解を深めるため、国民にも適切に公表すること。

五　薬物犯罪者や性犯罪者を含む受刑者が改善更生し社会復帰することが、再犯の防止につながり、ひいては国民全体の不安解消・利益となることにかんがみ、適切な処遇プログラムの策定、専門的知識・技能を有する職員及び民間人の積極的活用、社会の支援体制の強化など、矯正処遇及び社会内処遇を強化する施策を講じること。特に、処遇プログラムの策定に当たっては、受刑者に責任を自覚させた上での真の改善更生を図るため、被害者等による講演など被害者の視点を取り入れた教育の充実・強化に努めること。また、受刑者の再犯防止には就労の安定も効果的であることにかんがみ、協力雇用主の拡大等を図ること。

六　受刑者の生活及び行動に対する制限については、人権尊重の観点から、隔離、保護室への収容、懲罰の執行中の行動制限などが合理的な限度を超えることがないよう、適切な運用に努めること。

七　不服審査、事実の申告制度に関して設置される予定の刑事施設不服審査会の委員には、刑事拘禁施設における人権保障や医療の在り方について法務省から独立し優れた識見を有する者を選任すること。また、自ら不服申立てを行う能力のない者についても不服審査書を作成することのできるよう特段の配慮をすること。

八　外国人受刑者については、本国における処遇が、その改善更生及び円滑な社会復帰の促進にとってより重要であることにかんがみ、関係国との受刑者移送条約の早期締結に努めること。

九　代用監獄制度の在り方を含め、未決拘禁者等の処遇等については、日本弁護士連合会との協議を迅速に進め、早期の法整備の実現に努めること。

右決議する。

第六　参考文献

日弁連「国際人権規約と日本の司法・市民の権利」（こうち書房）一九九七年
北村泰三「国際人権と刑事拘禁」（日本評論社）一九九六年
ピナル・リフォーム・インターナショナル「刑事施設と国際人権」（日本評論社）一九九六年
宮崎繁樹編著「解説国際人権規約」（日本評論社）一九九六年（自由権規約七条、一〇条は海渡担当）

刑事立法研究会編「入門監獄改革」（日本評論社）一九九六年
日弁連編「日本の人権二一世紀への課題　ジュネーブ一九九八国際人権（自由権）規約」（一部を海渡執筆）（現代人文社）一九九九年
申恵丰「人権条約上の国家の義務」（日本評論社）一九九九年
鴨下守孝「新行刑法要論」（東京法令出版）一九九一年
菊田幸一「受刑者の法的地位」（三省堂）二〇〇一年
菊田幸一編「検証・プリズナーの世界」（明石書店）一九九七年
海渡雄一編「監獄と人権」（明石書店）一九九五年
刑事立法研究会編「二一世紀の刑事施設」（日本評論社）二〇〇三年
ニコルス・クリスティーエ「司法改革への警鐘――刑務所がビジネスに」（信山社）二〇〇二年
菊田幸一編著「受刑者の人権と法的地位」（日本評論社）一九九九年
アムネスティ・インターナショナル「拷問禁止条約」（現代人文社）二〇〇〇年
社団法人アムネスティ・インターナショナル日本編「拷問廃止」（明石書店）二〇〇〇年
菊田幸一「日本の刑務所」（岩波新書）二〇〇二年
刑事立法研究会編「二一世紀の刑事施設」（日本評論社）二〇〇三年
海渡雄一編「監獄と人権二」（明石書店）二〇〇四年
アンドリュー・コイル「国際準則から見た刑務所管理ハンドブック」（財団法人矯正協会）二〇〇四年

（二〇〇六年一月）

[編著者略歴]

監獄法改悪とたたかう獄中者の会

1982年4月の刑事施設法案・留置施設法案（監獄法改悪）の国会上程を機に、同年7月、獄中者自身による監獄法改悪反対のための運動体として、東京拘置所内で発足。当初、「監獄法改悪阻止獄中共闘委員会」といったが、83年1月に「監獄法改悪阻止獄中共闘会議」と改称。84年3月から現在の名称となる。機関紙に「監獄法改悪とたたかう獄中者の会ニュース」（不定期刊）がある。

〈連絡先〉
東京都港区新橋2-8-16　石田ビル4F　救援連絡センター内
電話03-3591-1301　監獄法改悪を許さない全国連絡会議

全国監獄実態《ぜんこくかんごくじつたい》【四訂版】

2006年3月5日　初版第1刷発行　　定価2500円＋税

編著者　監獄法改悪とたたかう獄中者の会 ©
発行者　高須次郎
発行所　緑風出版
〒113-0033　東京都文京区本郷2-17-5　ツイン壱岐坂
［電話］03-3812-9420　［FAX］03-3812-7262
［E-mail］info@ryokufu.com
［郵便振替］00100-9-30776
［URL］http://www.ryokufu.com/

装　幀　堀内朝彦
制　作　一ツ橋電植・R企画　　印　刷　太平印刷社・巣鴨美術印刷
製　本　トキワ製本所　　用　紙　大宝紙業　　E1000

Printed in Japan　　ISBN4-8461-0604-7　C0036

DNA鑑定【増補改訂版】
——科学の名による冤罪
天笠啓祐／三浦英明著

四六判上製
二一六頁
2200円

遺伝子配列の個別性を人物特定に応用した、「DNA鑑定」が脚光を浴びている。しかし捜査当局の旧態依然たる人権感覚と結びつくとき、様々な冤罪が生み出される。本書は具体的事例を検証し、その汎用性に疑問を投げかける。

プロブレムQ&A
部落差別はなくなったか？
[隠すのか顕すのか]
塩見鮮一郎著

A5判変並製
二五二頁
1800円

隠せば差別は自然消滅するのか？ 顕すことは差別を助長するのか？ 本書は、部落差別は、近代社会に固有な現象であり、人種差別・障害者差別・エイズ差別などと同様に顕わすことで、議論を深め、解決していく必要性があると説く。

プロブレムQ&A
問い直す差別の歴史
[ヨーロッパ・朝鮮賤民の世界]
小松克己著

A5判変並製
二〇〇頁
1700円

中世ヨーロッパや朝鮮でも日本の「部落民」同様に差別を受け、賤視される人々がいた。本書は、人権感覚を問いつつ「洋の東西を問わず、歴史のなかの賤民（被差別民）は、どういう存在であったか」を追い、差別とは何かを考える。

プロブレムQ&A
問い直す「部落」観
[日本賤民の歴史と世界]
小松克己著

四六判並製
二五六頁
1800円

日本の賤民（被差別民）の形成・成立・確立・解体を日本の歴史の展開のなかに問い直し、「近代日本社会でどのようにして、社会問題としての部落問題が成立したか」を考察し、「日本の近代化のどこに問題があったか」を論じる。

プロブレムQ&A
どう超えるのか？ 部落差別
[人権と部落観の再発見]
小松克己・塩見鮮一郎共著

A5判変並製
二四〇頁
1800円

部落差別はなぜ起こるのか？ 本書は被差別民の登場と部落の成立を歴史に追い、近代日本の形成にその原因を探る。また現代社会での差別を考察しつつ、人間にとって差別とは何であるのかに迫り、どう超えるかを考える。

プロブレムQ&A
在日「外国人」読本［増補版］
［ボーダーレス社会の基礎知識］
佐藤文明著

Ａ５判変並製
一八四頁
１７００円

そもそも「日本人」って、どんな人を指すのだろう？ 難民・出稼ぎ外国人・外国人登録・帰化・国際結婚から少数民族・北方諸島問題など、ボーダーレス化する日本社会の中のトラブルを総点検。在日「外国人」の人権を考える。

プロブレムQ&A
在日韓国・朝鮮人読本
［リラックスした関係を求めて］
梁　泰昊著

Ａ５判変並製
一九二頁
１８００円

世代交代が進み「在日を生きる」意識をもち行動する在日韓国・朝鮮人が増えている。強制連行や創氏改名などの歴史問題から外国人登録や参政権などの生活全般にわたる疑問に答え、差別や偏見を越えた共生の関係を考える。

プロブレムQ&A
アイヌ差別問題読本［増補改訂版］
［シサムになるために］
小笠原信之著

Ａ５判変並製
二七六頁
１９００円

二風谷ダム判決や、九七年に成立した「アイヌ文化振興法」など話題になっているアイヌ。しかし私たちは、アイヌの歴史をどれだけ知っているのだろうか？ 本書はその歴史と差別問題、そして先住民権とは何かをやさしく解説。

プロブレムQ&A
性同一性障害って何？
［一人一人の性のありようを大切にするために］
野宮亜紀・針間克己・大島俊之・原科孝雄・虎井まさ衛・内島　豊著著

Ａ５変並製
二六四頁
１８００円

戸籍上の性を変更することが認められる特例法が施行されたが、日本はまだまだ偏見が強く難しい。性同一性障害とは何かを理解し、それぞれの生き方を大切にするための入門書。資料として、医療機関や自助支援グループも紹介。

プロブレムQ&A
同性愛って何？
［わかりあうことから共に生きるために］
伊藤　悟・大江千束・小川葉子・石川大我・簗瀬竜太・大月純子・新井敏之著

Ａ５変並製
二〇〇頁
１７００円

同性愛ってなんだろう？ 家族・友人としてどうすればいい？ 社会的偏見と差別はどうなっているの？ 同性愛者が結婚しようとすると立ちはだかる法的差別？ 聞きたいけど聞けなかった素朴な疑問から共生のためのQ&A。